평가 문항 출제의 정석

세상에 하나뿐인
영어 서답형 평가 출제 비법

머리말

　우리 교육 문화에서 평가는 학생, 교사, 학부모를 포함하여 이해당사자 모두에게 중요한 의미를 가진다. 때로는 심지어 일련의 교수학습 활동이 온전히 평가를 위해 존재하는 것처럼 착시를 일으키곤 한다. 현장의 많은 교사들 역시 평가가 가지는 중요한 의미를 잘 알기에 더욱 좋은 문항을 개발하기 위하여 최선의 노력을 경주하고 있으며, 그러한 노력을 돕고자 기획된 책들도 이미 시중에서 어렵지 않게 구할 수 있다. 그런데 기존의 책들은 주로 소위 선다형 문항을 다루고 있는 것이 사실이다. 그에 비해 이 책은 서답형 평가 문항에 초점을 맞추고 있다는 점에서 차별화된 특징을 가진다. 이 책에서는 학생들로 하여금 서술로 답하도록 요구하게 되는 서답형 평가 문항을 개발하는 과정에서 어떠한 부분에 유의해야 할 것인지를 충실히 다루고자 하였다.

　근래 들어 학습의 결과보다는 학습의 과정과 그 속에서의 학생의 성장을 중시하는 과정 중심 평가 혹은 성장 중심 평가가 점차 부각되면서 교육 현장에서 서답형 평가의 역할은 더욱 중요해졌다. 선다형 문항에서 측정하기 어려운 학생의 사고의 과정과 성장의 모습을 서답형 평가에서 관찰하고 측정할 수 있기 때문이다. 이 책에서는 서답형 평가 문항을 완성형, 단답형, 서술형, 논술형의 서로 다른 네 가지 유형으로 구분한다. 이렇게 구분하게 되면 학교 현장에서 서답형 평가를 시행하고자 하였을 때 필요한 내용을 빠짐없이 다룰 수 있을 것이라고 보았다. 1장에서는 서답형 평가를 준비하는 과정에서 유용한 기본적인 내용을 다룬다. 평가의 다양한 유형 및 기초적인 개념들에 대해 살피고 양질의 서답형 평가 문항을 개발하고 시행하는 데 있어 필요한 기본적인 요건들이 무엇인지 살펴본다. 2장에서는 네 가지로 구분된 서답형 평가 문항 유형들의 각각을 이론과 실제적 측면에서 논의한다. 이때 각 유형별로 어떠한 문항이 교육 현장에서 활용될 수 있을 것인지를 충분히 예시하고자 가급적 많은 수의 문항 사례들을 포함하려고 노력하였다. 마지막 3장에서는 중학교와 고등학교를 나누어 각 학교급에서 총괄평가 혹은 수행평가 등 다양한 목적으로 서답형 평가를 시행하고자 하였을 때 어떠한 문항들을 실제로 적용해 볼 수 있을 것인지를 역시 풍부한 예시를 통해 논의한다.

이 책의 집필을 준비하면서 서답형 평가와 관련하여 이론과 실제 측면을 충실히 다룬 책이 사실상 부재하다는 것을 알았다. 그만큼 새로운 내용을 다루게 된다는 측면에서 이 책에 대해 자부심을 가지게 되면서도 부담이 클 수밖에 없다. 평가에 관심 있는 예비교사, 교사, 대학원생, 연구자 등 다양한 독자들에게 모쪼록 의미 있는 책으로 다가설 수 있기를 바라는 마음이다. 마지막으로 이 책이 세상의 빛을 볼 수 있도록 배려와 지원을 아끼지 않으신 출판사 측에 깊이 감사드린다.

2021년 12월

전체 필진을 대신하여 이상기

1장 서답형 평가의 기본 방향과 유의점

2장 서답형 평가 문항의 유형

3장 서답형 평가 문항 활용의 실제

1.장

서답형 평가의

기본 방향과 유의점

모든 교육 프로그램의 완성은 평가에 있다. 프로그램의 목표를 분명하게 설정하고 그에 부합하는 교육 활동을 충실히 진행하였다면 응당 그 결과에 대한 평가가 뒤따라야 옳다. 평가 결과를 통해 학생들의 성취 정도를 진단하고 프로그램의 목표가 얼마만큼 달성되었는지를 이해할 수 있게 된다.

이때, 목표 설정, 실행, 평가에 이르는 일련의 과정에서 평가가 교육 프로그램의 종결 지점만을 의미하는 것은 아니라는 점에 유의해야 한다. 평가의 결과는 이전 단계, 즉 목표 설정 및 프로그램의 실행에 대해 실제적인 영향을 미치게 되며, 또한 그래야만 한다. 높은 교육열을 특징으로 하는 우리 교육 문화에서는 평가 결과에 온 관심이 쏠린다. 평가의 결과에 따라 학생, 학부모, 교사 등 여러 이해당사자들의 희비가 교차한다. 대학수학능력시험은 물론, 그를 위한 과정쯤으로 여겨지곤 하는 각급 학교 단위에서의 각종 평가들은 이미 충분히 고부담 시험이 되어 버렸다. 지필평가와 수행평가 하나하나가 내신 등급 산출에 반영되어 상급 학교 진학에 직접적으로 기여하는 현실 때문이다. 평가가 시행되고 나면 그 내용에 대해 여기저기에서 돋보기를 들이댄다. 그 목적은 대개 "오류 찾기"이다. 대학수학능력평가에서의 오류는 국가적 이슈로서 해당 시험을 주관하는 한국교육과정평가원의 수장인 평가원장의 진퇴의 운명을 가르게 되며, 일선 학교에서의 평가 오류는 어김없이 민원과 갈등의 주요 불씨가 된다. 우리 교육 문화의 풍토에서 평가가 신뢰의 대상이 되기에는 갈 길이 멀어 보인다. 현실을 냉정히 보았을 때 평가에 대한 불신의 정도가 깊고 넓다.

앞선 언급대로 평가가 평가로 끝나지 않아야 함은 이치에 맞고 지극히 당연한 일이다. 다만 평가의 결과가 불신의 소지가 아닌 조금 더 긍정적인 방향에서 기능해야 할 것이라는 점에 주목해야 한다. 학생들의 성취 수준을 정확하게 진단하고, 강점과 약점에 대한 의미 있는 정보를 제공할 수 있어야 할 것이며, 필요에 따라 향후 교육 목표의 수정 및 프로그램 실행의 실제에 있어 새로운 방향을 제시할 수 있어야 한다. 관련하여, 평가가 교육 프로그램에 미치는 이러한 영향의 정도를 흔히 환류(washback 혹은 backwash)라고 이른다.

이 책에서 우리는 주관식이라 일반적으로 알려진 서답형 평가 방식에 대해 다룬다. 객관식 혹은 선다형 평가는 주어진 항목에서 정답을 골라내는 방식이지만, 서답형 평가에서는 학생이 직접 자신이 아는 바 또는 자신의 생각을 서술하여 응답을 하게 된다. 서답형 평가는 응답을 채점할 때 평가자의 주관적 판단에 따라 평가 결과에 있어 차이가 나타날 여지가 있다는 점에서 선다형 평가와 구별된다. 따라서 서답형 평가는 선다형 평가에 비해 평가 문항 개발 과정에서 여러 가지 고려해야 할 사항이 더 많고, 그 결과에 대한 이해당사자들의 신뢰를 이끌어내기도 상대적으로 더욱 어려울 수밖에 없다. 그렇다면 좋은 서답형 평가 문항을 개발하고자 할 때 어떠한 사항들을 고려해야 할 것인가? 이에 대한 답을 구하기에 앞서 평가의 의미를 이해하는 데 있어 중요한 기초적인 내용을 먼저 살펴보도록 하자.

1.1 평가의 유형 및 평가 관련 기초 개념

1.1.1 평가의 유형

평가는 평가 대상의 가치나 수준을 평하는 행위라고 사전적으로 정의된다. 이를 영어 능력 평가에 적용하면, "영어 능력의 가치나 수준을 평하는 행위"가 곧 영어 능력 평가이다(이상기 외, 2017). 앞서 주관식 평가와 객관식 평가를 구분하여 보았는데, 그 외에도 관점에 따라 평가는 다양한 유형으로 구분된다. 먼저 절대평가(혹은 준거 지향 평가, criterion-referenced test)와 상대평가(혹은 규준 지향 평가, norm-referenced test)를 구별해 볼 수 있다. 절대평가는 학생들이 교육 프로그램 시작 전 설정한 목표에 부합하는 성취 수준을 달성하였는지, 그 정도를 측정하기 위한 목적으로 적용된다. 각 학생의 점수는 다른 학생의 점수와의 비교를 통해서가 아니라 그 자체로서 의미를 가지게 된다. 일반적인 경우라면 학생들은 어떠한 내용의 문제가 어떠한 유형으로 주어지게 될 것인지에 관한 사전 정보를 가지고 시험에 임하게 된다. 시험의 결과 측면에서도 특징적인 부분을 기대할 수 있다. 교수학습 활동이 전개되기 이전이라면 학생들의 점수가 낮게 나타날 것이며, 프로그램이 완료된 이후 시점에서 시행된 시험에서라면 예정된 교수학습 활동을 정상적으로 수행한 학생들의 경우 이론적으로 100%의 정답률을 보여야 옳다.

상대평가는 절대평가와 많은 부분에서 다르다. 예를 들어, 상대평가의 결과는 소위 "종 모양(bell curve)"이라 부르는 정규 분포(normal distribution)를 이루게 되며, 절대평가에서와는 다르게 점수 그 자체가 의미있다 기보다는 학생의 성적 또는 등급이 전체 응시 집단에서 차지하는 상대적 순위를 알아보는 것이 그 주된 목표가 된다. 또한 문항과 관련한 정보가 학생들에게 미리 주어지지 않는 가운데 대개 학생들의 일반적인 성취 수준을 측정하는 것이 일반적이다.

서답형 평가 문항을 준비하는 과정에서는 그것이 절대평가의 의미를 가지게 되는지 혹은 상대평가의 의미를 가지게 되는지를 미리 결정해야 할 필요가 있다. 그에 대한 결정이 어떠한 내용을 평가할 것인지, 문항에 대한 사전 정보를 학생들과 얼마만큼 공유할 것인지, 평가의 결과를 어떠한 방식으로 활용할 것인지에 대한 결정에 지침을 제공하게 될 것이기 때문이다.

평가의 시기 및 목적에 따라서도 평가 유형의 구분이 이뤄진다. 형성평가(formative assessment)는 수업 시간에 수시로 이뤄지는 평가로 학습의 과정 중 학습 내용에 대한 학생의 이해와 습득 정도를 확인하기 위해 이뤄지는 평가이다. 학교에서 형성평가는 원칙적으로 모든 수업 시간에 다양한 형태로 이뤄지며, 그중 일부는 수행평가 혹은 과정 중심 평가로 시행된다. 총괄평가(summative assessment)는 학습의 결과를 확인하기 위한 목적으로 이뤄지는 평가로 대개 중간, 기말고사와 같이 예정된 학교 교육 계획에 의해 시행되는 평가이다. 총괄평가는 대개 지필평가의 형태로 평가 문항을 제작하고 학교 전체가 동시에 대규모로 치르는 것이 특징이다. 서답형에 해당하는 여러 문항들 역시 형성평가 혹은 총괄평가에서 다양하게 활용되므로 본격적인 문항 개발에 앞서 어떠한 성격의 평가를 시행하게 될 것인지에 대한 사전 검토가 필요하다.

마지막으로 평가 결과를 통하여 어떠한 결정을 내리게 되느냐의 관점에서 네 가지의 서로 다른 평가 유형을 구분해 볼 수 있다. 먼저 능숙도 평가(proficiency tests)는 학생들의 일반적인 성취 수준을 측정하기 위해 시행된다. 이는 상대평가의 특징을 가진다. 따라서 시험 결과는 정규 분포를 이루게 되고 특정 학생의 점수는 다른 학생의 점수와의 비교를 통해 의미를 가지게 된다. 또한 특정 학교 혹은 기관의 성취도 점수를 다른 학교 혹은 기관의 점수와 서로 비교하는 일 역시 흔한 일이다. 두 번째는 배치평가(placement tests)이다. 배치평가 역시 상대 평가의 특징을 가지며, 학생들의 일반적인 언어 능력을 측정하는 목적으로 시행된다. 대개 프로그램이 본격적으로 시행되기 이전에 실시되며, 학생들을 그들의 능력에 적합한 수준에 배치하는데 목적을 둔다. 나머지 두 개의 평가 유형은 성취도 평가(achievement tests)와 진단 평가(diagnostic tests)로서, 이 둘은 모두 절대평가로서의 의미를 가진다. 성취도 평가는 프로그램의 종료 시점에 시행되어 해당 프로그램으로부터 얼마만큼의 학습이 이뤄졌는지를 파악하고자 하는 목적으로 활용된다. 그 결과는 프로그램이 목표로 하였던 바를 어느 정도 달성하였는지를 중심으로 해석된다. 진단평가는 앞선 세 가지 평가 유형에 비해 평가하는 내용의 범위 측면에서 가장 세부적인 사항을 다루게 된다는 특징이 있다. 아직 종결되지 않은 교수학습의 목표와 관련하여 학생들의 장점과 단점을 파악하기 위한 평가로서, 프로그램의 시행 전, 중, 후의 전체 과정을 통해 필요에 따라 시행되곤 한다. 학생들의 현재 수준에 대한 진단 결과가 학생들 본인과 교사들에게 제공되며, 이를 통해 향후 프로그램의 성공적인 진행을 위하여 필요한 사항이 무엇인지에 대해 파악할 수 있게 된다. 평가를 준비하는 교사들은 앞으로 이 책에서 다루게 되는 다양한 종류의 서답형 평가 유형들이 이상에서 살핀 네 가지 중 어떠한 유형의 평가에 해당하게 되는지를 잘 분별할 필요가 있다.

1.1.2 서답형 평가의 유형과 범위

서답형 평가의 유형은 요구하는 응답의 형식에 따라 크게 완성형, 단답형, 서술형, 논술형 평가로 구분해볼 수 있다. 완성형 평가는 말 그대로 주어진 과업을 완성하는 가운데 평가가 이뤄진다. 주로 어구나 문장, 글의 빈칸, 혹은 표와 같은 자료의 빈칸을 완성하는 형태로 학교에서의 형성평가나 총괄평가 등에서 가장 빈번히 이뤄지는 서답형 평가 유형이기도 하다. 단답형 평가는 질문에 대한 답을 단어나 구, 혹은 간단한 문장 형태로 답하게 하는 평가 유형으로 주로 지식 정도를 측정하는 데 활용된다. 완성형과 단답형은 비교적 응답의 길이가 짧고 채점자의 주관이 개입될 여지가 적으며 채점이 용이하기에 수업 중 수시로 진행하는 형성평가에서 손쉽게 적용할 수 있고, 총괄평가와 같은 대규모 평가에서도 널리 시행할 수 있다.

서술형 평가와 논술형 평가는 이와 달리 주어진 과제에 대해 문장 단위 이상의 비교적 긴 길이의 답안을 작성하도록 하는 평가 유형이다. 서술형 평가와 논술형 평가에서는 지식 자체만이 아니라 지식을 활용하여 자신의 생각이나 의견을 표현하는 정도를 평가한다. 서술형 평가가 주로 문장 단위의 서술이라면 논술형 평가는 문단 단위 이상의 더 긴 호흡의 글로 이뤄진다는 점에서 차이가 있다. 학생이 작성한 답안을 통해 교사는 학생의 어휘와 문법적 측면에서의 지식수준뿐만 아니라 비판적 사고력, 창의성, 문제 해결력 등 고등 정신 능력까지도 측정할 수 있다. 서술형, 논술형 평가는 응답의 길이가 긴 만큼 평가 시행 시 시간이 많이 걸리며 채점에서도 상당한 시간이 소요된다. 또한 채점 시 채점자의 주관이 개입될 여지가 있어 세부적인 채점 기준안 작성이 필수적이다. 서술형 평가와 논술형 평가는 학습의 결과뿐 아니라 학습의 과정 또는 주어진 과제의 문제 해결 과정을 평가하는 과정 중심 수행평가에서 주로 활용된다.

1.1.3 타당도

타당도(validity)는 평가가 측정하고자 하는 바를 제대로 측정하게 되는지를 가늠하는 척도로서 좋은 문항을 개발하기 위해 가장 먼저 고려되어야 하는 중요한 사항이다. 전통적으로는 주로 내용 타당도(content validity), 구인 타당도(construct validity), 준거 타당도(criterion-related validity)의 세 가지 개념이 구분된다. 앞서 절대평가와 상대평가를 구분하여 살펴보았는데, 준거 타당도의 경우 절대평가에 직접적으로 적용하기는 사실상 어렵다. 그 이유는 준거 타당도가 상관관계 분석에 기초를 두고 있기 때문이다. 상관관계 분석을 위한 기본 전제는 데이터의 정규성에 있다. 절대평가 결과는 정규 분포를 이루지 않고 대개 한쪽으로 편중될 것이기에 상관관계 분석을 위한 기본 전제에 부합하지 못하는 측면이 있는 것이다. 그에 비해 내용 타당도와 구인 타당도는 두 종류의 시험 유형 모두에 적용할 수 있다.

먼저 내용 타당도는 측정하고자 하는 내용 요소를 평가가 어느 정도 담고 있는지를 보여주는 척도이다. 즉, 시험의 내용이 시험을 통해 측정하고자 하는 바와 관련하여 대표성 있는 샘플을 담고 있을 때 내용 타당도가 높아진다. 예를 들어, 읽기 능력 시험이 높은 내용 타당도를 갖추기 위해서는 읽기 능력을 잘 측정할 수 있는 문항들로 시험이 구성되어야 한다. 한편, 높은 수준의 내용 타당도를 확보하기 위해서는 시험을 통해 측정하고자 하는 바가 과연 무엇인지를 먼저 상세히 규정해야 한다. 목표로 하게 되는 측정 내용 범위를 상세히 규정하고 그를 토대로 하여 구체적으로 어떠한 내용을 시험 문항을 통해 다루게 될 것인지를 결정해 나아가야 한다. 간혹 평가에서 다루어야 할 중요한 학습 내용이 무엇인가에 대한 근본적인 고민에 앞서 자칫 어떠한 부분이 문항으로 출제하기 쉬울지를 먼저 살피게 되는 우를 범하기 쉽다. 따라서 학습 내용 중 평가 목표로 삼아야 하는 바를 가급적 상세히 규정하고 그에 걸맞은 내용을 다루는 평가 문항을 개발하기 위해 노력을 기울여야 한다. 시험에서 다루지 않는 내용은 교수학습의 맥락에서 외면될 가능성이 농후하기 때문이다.

구인 타당도를 이해하기 위해서는 구인의 의미를 먼저 알아야 한다. 심리적 구인(psychological construct)은 심리학의 이론적 측면에서 가정되는 기저 능력이나 기술 및 속성을 의미한다. "사랑"을 예로 들어보자. 사랑은 우리 모두가 느끼며 살아가는 감정임에도 불구하고 그것을 직접적으로 관찰하거나 그 크기를 정확히 측정하는 일이 가능해 보이지 않는다. 그래서 우리는 다른 요소들(예를 들자면, 얼마나 달콤한 말을 전해오는가, 사랑을 표현하기 위해 어느 정도의 눈물을 흘렸는가, 혹은 얼마나 값진 선물을 보내왔는가 등)에 의해 사랑의 정도를 가늠하곤 한다. 언어 능력도 마찬가지이다. 문법 능력이라는 구인을 직접적으로 관찰하는 일은 사실상 불가능하다. 우리는 언제나 간접적인 방법으로 그에 대한 측정을 시도하기 마련이다. 그렇듯 간접적으로 측정하는 바가 우리가 측정하고자 하는 구인과 어느 정도 부합하는 것인지, 그 정도를 드러내는 개념이 바로 구인 타당도이다.

준거 타당도는 특정 구인을 측정하는 것으로 기대되는 시험의 결과가 해당 구인을 측정하는 데 있어 이미 타당도가 높다고 알려진 다른 시험(즉, 규준이 되는 시험)으로부터의 결과와 어느 정도 일치하게 되는지를 보여주는 개념이다. 두 시험의 점수 간에 상관관계가 높게 나타난다면 새롭게 개발하는 시험이 높은 수준의 준거 타당도를 갖춘 것으로 판단하게 된다. 이때 준거 타당도는 두 가지의 서로 다른 개념으로 표현되곤 한다. 먼저 동시 타당도(concurrent validity)는 목표로 하는 시험과 규준이 되는 시험이 동시에 시행되는 경우이다. 이에 비해 예측 타당도(predictive validity)는 두 평가의 시행에 시간차를 두는 경우가 된다. 예측 타당도의 목적은 하나의 시험 결과로부터 다른 시험 결과를 '예측'하는 데 있다. 예를 들어, 규준이 되는 평가를 학기 초에 실시하고 새롭게 개발한 평가를 학기 말에 실시하여, 전자가 후자를 어느 정도 정확하게 예측할 수 있는지를 살피게 된다.

1.1.4 신뢰도

신뢰도(reliability)는 평가 결과의 일관성(consistency)과 관련한 개념이다. 새로운 학습 혹은 시험을 통한 연습 효과와 같이 다른 요소가 개입하지 않는 한 오늘 치른 시험의 결과가 어제 치른 시험의 결과와 다르지 않아야 한다. 하나의 특정 능력을 정확히 동일한 수준에서 측정하고 있는 두 개의 서로 다른 시험지가 존재한다고 가정하였을 때, 역시 다른 요소가 개입하지 않는 이상 두 시험지로부터의 결과는 서로 다르지 않게 나타나야 할 것이다. 전자의 경우, 즉 시간차를 두는 서로 다른 두 시험으로부터의 결과를 상호 비교하여 따져보게 되는 경우에서의 신뢰도를 시험-재시험 신뢰도(test-retest reliability)라고 한다. 후자의 경우, 즉 동일한 능력을 측정하는 것으로 가정되는 두 개의 시험지로부터의 결과를 상호 비교함으로써 파악하게 되는 신뢰도를 동일 형태 신뢰도(equivalent forms reliability)라고 이른다.

시험-재시험 신뢰도와 동일 형태 신뢰도는 사실상 이론적인 개념에 지나지 않는다. 현실에서는 두 가지 측면에서의 신뢰도를 측정한다는 것이 가능하지 않은 측면이 크기 때문이다. 하나의 시험을 시간차를 두고 시행하는 데 있어 개입하게 되는 수많은 외재 요인들을 어떻게 배제할 수 있을 것이며, 서로 다른 형태를 가지면서도 정확히 동일한 능력을 동일한 방식으로 측정하는 두 가지의 시험지를 어떻게 개발할 수 있겠는가. 그래서 신뢰도를 측정하기 위해서는 간접적인 방법을 주로 채택하기 마련이다. 예를 들자면, 시험지의 내적 일관성(internal consistency)을 살피기 위해 하나의 시험지를 절반으로 나누어 각각으로부터 산출된 점수 간의 상관관계를 구하고 그 결과를 통해 전체 시험지의 신뢰도 수준을 추론하게 된다. 구체적으로는 대개 홀수 문항으로부터의 점수와 짝수 문항으로부터의 점수를 나누어 살피게 되는데, 양 점수 간의 상관관계가 높게 나타났을 때 시험지의 신뢰도가 높다는 해석을 내리게 된다. 이를 반분 신뢰도(split-half reliability)라고 이른다.

어떠한 종류의 시험이든 신뢰도가 높은 시험이 좋은 시험이다. 우리가 이 책에서 살피게 되는 서답형 평가 문항으로 구성된 시험에서도 마찬가지여서, 신뢰도 높은 시험을 구성하기 위해 최선의 노력을 기울여야 한다. 그런데, 전술한 바와 같이 선다형 시험과 비교하여 보았을 때 특히나 서답형 시험은 높은 수준의 신뢰도를 확보하기 어려운 측면이 있다. 학생들의 답안이 서술의 형태로 나타나기 때문이다. 선다형의 경우 미리 정해둔 정답에 비추어 답안의 옳고 그름을 비교적 객관적으로 판단할 수 있음에 비해, 서답형 평가의 경우에는 학생이 서술로 답한 내용에 대해 채점자가 옳고 그름의 정도를 추론하여 판정을 하게 된다는 측면에서 신뢰도에 있어 문제의 소지가 생길 수 있는 것이다.

1.2 양질의 서답형 평가 문항 개발 및 시행을 위한 기본 요건들

타당도는 물론 신뢰도가 높은 서답형 평가 문항을 구성하기 위해서는 어떠한 요건들이 갖춰져야 할 것인가? 이번 절에서 이에 대해 본격적으로 논의해 보도록 하자.

1.2.1 능력과 경험을 갖춘 좋은 평가자

높은 수준의 타당도와 신뢰도를 갖춘 좋은 서답형 문항을 구성하기 위해서는 여러 측면에서 준비가 선행되어야 한다. 먼저 문항 출제를 위해 필요한 요건들을 두루 갖춘 자격 있는 평가자가 필요하다. 자격 요건을 갖춘 훌륭한 평가자는 교육과정에서 요구하는 바에 대해 정확하게 이해하고 있어야 한다. 학생들에게 요구되는 역량의 구체적인 내용 요소 및 성취기준의 실제에 대해 알고 이를 우선하여 직접적으로 측정하고자 노력해야 한다.

좋은 평가자는 또한 평가받는 학생에 대해 충분히 이해할 수 있어야 한다. 학생들의 인지적 능력 수준을 정확히 알고 그들의 수준에 맞는 문항을 개발할 수 있어야 한다. 학생들의 관심사에 대해 알고 이를 문항 제작 과정에서 반영하고자 하는 노력 역시 요구된다.

문항 유형에 대한 풍부한 지식 또한 좋은 평가자에게 요구되는 요소이다. 문항 유형의 다양한 종류에 대한 지식 및 각 유형에 따른 고유한 특징, 제작 절차, 제작 및 채점 상의 유의점 등에 대해 충분한 수준의 이론적 지식은 물론 풍부한 문항 제작 및 검토 경험을 통한 실전 감각을 갖춰야 한다.

한편, 특히 서답형 평가의 경우 학생들이 이해할 수 있는 정확한 언어를 통해 문항을 구성하는 것이 매우 중요하다. 특정 학생들에게만 이해되는 어휘 혹은 모호한 표현을 배제하고, 모든 학생들에게 보편적으로 이해될 수 있는 어휘를 사용하여 오해가 없도록 정확하고 간결하게 표현할 수 있어야 한다.

좋은 문항을 제작하는 과정에 평가자의 개인적 능력이 중요하게 작용하게 되는 것은 분명한 사실이나, 그렇다고 하여 능력 있는 한 사람의 평가자가 홀로 전체 시험을 완벽하게 구성할 수는 없다. 따라서 가급적 여러 평가자가 함께 내용을 구성하는 것이 바람직하다. 이때 열린 마음과 경청하는 자세로 협업에 임해야 한다. 개인의 의견을 내세우기보다는 다른 사람의 의견에 먼저 귀를 기울이고 그를 바탕으로 문항을 개선하고자 하는 적극적인 태도를 가져야만 좋은 평가자가 될 수 있다.

좋은 문항은 단 한 번의 노력만으로 뚝딱 제작될 수 있는 것은 아니다. 문항에 대한 검토 과정이 많으면 많을수록 좋을 것이며, 검토 과정에 참여하는 평가자 역시 많을수록 좋다. 여러 사람이 수차례에 걸쳐 면밀히 검토하는 과정을 통해 비로소 훌륭한 문항이 탄생하게 된다.

1.2.2 잘 구성된 좋은 문항

좋은 문항을 한 마디로 규정하기란 매우 어려운 일이다. 그럼에도 불구하고 다음과 같은 몇 가지 사항들은 좋은 문항의 구성을 위해 꼭 필요한 전제 조건이 된다.

먼저 평가 목적과 목표에 부합하는 내용 요소를 갖춰야 한다. 앞서 살펴본 타당도와 관련되는 부분으로, 평가하고자 하는 내용을 정확히 평가할 수 있는 문항이 좋은 문항의 가장 기본적인 전제 요건이다. 그래서 읽기 능력을 측정하고자 하는 평가라면 읽기 능력이라는 구인을 상세히 정의하고 정의된 내용에 부합하는 평가가 이뤄질 수 있도록 노력해야 한다. 만일 예를 들어 읽기 능력 평가에서 문법 요소에 대한 평가 내용이 담기게 된다면 읽기 능력의 구성에 문법 능력이 어떠한 관련성을 맺게 되는지, 그것이 평가 내용 구성에 있어 얼마만큼의 의미를 가지게 되는지를 면밀히 판단해야 한다.

좋은 문항은 또한 적절한 난이도와 높은 수준의 변별도를 갖춰야 한다. 전체 시험의 구성에 있어 난이도 측면에서 다양한 수준의 문항들이 적정한 비율을 이룰 수 있도록 해야 한다. 꼭 필요한 경우가 아니라면 지나치게 쉽거나 어려운 문항은 배제하는 것이 좋다. 적당한 수준의 난이도를 갖추고 있으면서도 난이도에 있어 차별성을 가질 수 있는 문항들을 개발할 필요가 있다. 이때 평가자가 아닌 학생 입장에서 난이도 수준을 검토하는 일이 중요하다. 평가자가 구상하는 난이도 수준과 학생들이 실제 체감하는 난이도 사이에는 생각보다 큰 간극이 존재할 수 있기 때문이다. 이를 극복하기 위해서는 평가자 개인의 역량과 경험도 중요할 것이며, 동료 평가자와의 협업 과정을 통해 문제를 해결하고자 하는 의지 또한 중요하게 작용하게 된다. 변별도는 우수한 학생과 그렇지 못한 학생들 사이의 수행을 분별하는 정도를 의미한다. 변별도가 낮은 문항은 성취 수준이 우수하지 못한 학생들에게 유리하게 작용하는 문항이라는 뜻으로 무언가 잘못된 문항이다. 변별도가 높아 학생들의 수준을 정확하게 가늠할 수 있는 문항이 개발되어야 옳다.

서답형 문항은 문항의 형식이나 맥락 및 내용 구성에 있어 선다형 문항에 비해 상대적으로 자유롭다. 따라서 가급적 참신한 형식과 맥락 및 내용으로 문항을 구성하는 것이 바람직하다. 또한 단편적인 지식을 단순한 형식으로 측정하기보다는 고등 사고력, 분석 및 종합 능력을 복합적인 구성을 통해 평가할 수 있도록 해야 한다. 한편, 이와 동시에 학생들에게 낯설지 않은 수준의 문항이 개발될 수 있도록 노력을 기울여야 한다. 참신하고 복합적 성격을 가진 문항일수록 학생들에게는 생소할 수 있고, 이는 학생들의 실제 능력 수준을 정확히 측정하는데 있어 부정적인 요소로 작용할 수 있음에 유의해야 한다.

특히 서답형 문항의 경우 정확한 언어 사용이 중요하다. 학생들이 이해할 수 있는 수준의 어휘를 선택하여 형식적 측면에서 모호성이 없는 분명한 구조의 언어로 발문해야 한다. 묻고자 하는 바가 정확하지 않은 것이 이유가 되어 학생들이 자신들의 능력 수준을 정확히 보여줄 수 있는 답안을 구성하지 못하게 된다면 곤란하다.

모든 평가가 그러하듯 학습동기 유발에 긍정적인 환류 효과를 가져올 수 있어야 한다. 학생의 관점에서 중요하게 여겨지는 내용에 대해 본인이 알고 있는 바를 정확하게 표현할 수 있어야 하겠으며, 적당한 난이도와 참신성을 갖춘 문항들을 통해 자신감과 성취감은 물론 도전의식도 함께 느낄 수 있어야 한다. 요컨대, 앞서 언급했던 바와 같이 평가가 평가로 그치지 말아야 함을 잊지 말아야 하겠다.

1.2.3 체계적 문항 검토

평가 문항 개발은 다양한 관점에서의 반복적 검토를 요한다. 검토를 수행함에 있어 다양한 관점을 동시에 적용하기가 쉽지 않기에 여러 번에 걸쳐 검토하되 매번 새로운 관점으로 문항을 살펴봐야 할 필요가 있다.

먼저 출제 의도와의 부합성을 따져봐야 한다. 측정하고자 하는 역량과 성취기준을 평가하게 되는 것인지, 학생들의 수준에 적합한 것인지, 난이도와 소요 시간 측면에서 문제는 없는지, 묻고자 하는 바가 명료한지를 살펴보게 된다.

둘째, 문항의 교육적 기능 및 공정성 측면을 살펴야 한다. 내용 측면에서 교육적이지 못한 부분이 포함되어 있는지를 점검해야 할 것이며, 지역이나 성별, 종교, 직업과 사회 계급, 정치적 신념, 인종, 연령, 장애 등의 측면에서 특정 사회문화 가치를 옹호하거나 배척하는 내용이 포함되어 있는지를 면밀히 살펴보아야 한다.

문항이 교수학습 맥락에 긍정적인 환류 효과를 가지게 되는지도 반드시 검토되어야 하는 부분이다. 긍정적 환류 효과를 이끌어내기 위해서는 지엽적인 내용보다는 평가를 통해 촉진하고자 하는 능력을 다루어야 할 것이며, 시험이 프로그램의 일부가 아닌 전체 내용을 반영할 수 있도록 구성해야 한다. 학습한 바에 기초를 두면서도 학생들의 고등 사고력을 측정할 수 있도록 해야 할 것이며, 다양한 문항 유형을 적재적소에 배치해야 한다. 진정성 있는 과업과 자료를 활용하는 일 역시 중요하다.

다음으로 발문의 언어적 표현 방식 및 문항의 구성 형식에 대해 검토하여야 한다. 묻고자 하는 바를 정확하고 명료하게 묻고 있는지, 지나치게 장황한 표현은 없는지, 한 번에 여러 내용에 대해 동시에 묻고 있는 것은 아닌지, 학생들의 수준에 비추어 어려운 용어를 사용하지는 않았는지, 중의적 의미를 가진 단어를 선택하여 사용하지는 않았는지, 우리말 지시문의 경우 비문법적인 요소는 없는지, 지나치게 반복적인 표현이나 불필요한 부정문 표현은 없는지, 문항 풀이 시간은 과연 적절한지 등을 살피게 된다.

마지막으로 정답과 채점 기준을 점검해야 한다. 정확한 정답을 추론할 수 있는지, 정답을 표현하는데 있어 어려움은 없을 것인지, 정답 추론을 위한 단서가 어느 한쪽으로 치우쳐 있지는 않은지, 의도치 않은 단서가 포함되어 있는 것은 아닌지를 살펴야 한다. 서답형 평가에서는 정답의 범위를 어디까지 할 것인지, 정답과 유사 정답, 부분 정답, 오답의 경계를 어떻게 구분할 것인지, 배점은 적절한지 등에 대해서도 면밀히 검토를 해야 한다. 또한 채점 기준 자체가 응답의 다양성을 충분히 반영하고 있는지, 채점 과정에서 실제로 활용하기에는 어려움이 없을 것인지, 채점 기준이 명료하게 진술되어 있는지 등을 두루 살펴야 한다.

1.2.4 채점 신뢰도의 확보

완성형이나 단답형의 경우에서도 마찬가지이겠으나, 특히 서술형과 논술형의 경우에는 채점의 신뢰도를 확보하고자 하는 노력이 매우 중요하다. 채점의 신뢰도 제고와 관련하여 우선 두 가지 채점 방식에 대한 이해가 필요하다. 분석적 접근(analytic approach)이 그 하나로서, 학생이 제출한 답안을 구성하는 여러 가지 다양한 측면을 분리하여 각각에 대해 독립적으로 채점하는 방식이다. 예를 들어 학생이 작문한 내용에 대해 분석적 접근을 취하게 된다 함은 그것을 문법, 구두법, 철자법, 스타일, 표현의 수준, 글의 구성, 응집력, 내용 등의 여러 측면에서 제각기 채점을 하게 된다는 뜻이다. 이때 각각의 채점 영역은 상호 간 독립적인 것으로 취급된다.

분석적 접근과는 달리 통합적 접근(holistic approach)에서는 학생의 답안 전체에 대해 하나의 점수를 부여하게 된다. 이를 위해 채점 과정에서 교사는 대개 기술적 형태로 구성된 하나의 척도를 판단의 근거로 삼게 된다. 서답형 문항을 개발하는 과정에서는 채점 측면에서 분석적 접근과 통합적 접근 중 어느 쪽을 채택하게 될 것인지를 미리 결정할 필요가 있다.

한편, 평가 결과에 대해서는 채점 신뢰도가 어느 정도인지를 살펴야 한다. 이와 관련하여 채점자 간 신뢰도(interrater reliability)와 채점자 내 신뢰도(intrarater reliability)의 두 가지 서로 다른 측면에서의 채점 신뢰도에 대한 이해가 우선 필요하다.

채점자 간 신뢰도는 복수의 채점자가 수행한 채점의 결과가 상호 간 얼마나 일치하는지, 그 정도에 대한 정보를 제공한다. 서답형 문항에 대한 채점의 경우에는 특히 채점자 간 신뢰도를 확보하고자 하는 노력이 중요하다. 그리고 이는 채점이 한 사람의 채점자에 의해 이뤄지는 것보다는 두 사람 이상의 채점자가 함께 채점 과정에 참여하는 것이 이상적임을 의미한다. 대개의 경우 두 사람의 채점자가 독립적으로 채점을 수행하고, 그 결과에 대해 상관관계 분석을 하게 된다. 이때 상관관계가 높게 나타나는 경우 채점자 간 신뢰도가 높은 것으로 해석을 하게 된다. 간혹 채점할 분량이 많아 복수의 채점자를 두기가 곤란할 경우가 있다. 그런 경우라면 전체 채점 분량의 일부에 대해 복수의 채점자가 독립적으로 채점을 수행하고 채점자 간 신뢰도를 우선 확인한 이후, 여러 채점자가 분량을 나누어 채점을 이어가는 방식을 대안으로 채택할 수도 있다. 이때 일부 분량에 대한 채점이 마무리된 시점에서 채점에서 나타나는 특이 사항에 대한 논의를 충실히 진행하는 것이 중요하다. 채점에서 어려운 점이 무엇이었는지, 경계가 모호한 답안에 대한 타당한 처리 방안은 무엇인지 등 다양한 측면에서 의견을 교환함으로써 남은 채점 분량에 대해 일관성 있는 채점을 진행할 수 있도록 탄탄한 토대를 마련해야 한다.

채점자 내 신뢰도는 한 사람의 채점자가 시간의 흐름에 따라 얼마나 일관적인 채점을 하게 되는지 그 정도를 보여주는 개념이다. 채점할 분량이 많은 경우 동일한 채점 기준을 흔들림 없이 적용하기가 쉽지 않을 수 있다. 특히 주관식 채점의 경우 에너지가 많이 소요되기 마련이어서 채점자 내 신뢰도에 위협이 가해지는 경우가 많다. 그러니 무엇보다 채점 기준을 애초 명확하게 설정하는 것이 중요하다. 또한 채점을 진행하는 과정에서 채점 기준을 반복적으로 들여다보고자 노력해야 한다. 처음에는 괜찮아 보이던 답안이 점차 그렇지 않은 것으로 보이게 되거나, 거꾸로 오답으로 보이던 답안이 시간이 흐름에 따라 정답에 근접한 것처럼 보이기 십상이다. 따라서 특정 답안과 정답 간의 거리가 언제나 동일한 잣대로 판단될 수 있도록 최선의 노력을 기울여야 한다. 채점자 내 신뢰도를 높이기 위해서는 채점 과정에서의 충분한 휴식이 필수적이다. 적당한 시간 간격마다 적절히 휴식을 취함으로써 가급적 좋은 컨디션을 유지하는 가운데 채점을 수행할 수 있도록 해야 할 것이다.

2.장

서답형
평가 문항의 유형

　제1장에서는 평가의 기본적인 개념을 포함하여 서답형 평가를 준비하는 입장에서 가장 먼저 필요하리라 여겨지는 기초적인 내용을 먼저 다루었다. 이번 장부터는 서답형 평가 문항의 이론적 토대와 함께 실제적 측면에 대해 본격적으로 살펴보도록 하자.

　서답형 문항은 채점에 있어서의 객관성의 정도, 요구되는 정답의 특성, 측정하고자 하는 영역 등에 따라 다양한 형태로 제공될 수 있으며(Haladyna & Rodriguez, 2013, p. 194), 관점에 따라 일반적으로 네 개 유형(완성형, 단답형, 서술형, 논술형), 세 개 유형(완성형, 단답형, 논술형), 혹은 두 개 유형(단답형, 논술형)으로 분류되곤 한다. 이 중 이 책에서는 네 개 유형으로의 분류 방식을 따르게 되며, 완성형, 단답형, 서술형, 논술형의 각 유형을 2.1절부터 2.4절까지 독립적으로 논의하고 있다.

　제2장에 포함된 각 절의 내용을 미리 들여다보면 다음과 같다. 먼저 네 개의 유형으로 구별된 서답형 평가에 대하여 대표 예시 문항을 제시하고, 이를 토대로 각 유형을 정의할 수 있는 특성이 무엇인지를 논하게 된다. 다음으로 해당 유형을 제작하는 과정에서 적용하게 되는 원리는 무엇이고, 제작 절차는 실제 어떠한지를 알아본다. 이어 채점 과정에서 고려해야 하는 원리와 실제적 측면에서의 채점 절차는 과연 어떠한지를 상세하게 살피게 된다. 이어지는 절에서는 실제 학교에서 활용될 수 있을 것이라 기대되는 문항들을 예시함으로써 각 유형에 대한 심화된 이해를 돕고자 하였다. 이때 여기에서 다루어진 평가 문항들이 교육 현장에서 유용한 길라잡이 역할을 충실히 수행할 수 있도록 가급적 많은 수의 문항 예시들을 포함하였다. 마지막으로 각 절의 말미에 서답형 평가의 각 유형이 가지는 장점과 단점을 짤막하게 정리해보았다. 자, 그럼 2.1절을 통해 서답형 유형 중의 첫 번째로 완성형 문항에 대해 먼저 알아보도록 하자.

2.1 완성형 평가

일반적으로 완성형 문항은 지식의 습득 및 기억과 같은 비교적 간단한 학습 결과를 평가하는 데 적합하다고 알려져 있다. 하지만 정교하게 제작된 완성형 문항을 통해 더욱 높은 수준의 인지적 기능과 학습 결과를 측정하는 것이 가능하며, 특히 외국어 교수학습 장면에서 다양한 기능과 영역을 통합적으로 평가하는 도구로써 널리 사용되고 있다. 이번 장에서는 완성형 문항의 개념과 전형적인 특징에 대해 먼저 예시를 통해 살펴보고, 완성형 문항의 한 종류이면서 언어 능력 평가에 있어 활용 범위가 넓은 규칙 빈칸 메우기에 대해 심층적으로 알아본다.

2.1.1 완성형 평가 문항 예시

아래의 두 문항은 영어과 완성형 평가 문항의 대표 예시이다. 완성형 문항의 일반적인 특징과 함께 두 문항의 공통점과 차이점을 형태적인 측면과 기능적인 측면에서 살펴보자.

● 다음 글을 읽고, 내용과 일치하도록 빈칸 (1)과 (2)에 적절한 말을 본문에서 찾아 각각 한 단어로 쓰시오.

Many great ideas come from observing nature, and they can improve the way we live. For example, sharks have special skin that makes them swim fast. Designers copied sharks' skin and made swimsuits for Olympic swimmers to improve their performance. As another example, by observing kingfisher birds in nature, engineers made the first high-speed trains have the same shape as the birds' triangle-shaped head. This decreased the noise of the trains when coming out of a tunnel. In these ways, observing animals from the natural world has given us great ideas to improve our lives.

(2019년 국가수준 학업성취도 평가, 중학교, 서답형 5번)

⬇

Observing animals in (1)_____ gives us great ideas to make things better and (2)_____ our lives.

정답 (1) nature (2) improve

● 각 빈칸에 적절한 단어를 넣어 글을 완성하시오.

When planting a garden, many things need (1)_____ be planned beforehand. First, deciding how (2)_____ space is available for the garden in (3)_____ to plant the right amount of (4)_____ for the garden. Next, vegetables need to be (5)_____ at the right time so they can (6)_____ optimal growing conditions. Lastly, having a mix (7)_____ early harvest vegetables and late harvest vegetables (8)_____ help increase the yield.

(Haladyna & Rodriguez, 2013, p. 195)

정답 (1) to (2) much (3) order (4) vegetables (5) planted (6) have (7) of (8) can

■ 예시한 두 문항들을 살펴보고, 완성형 평가 문항의 특징을 적어봅시다.

1. 빈칸의 길이가 짧다.

2. 빈칸에 들어갈 정답의 개수가 한 개다.

3.

4.

5.

...

우선 시각적으로 드러나는 두 문항의 공통점은, 문항이 빈칸을 포함하고 있어 학생으로 하여금 해당 빈칸에 적절한 말을 채워 넣어 문장을 완성하도록 하는 형식을 띠고 있다는 점이다. 반면, 두 문항의 차이점은 첫 번째 문항의 경우 주어진 글을 바탕으로 빈칸을 포함하고 있는 요약문을 완성하도록 하고 있으며, 두 번째 문항은 학생이 자신이 가진 총체적인 언어 능력을 활용하여 빈칸을 채움으로써 지문 자체를 완성하도록 하고 있다. 빈칸의 생성과 관련하여 보자면, 첫 번째 문항의 빈칸은 글의 핵심어와 관련하여 단 두 개의 빈칸이 제시되고 있음에 비해, 두 번째 문항의 경우 첫 단어 'When'을 시작점으로 여덟 번째마다 등장하는 단어가 기계적으로 삭제된 결과 총 여덟 개의 빈칸이 생성되었다. 이렇듯 빈칸이 제시되는 양식에 따라 해당 완성형 문항이 측정하고자 하는 목적과 내용이 달라질 수 있음을 알고 평가의 목적과 범위에 부합하는 완성형 문항을 제작할 수 있어야 한다. 다음으로 이론적 측면에서 완성형 문항의 일반적인 특성에 대해 알아보도록 하자.

2.1.2 완성형 평가 문항의 정의적 특성

1) 완성형 평가 문항의 개념

서답형 문항의 한 유형인 완성형 문항(completion item)은 하나 또는 두 개의 빈칸을 포함하고 있는 문장, 그림, 도표, 지도, 다이어그램 등을 제시하고 학생이 빈칸의 내용을 채워 완성함으로써 답변하도록 유도하는 문항이다. 완성형 문항의 정답은 단어, 구, 숫자 또는 기호와 같이 다양한 형태일 수 있다. 완성형 문항은 학생들에게 응답의 자유를 최소한으로 제공하게 되며, 그 결과 대개의 경우 빈칸 하나에 대하여 하나의 정답만이 존재하도록 문항을 구성한다. 완성형 유형은 다른 문항 유형과 비교하여 상대적으로 제작과 채점이 용이하며, 평가 목적을 고려하여 형성평가 또는 총괄평가 등 다양한 형태로의 응용이 가능하므로 학교 현장에서 그 활용도가 높다. 다양한 교과에서 활용되는 완성형 문항의 전형적인 예는 다음과 같다.

- The three primary colors of the light are red, yellow, and (   ).
- 방송, 영화, 연극 등의 제작에 종사하는 작가, 조명, 장치, 음향, 영상 등을 담당하는 배우(성우, 탤런트) 이외의 모든 사람을 일컬어 (   )라(이라) 한다.

(성태제, 2020, pp. 254-256)

2) 규칙 빈칸 메우기

완성형 문항은 주로 단순 지식과 사실의 암기 능력을 측정하는 데 효과적이며 학생의 고차원적인 인지 능력을 평가하는 데에는 제한적일 수 있다는 점이 한계점으로 지적되기도 하였다. 하지만 완성형 문항은 규칙 빈칸 메우기의 형태로 외국어 교수학습 장면에서 학생들의 통합적 언어 능력을 측정하기 위한 도구로 널리 사용되고 있는 것이 사실이다. 이번 절에서는 규칙 빈칸 메우기의 개념과 그 다양한 형태에 대해 알아보자.

가. 표준 규칙 빈칸 메우기[1]의 개념

표준 규칙 빈칸 메우기(standard cloze test)는 고정된 비율(예: 일곱 번째 단어마다)로 단어들이 삭제된 150자에서 300자 정도의 읽기 평가를 의미한다. 전체적인 맥락을 고려하여 빈칸에 적절한 단어를 채워 넣는 과정을 통해 학생들은 텍스트를 원본에 최대한 가깝게 복원하게 된다. 여기서 'cloze'란 게슈탈트 심리학에서 말하는 폐쇄성의 원리를 설명하기 위해 교육 심리학자들이 고안한 단어이다. 폐쇄성이

---

[1] 규칙 빈칸 메우기(cloze test)는 '공백 메우기(gap-filling)' 또는 '빈칸 메우기(fill-in-the-blank)'와 함께 빈칸을 채워 넣는 일반적인 활동을 지칭하는 용어로 사용되기도 한다. 하지만 Alderson(2000)은 이러한 포괄적인 용어 사용이 Taylor(1953)가 처음 고안한 규칙 빈칸 메우기의 제작 의도를 변질시킬 우려가 있으므로, 고정 비율 삭제 방식(fixed-ratio deletion method)으로 제작된 문항만을 빈칸 메우기로 불러야 한다고 주장한다. 이 책에서는 고정 비율 삭제 방식으로 제작된 규칙 빈칸 메우기를 표준 규칙 빈칸 메우기(standard cloze test)로 정의하여, 표준 규칙 빈칸 메우기에서 파생된 여러 형태의 규칙 빈칸 메우기와 구별하고자 한다.

란 불완전한 정보의 공백을 기존의 경험과 지식을 활용하여 완전한 형태로 인식하려고 하는 인간의 경향성을 의미한다. 이러한 폐쇄성의 원리에 기반한 다양한 형태의 규칙 빈칸 메우기는 빈칸을 통해 텍스트의 정보 공백을 생성하며, 학생으로 하여금 적절한 단어를 추론하게 함으로써 불완전한 텍스트를 완전한 형태로 구성하도록 유도한다. 다음은 표준 규칙 빈칸 메우기의 예시이다. 학생에게 텍스트의 맥락 정보를 제공할 목적으로 첫 두 문장은 생략된 바 없이 내용을 온전히 제시하였고, 세 번째 문장에서부터는 매 다섯 번째 오는 단어를 규칙적으로 삭제하여 빈칸을 생성하였다.

Traditionally, organic farms have been smaller than nonorganic farms. A typical size is 50 to 100 acres, in contrast to an average of 449 acres in 2007 for a nonorganic farm. The reason for the (1)_____ in average size is (2)_____ organic farming is both (3)_____ intensive and information intensive. (4)_____ indicate that 11 percent (5)_____ labor is required of (6)_____ growers per unit of (7)_____ production. The difference can (8)_____ much greater where the (9)_____ is vegetables or fruit (10)_____ technological improvements are narrowing (11)_____ gap. Organic systems also (12)_____ additional management time in (13)_____, pest control, and related (14)_____. For this reason, organic (15)_____ can be done better (16)_____ a farm is not (17)_____ large.

(2019년 국가수준 학업성취도 평가, 고등학교, 6번)

표준 규칙 빈칸 메우기는 영어가 모국어인 학습자들에게 적절한 수준의 텍스트를 제공하기 위해 텍스트의 이독성(readability)을 측정하는 도구로서 1953년 Wilson Taylor에 의해 처음 개발되었다. 표준 규칙 빈칸 메우기는 학습자의 읽기 능력을 측정하기 위한 도구로 그 쓰임이 점차 확장되었고, 1970년대 이후 듣고 받아쓰기(dictation)와 함께 외국어 교수학습 영역에서 통합적 언어 평가를 위한 도구로써 활발히 연구되고 사용되었다.

표준 규칙 빈칸 메우기는 사전에 정해진 비율에 따라 기계적으로 30~50개 정도의 단어를 삭제하여 빈칸을 생성하기 때문에, 다른 유형의 서답형 문항들에 비해 상대적으로 제작과 채점이 용이하다는 장점이 있다. 그리고 빈칸에 들어갈 적절한 단어를 추론하는 과정을 통해 학습자의 어휘, 문법, 담화, 전략 사용과 같은 의사소통 능력과 함께 읽기, 쓰기, 듣기, 말하기와 같은 언어 사용 능력을 총체적으로 평가할 수 있다(Brown, 2002, Oller, 1979)는 측면에서 일반적인 완성형 문항과 달리 높은 수준의 인지적 기능과 학습 결과를 측정할 수 있다. 이와 같은 장점에도 불구하고 표준 규칙 빈칸 메우기 방식으로 평가 문항을 제작할 때에는 다음과 같은 사항을 염두에 둘 필요가 있다.

- 내용어(명사, 동사, 형용사, 부사 등) 또는 기능어(관사, 전치사, 접속사 등)를 가리지 않고 사전에 정한 비율에 맞춰 기계적으로 단어를 삭제하기 때문에 빈칸에 대한 문항 제작자의 통제권이 낮다. 다시 말하자면, 빈칸이 실제로 생성되기 전에는 개별 빈칸을 통해 어떠한 언어적 능력을 측정할 수 있는지 사전에 예측할 수 없는 측면이 있다.
- 동일한 비율로 단어를 삭제하더라도 선정한 텍스트의 종류와 성격(교과서 지문, 수필, 대화문 등)에 따라 생성된 표준 규칙 빈칸 메우기의 타당도와 신뢰도가 큰 수준으로 달라질 수 있다.
- 동일한 텍스트를 활용하여 표준 규칙 빈칸 메우기를 제작하더라도 처음으로 삭제되는 단어의 위치, 삭제 비율, 채점 방식에 따라 생성된 표준 규칙 빈칸 메우기의 타당도와 신뢰도가 달라질 수 있다.
- 삭제된 단어에 대해 학생이 맥락을 통해 단어를 유추하는 것 자체가 불가능하거나(예: 빈칸의 정답이 고유명사인 경우) 하나의 빈칸에 여러 개의 정답이 복수로 가능한 사례가 있을 수 있다.

나. 표준 규칙 빈칸 메우기의 응용

학교 현장에서 교사가 표준 규칙 빈칸 메우기를 효율적으로 제작하여 활용하기 위해서는 텍스트 선정, 빈칸 생성, 결과 해석 등의 전 과정에 대해 상당한 훈련과 경험이 필요하다. 다음으로 표준 규칙 빈칸 메우기의 장점을 최대한 유지하면서도 현실적 측면에서의 여러 어려움들을 보완할 수 있도록 고안되어 온 규칙 빈칸 메우기의 다양한 하위 유형들에 대해 알아보도록 하자.

(1) 선택적 규칙 빈칸 메우기

선택적 규칙 빈칸 메우기(rational cloze test)는 학생이 빈칸에 적절한 단어를 채워 텍스트를 복원한 다는 점에서 표준 규칙 빈칸 메우기와 유사하다. 하지만 문항 제작자가 측정하고자 하는 언어 요소를 사전에 결정하고, 선택적으로 특정 단어를 삭제하는 변동 비율 삭제 방법(selective deletion method)을 사용한다는 점에서 표준 규칙 빈칸 메우기와 구별된다. 선택적 규칙 빈칸 메우기의 경우 평가 목적에 따라 삭제할 단어를 사전에 신중히 선정하므로, 평가의 목적과 부합하지 않는 위치에 빈칸이 생성될 수 있는 문제점을 해결할 수 있다. 또한, 선택적 규칙 빈칸 메우기는 표준 규칙 빈칸 메우기에 비해 문항 제작자의 통제권이 높고, 특정 언어적 요소에 대해 학생들의 주의를 쉽게 유도할 수 있다. 그 결과 선택적 규칙 빈칸 메우기는 표준 규칙 빈칸 메우기에 비해 더 높은 수준의 안면 타당도와 긍정적 환류 효과를 기대할 수 있다. 다음은 선택적 규칙 빈칸 메우기의 예시이다. 정해진 비율에 따라 기계적으로 단어를 삭제하는 것이 아니라, 전치사만 선택적으로 삭제하여 빈칸을 생성하였다. 이를 통해 맥락에 적절한 전치사를 사용할 수 있는 능력을 측정할 수 있다. 규칙 빈칸 메우기와 마찬가지로 학생에게 텍스트의 맥락 정보를 제공할 목적으로 첫 두 문장은 삭제된 내용 없이 그대로 제시하였다.

Traditionally, organic farms have been smaller than nonorganic farms. A typical size is 50 to 100 acres, in contrast to an average of 449 acres in 2007 for a nonorganic farm. The reason (1)_____ the difference (2)_____ average size is that organic farming is both labor intensive and information intensive. Studies indicate that 11 percent more labor is required (3)_____ organic growers (4)_____ unit (5)_____ grain production. The difference can be much greater where the crop is vegetables or fruit although technological improvements are narrowing this gap. Organic systems also require additional management time (6)_____ planning, pest control, and related activities. (7)_____ this reason, organic management can be done better if a farm is not too large.

(2019년 국가수준 학업성취도 평가, 고등학교, 6번)

(2) 단서가 제공된 선택적 규칙 빈칸 메우기

사전에 설정한 평가 목적에 따라 빈칸을 생성한 선택적 규칙 빈칸 메우기에서도 하나의 빈칸에 여전히 두 개 이상의 정답이 존재할 수 있다. 이러한 문제점을 해결하기 위하여 정답을 유추할 수 있는 단서를 빈칸 앞에 제공할 수 있다. 학생은 제공된 단어를 활용하여 빈칸에 들어갈 적절한 단어의 형태를 추론하게 된다. 즉, 단서 제공을 통해 의미 측면에서의 변수를 통제함으로써 빈칸에 알맞은 정답이 하나만 존재하도록 빈칸을 제작하게 되는데, 이러한 형태의 규칙 빈칸 메우기는 학생들의 어휘에 대한 형태 및 통사적 능력을 독립적으로 측정하고자 할 때 적합하다. 다음은 단서가 제공된 선택적 규칙 빈칸 메우기의 예시이다. 예를 들어, 빈칸 (4)의 경우 의미상으로 'correctly,' 'accurately,' 'precisely'와 같이 다양한 단어가 가능하지만, 'correct'를 단서로 제공함으로써 'correctly'가 유일한 정답이 되도록 설계하였다.

I had always (1) (*think*) _____ that math was only a school subject. However, I changed my mind about math last month when my mom asked me to bake cookies for a big party. My mom gave me her recipe for a dozen cookies, but (2) (*ask*) _____ me to make six dozen. I tried, but they turned out as (3) (*hard*) _____ as rocks and tasted awful. Suddenly, I realized that I had not done my measurement calculations (4) (*correct*) _____! So, this time, before I started baking again, I wrote out the measurement calculations to help me figure out the right amount of ingredients. As a result, math helped me (5) (*bake*) _____ the perfect chocolate cookies.

(2018년 국가수준 학업성취도 평가, 중학교, 27번)

(3) 은행식 규칙 빈칸 메우기

앞서 살펴본 단서가 제공된 선택적 규칙 빈칸 메우기에서처럼 빈칸에 들어갈 단어를 직접 제공할 경우 어휘의 의미 측면에 대한 평가는 제한적으로 이루어질 수밖에 없다. 이러한 문제를 해결하기 위하여 선다형처럼 여러 개의 답지를 함께 제시하고 학생으로 하여금 의미상 적절한 단어를 직접 선택하도록 할 수 있다. 이를 은행식 규칙 빈칸 메우기(banked cloze test)라고 한다. 다음의 예시에서 학생들은 우선 빈칸에 들어갈 단어의 의미뿐만 아니라 맥락에 맞는 형태가 무엇인지에 대해서도 알고 있어야 한다. 예를 들어 빈칸 (2)에는 동사가 들어가야 하며, 접속사 'but'을 고려하였을 때 해당 동사가 과거 시제가 되어야 한다는 것을 학생이 정확하게 판단할 수 있어야 한다.

● 빈칸에 들어갈 말로 가장 적절한 것을 〈보기〉에서 찾아 한 단어로 쓰시오. (단, 필요에 따라 형태를 변형할 것)

I had always (1)_____ that math was only a school subject. However, I changed my mind about math last month when my mom asked me to bake cookies for a big party. My mom gave me her recipe for a dozen cookies, but (2)_____ me to make six dozen. I tried, but they turned out as (3)_____ as rocks and tasted awful. Suddenly, I realized that I had not done my measurement calculations (4)_____! So, this time, before I started baking again, I wrote out the measurement calculations to help me figure out the right amount of ingredients. As a result, math helped me (5)_____ the perfect chocolate cookies.

──〈보기〉──
think, discourage, great, bake, hard, ask, forget, correct

(2018년 국가수준 학업성취도 평가, 중학교, 27번)

---

(4) 간소화된 규칙 빈칸 메우기

우선 규칙 빈칸 메우기를 위한 텍스트가 선정되고 나면, 해당 텍스트가 포함하고 있는 언어적 요소와 기능만이 제한적으로 측정되는 측면이 있다. 그래서 문항 제작자가 목표로 하는 다양한 언어적 요소들을 한 번의 규칙 빈칸 메우기를 통해 평가하기 위해서는 비교적 길이가 긴 텍스트를 사용하거나 서로 다른 두 개 이상의 텍스트를 사용하여야 한다. 그러나 이 경우 전체적인 평가 문항의 완성성을 저해하고, 필요 이상으로 시험 시간이 늘어나게 되어 학생의 피로도를 증가시키는 등 부정적인 결과를 낳을 수도 있다. 이러한 문제점을 해결하기 위해 비교적 짧은 텍스트를 활용하면서도 특정 언어적 요소 및 기능을 집중적으로 평가할 수 있도록 간소화된 규칙 빈칸 메우기(mini cloze test)를 실시할 수 있다. 이 방법은 수업 시간에 사용한 자료를 활용하여 타당도, 신뢰도, 실용도를 두루 갖춘 규칙 빈칸 메우기를 학교 현장에서 제작하고자 할 때 특히 유용하다. 간소화된 규칙 빈칸 메우기는 평가 목적에 따라 다음과 같이 다양한 형태로 제작할 수 있다.

● **문단 요약하기 유형**

> ● 빈칸 (1), (2)에 적절한 말을 본문에서 찾아 각각 한 단어로 쓰시오.
>
> Walking in the morning regularly benefits everyone who does it and anyone can become a regular morning walker. The benefits of a morning walk for your health are numerous. Science says that walking regularly in the morning controls blood pressure, lessens stress, and energizes you. If the habit of morning walks is practiced from childhood, there is a much greater chance of developing a sound body and mind. We live a very fast paced life. We work around the clock. We rarely have time to care for our health, but if we walk each morning, we can enjoy all the benefits it provides.
>
> (2018년 국가수준 학업성취도 평가, 중학교, 서답형 5번)

> A morning walk has many (1)_____ . For example, if you walk (2)_____ in the morning, you can keep your body and mind healthy.

● **세부 사항 파악하기 유형**

> ● 빈칸에 적절한 말을 본문에서 찾아 쓰시오.
>
> ## TEEN ECO NEWS
>
> ### Seven-Year-Old Boy Says, "No Plastic Straws!"
>
>
>
> Last month, seven-year-old Kevin Morris visited a cafe that is owned by a big company. He asked for a paper straw for his drink, but he found that he could only get a plastic straw.
>
> Kevin wrote a letter to the company. "I'm writing to you because I'm a friend of the sea turtles. Sea animals get killed by plastic. Could you use paper straws instead of plastic straws, please?"
>
> The company accepted his idea and decided to use paper straws in all of its cafes.

↓

Ryan: Hey, have you read this article?

Sofia: No, what's it about?

Ryan: It's about a seven-year-old boy who sent a letter to a company.

Sofia: A kid sent a letter to a company? What did it say?

Ryan: He asked the company to use _____ to protect sea animals, and the company accepted his idea.

(2020년 국가수준 학업성취도 평가, 중학교, 서답형 5번)

● 빈칸 어휘 추론하기 유형

● 빈칸 (1)~(6)에 적절한 단어를 넣어 대화문을 완성하시오.

M: Hello, 2018 Grand Motor Show. What can I do (1)_____ you?

W: Hi. Could you give me some (2)_____ about the show? When is it (3)_____?

M: It's on October 13 and 14 from 9 AM to 7 PM.

W: Oh, I see. I've heard it'll be held at the Capital Convention Center, right?

M: Yes, that's right.

W: How (4)_____ are the tickets?

M: They're $10 each, but there's no (5)_____ fee for children 7 and under.

W: That's great. My 7-year-old daughter is very interested in electric cars. Will there be any on display?

M: Yes. The whole second floor will be for electric cars.

W: She'll love it. Oh, can I bring my dog?

M: Sure. Pets are (6)_____.

W: Okay. Thank you.

(2018년 국가수준 학업성취도 평가, 고등학교, 5번)

● 빈칸에 적절한 단어를 넣어 문장을 완성하시오.

■ A swimmer kicks with his legs to _____ his body through the water.

■ That restaurant is so popular that you have to make a _____ or you'll be waiting two hours to get a table!

■ I needed some medicine, so my doctor wrote me a _____.

■ The recent rains have caused rivers to overflow and _____ many areas.

(Brown & Abeywickrama, 2018, p. 282)

(5) C-테스트

C-테스트는 표준 규칙 빈칸 메우기의 원리를 기본으로 하여 단어 전체를 삭제하는 것이 아니라 매 두 번째 등장하는 단어의 절반을 삭제한다는 점을 특징으로 한다. 표준 규칙 빈칸 메우기의 단점을 보완한 C-테스트의 각 빈칸에는 문항 제작자가 의도한 하나의 정답만이 가능하다. 따라서 다양한 정답의 가능성을 줄이기 위해 긴 맥락 정보를 제공할 필요가 없으므로 길이가 짧은 지문으로도 제작할 수 있고, 그렇기 때문에 시험 시간 역시 짧다는 장점이 있다. 다만 C-테스트를 처음 접하는 학생에게는 문항의 형식과 규칙이 매우 난해하게 보일 수 있으며, 문제 풀이 전략과 같은 비언어적 능력이 개입될 가능성도 있다. 다음은 C-테스트의 규칙과 문항 예시이다.

● 아래의 두 가지 규칙에 따라 각 빈칸의 단어가 삭제되었습니다. 빈칸에 적절한 단어를 적어 글을 완성하시오.

1. 만약 전체 단어의 철자 수가 짝수이면, 정확히 단어의 절반이 삭제되었습니다.
   예) to = t___ ; that = th___ ; throws = thr___

2. 만약 전체 단어의 철자 수가 홀수이면, 단어의 절반에서 하나 더 생략되었습니다.
   예) the = t___ ; their = th___ ; letters = let___

Have you heard about a camera that can peer into the ground and 'see' a buried city? Or another th___ can he___ scientists est___ when a wol___ will er___? Still ano___ that c___ show h___ deeply a bu___ has go___ into fl___?

(Alderson, Clapham, & Wall, 1995, p. 56)

(6) 듣고 규칙 빈칸 메우기

규칙 빈칸 메우기를 토대로 하여 제작된 문항은 기본적으로 학생의 읽기 능력을 중점적으로 요구하는데, 여기에 듣고 받아쓰기의 원리를 결합하여 만든 것이 바로 듣고 규칙 빈칸 메우기(cloze dictation)이다. 재생되는 문장 전체를 최대한 원문과 가깝게 복원하여야 하는 듣고 받아쓰기와 달리, 듣고 규칙 빈칸 메우기는 빈칸으로 처리될 단어에 '삐-' 효과음을 삽입하여 빈칸을 생성한다.

구체적인 시행 절차는 다음과 같다. 학생은 같은 내용의 듣기 자료를 두 번에 걸쳐 듣는다. 처음에는 전체 내용을 끊김 없이 정상적인 속도로 한 번 듣는다. 두 번째 듣기에서는 듣기 대본도 함께 읽으면서 빈칸에 들어갈 단어를 유추하는데, 학생이 정답을 적을 수 있도록 일정 시간마다 소리 공백을 함께 제공한다. 동사의 시제, 관사, 전치사, 연결어 등 평가 목적에 맞게 특정 요소에 초점을 두고 듣고 규칙 빈칸 메우기를 제작할 수 있다. 이때 중요한 것은 규칙 빈칸 메우기가 단순 읽기 시험이 되지 않도록 주의를 기울여야 한다는 점이다. 즉, 학생이 듣기 자료를 듣지 않고도 추론만으로 정답을 쉽게 유추할 수 없도록 정보 가치가 높은 부분에 빈칸을 생성하는 것이 중요하다.

듣고 규칙 빈칸 메우기는 이야기, 독백, 대화 등 다양한 형태의 텍스트를 활용하여 제작할 수 있다. 다음은 주요 명사에 빈칸을 생성한 듣고 규칙 빈칸 메우기의 예시이다. 실제 듣기 자료에서 빈칸 부분은 '삐-' 효과음이 처리되어 있으며, // 표시된 부분에서는 약 4초간 멈추었다가 다음 문장의 재생이 이루어진다. 이때 학생들은 들어갈 적절한 명사를 추론하여 빈칸을 완성하게 된다.

● 대화를 듣고 효과음에 들어갈 적절한 말을 한 단어로 쓰시오.

　Good morning, listeners. Today is World Water Day. Water is essential for life, but there's a worldwide (1)_____ of clean water. // So, we have to save water before it's too late. Here are some things you can do everyday to save water. First, when you brush your teeth, turn the (2)_____ off and use a cup. // Also, switch the water off while applying shampoo to your hair during a shower. Lastly, try to wash full loads of (3)_____ when you use the washing machine. // If you put these things into (4)_____ in your everyday life, you can greatly reduce the amount of water you use. // You'll be surprised to see how much you can save. The world is in your hands. Join the worldwide (5)_____ to save water! //

*//는 4초의 간격의 소리 공백을 의미함

(2020년 국가수준 학업성취도 평가, 고등학교, 3번)

2.1.3 완성형 평가 문항의 제작 원리 및 절차

1) 문항 제작 원리

가. 효과적인 문두 만들기

　문두(item stem)를 제작할 때 학생들이 어구와 표현을 단순 암기하지 않도록 수업 시간에 사용한 교과서나 학습 자료의 내용을 그대로 사용하는 것을 지양해야 한다. 대신 원문의 맥락을 유지하면서 문장의 구조와 단어를 적절하게 변형하여 새롭게 습득한 지식과 개념의 적용 능력을 평가할 수 있도록 문두를 구성하여야 한다. 예를 들어 아래와 같이 'By turning off the lights that are not necessary, we can help the environment.'라는 문장을 활용하여 완성형 문항을 제작할 경우, 두 예시의 정답이 모두 'lights'로 같을지라도, 문두를 어떤 방식으로 재구성하느냐에 따라 단순 암기 능력을 측정하는 것인지 텍스트의 이해력을 측정하는 것인지가 결정된다.

수정 전

By turning off the _____ that are not necessary, we can help the environment.

수정 후

In order to help the environment, we should turn off the _____ that are not necessary.

　그리고 학생이 빈칸의 정답을 유추할 수 있는 불필요한 단서(관사, 단복수형, 성별이 구분되는 단어 등)가 문두에 포함되었는지 확인하여야 한다. 특히 영어에서는 부정관사 a 뒤에는 자음으로 시작하는 단어만 올 수 있음을 고려하여 a(n)의 형태로 제시하거나 정관사 the를 사용하여 문두를 구성한다. 또한, 예를 들어 'there is/are ~'과 같은 구문은 주어의 단복수형에 관한 단서를 제공하므로, 학생이 단복수를 판단할 수 있는지가 채점의 중요한 요소인 경우라면 문장의 맥락과 의미를 크게 변형하지 않는 선에서 대체 표현을 활용하여 문두를 제작하여야 한다.

● 관사가 빈칸 앞에 있는 경우

수정 전

He filled out a _____ to claim his lost baggage.

수정 후

He filled out a(n) _____ to claim his lost baggage.

He filled out the _____ to claim his lost baggage.

● 특정 문법 요소를 포함하고 있는 구문이 빈칸을 포함하고 있는 경우

수정 전

When I first traveled to London, I noticed there were no _____ in the station and the station was quite clean.

수정 후

When I first traveled to London, I could not find any _____ in the station and the station was quite clean.

일반적으로 완성형 문항은 하나의 빈칸에 하나의 정답만이 존재해야 하므로, 이를 위해서는 문두를 가능한 구체적이면서 명료하게 작성할 필요가 있다. 경우에 따라서는 정답의 조건(첫 글자, 글자 수 등)을 제시하여 정답의 범위를 제한할 수 있다. 특히 빈칸에 들어갈 동사가 시제를 포함하는 경우 다양한 정답이 가능하므로 시제와 관련된 맥락을 충분히 제공하거나 추가 조건을 제공함으로써 정답의 범위를 제한할 수 있다.

● 하나의 빈칸에 다양한 정답이 가능한 경우

수정 전

The woman's website offers ideas about how to _____ healthy foods.
(가능한 정답: make, cook, have, get, ...)

수정 후

The woman's website offers ideas about how to c_____ healthy foods.

● 시제를 포함한 동사가 빈칸의 정답이 되는 경우

수정 전

He _____ animals. ('like'가 의도된 정답일 경우)

(가능한 정답: likes, liked)

수정 후

He _____ animals when he was young.

나. 효과적인 빈칸 만들기

완성형 문항의 빈칸은 가급적 문두의 마지막에 배치한다. 문두의 시작 부분은 전체 문항의 맥락을 제공하는 도입부이므로 학생이 정답으로 무엇이 요구되고 있는지를 정확히 이해하는 데 단서를 제공하는 역할을 하기 때문이다. 일반적으로 규칙 빈칸 메우기의 경우 첫 두 문장 이후부터 빈칸을 제공한다. 다음의 예시에서와 같이, 빈칸을 문두의 마지막에 배치함으로써 빈칸에 들어갈 단어가 '자유로운 의사소통'과 관계가 있음을 문두의 초반부를 읽고 파악할 수 있다.

수정 전

_____ can prevent you from freely expressing your ideas and listening to others.

수정 후

In order to freely express your ideas and listen to others, you shouldn't have any _____.

하나의 문항에는 한 개 혹은 두 개의 빈칸을 제공하는 것이 적절하다. 불필요하게 많은 빈칸을 두는 것은 문두를 통해 파악할 수 있는 맥락 정보를 제한시켜 학생이 문항의 의도를 정확하게 파악하는 데 혼동을 줄 수 있다. 다음의 예시는 하나의 문장에 다섯 개의 빈칸을 동시에 제공하고 있는 사례이다. 이 경우 정답에 대한 통제가 어려울 뿐만 아니라 앞쪽 빈칸이 어떠한 단어로 채워지냐에 따라 문장의 맥락이 결정되어 뒤쪽 빈칸의 정답을 추론하는 데 있어 간섭 현상이 발생할 수 있다.

Wearing a(n) (1)_____ can (2)_____ you from (3)_____ (4)_____ when you have a(n) (5)_____.

Wearing a bike helmet can (1)_____ you from head injuries when you have a bike (2)_____.

학생이 정답을 적기에 충분한 길이의 빈칸을 제공하되, 모든 빈칸은 정답을 구성하는 단어의 길이와 개수와 상관없이 같은 길이로 제공하여 정답에 대한 불필요한 단서를 제공하지 않도록 주의한다. 다음의 예시에서 빈칸 (1)의 정답이 brain, 빈칸 (2)의 정답이 'challenging activities'인 경우, 두 번째 문항에 빈칸을 두 개 제시함으로써 학생들이 정답이 되는 단어의 개수를 추론할 수 있는 여지를 줄 수 있다. 이런 경우 출제자가 의도하지 않은 시험 풀이 전략과 같은 비언어적 요소가 개입되어 학생들의 정확한 언어 능력을 측정하고 그 결과를 유의미하게 해석하는 데 방해 요인이 될 수 있음을 주의해야 한다.

In order to protect your (1) _____, you should do various (2) _____ _____ such as playing card games and doing crossword puzzles.

In order to protect your (1) _____, you should do various (2) _____ such as playing card games and doing crossword puzzles.

만약 빈칸의 정답으로 하나의 단어를 의도한 경우, 축약형 표현(예: we'll, they've, isn't), 붙임표로 연결된 복합어(예: time-consuming, well-known), 구동사(예: figure out)를 한 단어 혹은 두 단어로 간주할 것인지에 대한 정의가 필요하다. 시험 전에 이와 관련하여 학생들에게 명시적으로 설명하거나 문제에 예시를 함께 제공함으로써 해당 단어들의 정답 혹은 오답 가능성을 사전에 결정하고자 노력하는 것이 중요하다. 그리고 빈칸의 유무와 관계없이 그 자체로 완전한 문장이 성립할 경우 학생들에게 혼동을 주는 것은 물론 평가 도구로서의 가치가 없는 출제 오류의 사례가 될 수 있으므로 꼼꼼한 문항 점검이 요구된다. 일례로, 다음의 예시에서 목적격 관계대명사의 경우 생략이 가능하므로 빈칸에 아무런 단어가 들어가지 않아도 그 자체로 문장이 성립할 수 있다. 따라서 문장의 맥락과 의미를 크게 변형하지 않는 선에서 다른 표현으로 대체한 후 빈칸에 정답을 넣어야만 문장이 완성될 수 있도록 문항을 재구성할 필요가 있다.

> 수정 전
>
> It so happened that the man _____ I was following turned out to be extremely fit.
>
> 수정 후
>
> It so happened that the man _____ was followed by me turned out to be extremely fit.

2) 문항 제작 절차

가. 평가 목적 설정 및 영어과 성취기준과 성취수준 확인하기

완성형 문항 제작의 첫 번째 단계는 교사의 교육 환경에 맞게 평가 목적을 설정하는 것이다. 진단, 형성, 총괄, 수행평가와 같이 평가 목적에 따라 완성형 문항의 구체적 유형, 제작 및 채점 방식이 달라질 수 있기 때문이다. 예를 들어 학기 초 학생들의 전반적인 읽기 능력 수준을 진단하기 위해서는 표준 규칙 빈칸 메우기를 사용하면 좋다. 평가의 목적을 정의하는 것과 더불어 제작하고자 하는 완성형 문항이 영어과 성취기준과 성취수준에 부합하는지 확인하는 것 또한 중요하다. 영어과 성취기준은 '다양한 주제에 관한 글을 읽고 주제 및 요지를 파악할 수 있다' 또는 '비교적 다양한 주제에 관하여 듣거나 읽고 세부 정보를 기록할 수 있다'와 같이 학생이 갖추어야 할 지식이나 행동을 구체적으로 기술하고 있다. 따라서 학생에게 요구되는 영어과 성취기준 및 성취수준을 먼저 확인하고, 성취기준 도달 여부를 실질적이고 구체적으로 평가할 수 있는 완성형 문항을 제작하여야 한다.

나. 문항 제작을 위한 계획 작성 및 준비하기

평가의 목적을 결정하고 성취기준 및 성취수준을 확인한 후 이를 근거로 하여 문항을 구성할 텍스트, 구체적 문항 유형, 문항의 수, 난이도, 배점, 채점자, 채점 방식, 학생에게 사전 안내할 방법 등을 결정한다. 예를 들어 표준 규칙 빈칸 메우기를 제작할 때, 학생의 수준, 흥미, 평가 목적을 모두 충족시키는 텍스트를 선정하는 것이 중요하다. 하지만 이를 사전에 정확하게 예측하는 것이 어려우므로 다양한 지문(예: 긴 지문과 짧은 지문, 문어체와 구어체 등)을 확보하여 여러 후보 문항을 만든 후 수업 시간에 학생들을 대상으로 문항 완성도에 대한 검증을 시행한다. 이때 학생들의 반응을 분석하여 추후 실제 평가 문항 제작을 위한 기초 자료로 활용할 수 있다.

다. 문항 제작하기

문항 제작 계획에 따라 평가 문항을 제작한다. 앞서 살펴보았듯 완성형 문항 제작 원리에 근거하여 문두와 빈칸을 정교하게 제작하여야 학생들의 언어 능력을 정확히 평가하고 그 결과를 유의미하게 해석할 수 있다. 특히 완성형 문항은 빈칸을 어디에 두느냐에 따라 평가하고자 하는 내용 영역(예: 어휘, 문법 등)과 성취기준(예: 주제 파악, 세부 정보 찾기)이 달라지므로, 사전에 설정한 평가 목적과 계획에 맞게 빈칸을 제시하는 것이 중요하다. 완성형 문항의 경우 하나의 빈칸에는 하나의 정답만이 존재하는 것이 이상적이므로 이를 위해 문제 풀이를 위한 구체적인 지시문(예: 주어진 글에서 찾아 한 단어로 쓰시오)이 나 조건(예: 축약어는 한 단어로 본다)을 함께 제시할 수 있다. 이때 학생들이 이해하기 쉽도록 구체적인 예시를 통해 명확하게 내용을 전달하거나 수업 시간을 활용하여 사전에 연습을 실시하는 것이 효과적이다. 한편, 문항 카드와 이원목적분류표를 작성하여 문항에 관한 정보를 체계적으로 관리하는 것도 필요한 일이다.

완성형 문항 제작 체크리스트

✓ 빈칸은 문두의 후미에 두었는가?

✓ 하나의 빈칸에 가능한 정답이 하나인가?

✓ 교과서에 있는 문장을 그대로 사용하지 않고 있는가?

✓ 빈칸은 측정하고자 하는 내용 영역과 성취기준을 잘 반영하고 있는가?

✓ 문항에 대한 조건과 지시문이 예시를 통해 정확하게 이해가 되고 있는가?

✓ 정답을 유추할 수 있는 의도하지 않은 단서가 포함되어 있지 않은가?

라. 문항 점검 및 채점 기준표 작성하기

제작된 완성형 문항은 반드시 동료 교사와의 사전 교차 검토를 통해 문항을 다듬고 완성해야 한다. 이 과정에서 만일 문항 자체가 성립하지 않거나 평가하고자 하는 바가 명확하지 않으면 문항을 수정하거나 새롭게 문항을 제작하여 평가의 타당도와 신뢰도를 확보할 수 있도록 해야 한다. 특히 완성형 문항의 경우 하나의 빈칸에 대해 하나의 정답만이 존재하도록 문항을 제작하는 것이 중요한데, 부득이하게 여러 개의 정답을 복수로 인정해야 하는 경우라면 채점 기준표에 가능한 답안을 모두 제시하여야 한다.

마. 문항 안내 및 연습하기

학생들에게 시험 전 문항에 대한 안내와 교육을 시행한다. 충분한 사전 연습의 기회를 제공하여 완성형 문항에 대한 이해도와 친숙도를 높이는 과정을 통해 학생들의 언어 능력을 투명하게 평가할 수 있다. 예를 들어 표준 규칙 빈칸 메우기를 처음 접하는 학생들이라면 자신이 생각한 앞 빈칸의 정답이 뒤에 오는 빈칸의 정답 추론 과정에 영향을 미칠 수 있다는 안내와 설명이 필요하다. 또한 C-테스트와 듣고 규칙 빈칸 메우기의 경우 학생들로 하여금 해당 문항 유형을 사전에 직접 경험해보도록 함으로써 익숙하지 않은 문제 유형으로 인해 발생하는 부정적 간섭 효과를 줄이고 언어 능력에 대한 보다 정확한 평가를 시도해 볼 수 있게 된다.

2.1.4 완성형 평가 문항의 채점 원리 및 절차

1) 채점 원리

가. 정확 단어 채점 방식

정확 단어 채점 방식(exact-word scoring method)은 출제자가 의도한 단어 혹은 원본 텍스트에서 제시된 것과 정확히 일치한 경우만을 정답으로 인정하는 경우이다. 이러한 방식은 채점 기준이 명확하므로 경험이 없거나 훈련을 받지 않은 채점자라 할지라도 신속하고 정확한 채점이 가능하다. 하지만 정확 단어 채점 방식에서는 빈칸에 들어갈 단어가 의미와 형태의 양 측면 모두에서 적절한데도 불구하고 사전에 만든 모범답안과 일치하지 않는다는 이유로 정답으로 인정받지 못하게 되는 사례가 발생한다. 예를 들어 'He displayed the wide, bright smile _____ had charmed so many people before.' 에서 빈칸에 which와 that이 모두 정답으로 가능하지만(Hughes, 2003, p. 175), 원본 텍스트에서 which가 사용될 경우 that은 오답으로 처리된다. 이와 같은 경직된 채점 방식은 언어 능력 평가의 정당성 및 공정성 측면에서 불신감을 조성할 수 있으며, 이해와 적용과 같은 고차원적인 학습과는 거리가 먼 단순 암기 위주의 학습 방식을 조장할 우려가 있다.

나. 허용 단어 채점 방식

허용 단어 채점 방식(appropriate-word scoring method)은 학생의 정답이 문항 제작자가 사전에 의도한 모범 답안과 정확히 일치하지 않더라도 빈칸에 들어가기에 충분히 적절하다고 판단이 되는 모든 단어를 정답으로 인정하는 경우이다. 허용 단어 채점 방식에서는 두 개 이상의 복수 정답이 가능하므로 채점에서의 주관성을 배제하기 위해 체계적인 채점자 훈련이 반드시 선행되어야 하며, 명확한 채점 기준 표를 제시하는 것 역시 중요하다. 이렇듯 상대적인 어려움에도 불구하고 학생들의 다양한 응답을 포괄적으로 인정하게 된다는 측면에서 정확 단어 채점 방식과 비교하였을 때 보다 역동적이며 타당하고 공정한 측정이 가능하다는 장점을 가진다(Henk & Selders, 1984).

2) 채점 절차

가. 평가 전

(1) 사전 예비 평가 및 동료 교사 교차 검토하기

완성형 문항을 제작한 후 실제 평가 맥락에서 사용하기 전에 동료 교사들과 함께 사전 예비 평가 (piloting) 및 교차 검토를 시행해야 한다. 이때 실제로 시험을 치르는 학생의 상황을 고려하여 문항의 오류 여부, 복수 정답의 가능성, 난이도, 시험 시간, 배점의 적절성 등을 미리 점검하게 된다. 이 과정을 통해 전체 문항이 평가 목적과 성취기준 도달 여부를 효과적으로 판단하는 데 도움이 될 수 있도록 문항의 완성도를 높인다.

(2) 평가 전 채점 기준표 작성하기

평가 시행 전 채점 기준표를 작성한다. 채점의 체계성을 위하여 빈칸 하나가 채점 단위이기 때문에 채점 기준표에는 각 빈칸에 해당하는 배점, 모범 정답과 유사 인정 답안, 점수 부여 기준과 관련된 정보가 포함되어야 한다. 응답의 자유를 최소한으로 제공하는 완성형 문항의 특성상 하나의 빈칸에 하나의 정답만이 존재하는 것이 이상적이다. 만약 빈칸에 들어갈 정답이 여러 개일 경우 정답이 될 수 있는 모든 답을 반영하여 평가전 채점 기준표를 작성한다. 완성형 문항의 채점 기준표를 작성할 때 고려해야 할 사항들을 정리하면 다음과 같다.

- 정확 단어 채점과 허용 단어 채점 중 어떤 채점 방법을 사용할 것인가?
- 언어의 형태적 요소(예: 품사, 복수형, 시제)와 의미적 요소를 이원화하여 점수를 부여할 것인가?
- 화용적인 측면(예: 'kids'와 'children')에서 정답의 적절성을 판단할 것인가?
- 철자 오류의 경우 어떻게 점수를 부여할 것인가?

나. 평가 후

(1) 사전 채점 실시 및 채점 기준표 보완하기

평가 종료 후 채점 기준표를 활용하여 일정 비율의 답안을 사전 채점한다. 이때 학생별로 채점하는 것이 아니라 문항별로 채점을 시행하여야 하는데, 이는 후광 효과(halo effect)와 채점 시행 효과를 최소화하여 채점의 신뢰도를 높이기 위함이다. 이러한 과정을 통해 평가 전 채점 기준표만으로 정답을 판단하기 어려운 경우를 반영하여 채점 기준표를 보완 작성하게 된다.

(2) 1차 채점 및 2차 채점하기

수정된 채점 기준표를 활용하여 모든 문항에 대해 채점을 시행한다. 1차 채점을 시행하고, 이어 동료 교사와 답안지를 교환하여 2차 채점을 실시한다. 최소 두 명 이상의 교사가 하나의 문항을 반복 채점할 수 있도록 충분한 인원과 시간을 확보하는 것이 중요하다. 이 과정에서 채점자 내 신뢰도와 채점자 간 신뢰도 모두를 높일 수 있도록 노력해야 한다.

📝 완성형 문항 채점 체크리스트

✓ 빈칸 하나하나를 채점 단위로 하였는가?

✓ 형태적, 의미적, 화용적 요소를 모두 고려하여 채점 기준표를 작성하였는가?

✓ 정답이 복수일 경우 가능한 모든 답이 채점 기준표에 포함되었는가?

✓ 사전 채점 시 학생별이 아닌 문항별로 채점을 하였는가?

✓ 일부 문항의 사전 채점을 통해 채점 기준표를 보완하였는가?

✓ 수정된 채점 기준표를 활용하여 문항을 채점하였는가?

✓ 하나의 문항을 최소 두 번 이상 반복 채점하였는가?

✓ 동료 교사와 함께 교차 채점을 하였는가?

2.1.5 완성형 평가 문항의 유형

1) 맥락을 통해 추론하는 유형

가. 그림 묘사하기

평가 요소	그림 묘사하기				
학교급	중학교	난이도	중	배점	4
출제 의도	그림을 설명하는 글을 완성하여 맥락 속 어휘 사용 능력을 평가한다.				
교육과정상 근거	읽기 **[평가 방법 및 유의 사항]** 어휘 평가는 맥락 속에서 단어의 의미를 파악하는 능력을 중심으로 평가한다. 쓰기 **[성취기준]** [9영04-03] 일상생활에 관한 그림, 사진, 또는 도표 등을 설명하는 문장을 쓸 수 있다.				
제작 기초 자료	2018년 국가수준 학업성취도 평가, 중학교, 34번				

● 사진의 내용과 일치하도록 빈칸 (1)과 (2)에 적절한 말을 각각 한 단어로 쓰시오.

    Yesterday, I went to the zoo with my family. There, I saw many animals. This picture was taken in front of the monkey cage. There was a monkey sitting on a(n) (1) _____. She had her little baby on her chest. My little sister, who was holding a toy airplane in her hand, was scared and started crying. The man next to my sister is my dad. He was wearing a cap. In order to calm her down, my dad gave her a(n) (2) _____. When she gets older, I'm sure she'll learn to love the zoo as much as I do.

모범답안	배점	부분 점수 인정 기준
(1) rock, stone	2점	'rocks,' 'stones,' 'balloons'의 경우 1점 감점(형태 오류)
(2) balloon	2점	

Tip! 빈칸 (1)의 경우와 같이 하나의 빈칸에 두 개 이상의 정답이 가능할 경우 정답의 조건(예: (1) r_____)
을 추가로 제시하여 가능한 정답의 범위를 제한할 수 있다.

나. 빈칸 내용 추론하기

평가 요소	빈칸 내용 추론하기				
학교급	고등학교	난이도	중	배점	4
출제 의도	특정 주제에 관한 글을 읽고 빈칸의 내용을 추론할 수 있는 능력을 평가한다.				
교육과정상 근거	**읽기** [10영01-01] 친숙한 일반적 주제에 관한 말이나 대화를 듣고 세부 정보를 파악할 수 있다. [10영03-03] 친숙한 일반적 주제에 관한 글을 읽고 내용의 논리적 관계를 파악할 수 있다. **쓰기** [10영04-01] 일상생활이나 친숙한 일반적 주제에 관하여 듣거나 읽고 세부 정보를 기록할 수 있다. [10영04-02] 일상생활이나 친숙한 일반적 주제에 관하여 듣거나 읽고 간단하게 요약할 수 있다.				
제작 기초 자료	2021학년도 3월 고1 전국연합학력평가, 37번				

- 빈칸에 적절한 말을 본문에서 찾아 한 단어로 쓰시오.

> If you had to write a math equation, you probably wouldn't write, "Twenty eight plus fourteen equals forty two." It would take too long to write and it would be hard to read quickly. You would write, "28 + 14 = 42." Chemistry is the same way. Chemists have to write chemical equations all the time, and it would take too long to write and read if they had to spell everything out. So chemists use a symbol, just like we do in math. A chemical formula lists all the elements that form each molecule and uses a small number to the bottom right of an element's _____ to stand for the number of atoms of that element. For example, the chemical formula for water is H_2O. That tells us that a water molecule is made up of two hydrogen ("H" and "2") atoms and one oxygen ("O") atom.

모범답안	배점	부분 점수 인정 기준
symbol	4점	'symbols'의 경우 1점 감점(형태 오류)

Tip! 'symbolic representation'과 '기호'를 의미하는 또 다른 단어 'sign'도 의미상으로 빈칸의 정답이 될 수 있으므로, '본문에서 찾아 한 단어로 쓰시오'라는 조건을 제시하여 정답의 범위를 제한할 수 있다.

2) 중심 내용 추론하기 유형

가. 문단 요약하기

평가 요소	문단 요약하기				
학교급	중학교	난이도	중	배점	4
출제 의도	특정 주제에 관한 글을 읽고 내용을 요약할 수 있는 능력을 평가한다.				
교육과정상 근거	읽기 [9영03-04] 일상생활이나 친숙한 일반적 주제의 글을 읽고 줄거리, 주제, 요지를 파악할 수 있다. 쓰기 [9영04-01] 일상생활에 관한 주변의 대상이나 상황을 묘사하는 문장을 쓸 수 있다.				
제작 기초 자료	2017년 국가수준 학업성취도 평가, 중학교, 서답형 5번				

• 다음 글을 읽고, 내용과 일치하도록 빈칸 (1)과 (2)에 적절한 말을 본문에서 찾아 각각 한 단어로 쓰시오.

Earth is the third planet from the Sun. It is the home of all known life in the universe. Two basic features make life on Earth possible. The first is Earth's distance from the Sun. If Earth were closer to the Sun, it would be too hot. If Earth were farther away, it would be too cold. The second feature is the presence of liquid water. Without water there would be nothing on Earth that was alive or is now living.

↓

Two (1)_____ make life possible on Earth: Proper distance from the Sun and the water needed for all (2)_____ things.

모범답안	배점	부분 점수 인정 기준
(1) features	2점	'feature'의 경우 1점 감점(형태 오류)
(2) living	2점	'live,' 'alive' 의 경우 1점 감점(형태 오류)

Tip! 형용사 'alive'는 한정적 용법으로 사용되어 형태적인 측면에서 오답이지만 의미상 'living'과 유사하므로 의미적인 측면에서 정답으로 볼 수 있다. 따라서 총 배점 2점 중 형태적인 오류로 1점을 감점하였다. 이렇게 정답을 채점할 때 어휘의 형태적인 측면과 의미적인 측면을 이원화하여 점수를 부여함으로써 보다 긍정적인 환류 효과를 기대할 수 있다.

3) 세부 사항 파악하기 유형

가. 도표 정보 파악하기

평가 요소	도표 정보 파악하기				
학교급	중학교	난이도	하	배점	3
출제 의도	특정 주제에 관한 도표의 세부 정보를 파악하고, 도표를 설명하는 글을 완성할 수 있는 능력을 평가한다.				
교육과정상 근거	읽기 [9영03-02] 일상생활이나 친숙한 일반적 대상이나 주제에 관한 글을 읽고 세부 정보를 파악할 수 있다. 쓰기 [9영04-03] 일상생활에 관한 그림, 사진, 또는 도표 등을 설명하는 문장을 쓸 수 있다.				
제작 기초 자료	2019년 국가수준 학업성취도 평가, 중학교, 33번				

● 다음 도표를 보고, 글을 완성하고자 한다. 빈칸에 가장 적절한 말을 쓰시오.

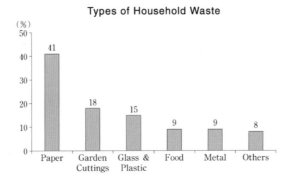

Types of Household Waste

    Based on everyday activities, the above graph shows the percentage of waste products from people's homes. Of the total, paper is the most common type of waste at (1) _____%. Garden cuttings make up 18% of the total waste. The amount of glass and plastic waste is smaller than that of garden cuttings. The amount of metal waste is the same as that of (2) _____.

모범답안	배점	부분 점수 인정 기준
(1) 41	1점	'forty one,' 'forty-one'의 경우 1점 부여 'forty one,' 'forty-one' 철자 오류의 경우 0.5점 감점
(2) food waste	2점	'(the) foods waste,' 'food,' 'foods'의 경우 2점 부여

Tip! ▶ 정답이 숫자인 경우 구체적인 단위를 문두에 함께 제공해주어야 한다.

나. 텍스트 정보 파악하기

평가 요소	텍스트 정보 파악하기				
학교급	고등학교	난이도	상	배점	4
출제 의도	특정 주제에 관한 대화문을 읽고, 세부 정보를 찾을 수 있는 능력을 평가한다.				
교육과정상 근거	읽기 [10영03-01] 친숙한 일반적 주제에 관한 글을 읽고 세부 정보를 파악할 수 있다. 쓰기 [10영04-01] 일상생활이나 친숙한 일반적 주제에 관하여 듣거나 읽고 세부 정보를 기록할 수 있다.				
제작 기초 자료	2018년 국가수준 학업성취도 평가, 고등학교, 서답형 3번				

- 다음 두 사람의 대화를 읽고, 글을 완성하고자 한다. 빈칸에 가장 적절한 말을 한 단어로 쓰시오.

M: Jessica. You came back later than we expected.
W: Yeah. I had trouble finding Marco, the client from Paris.
M: What happened?
W: When I went to the airport to pick him up, I had his photo that I had gotten from his company website.
M: What? Couldn't you find him with the photo?
W: Exactly. In the photo he had long straight hair so I spent an hour looking for someone who matched that description.
M: So, did you eventually find him?
W: Yes, eventually. But it turns out he now has curly hair!
M: Oh, my! You should've held up a sign with his name on it.
W: I'll definitely do that next time.

   Jessica went to the airport to pick up a client, Marco, from Paris. She had gotten a photo of the client from his company website in order to recognize him. However, she could not find a man who matched the description in the photo. It took an hour for her to find him. When she eventually found him, he had changed his hair style. His hair was _____. It would have been better for her to hold a sign with his name on it.

모범답안	배점	부분 점수 인정 기준
curly	4점	'wavy'의 경우 4점 부여 'curl(s)'의 경우 1점 감점(형태 오류)

Tip! 유형이 다른 두 개의 텍스트를 활용하면 단일 텍스트만을 활용하는 경우에 비해 문항의 난이도가 상대적으로 높아지게 된다.

4) 어법과 어휘 유형

가. 어법 정확성 파악하기

평가 요소	어법 정확성 파악하기				
학교급	고등학교	난이도	상	배점	5
출제 의도	주어진 단어를 맥락에 맞게 활용하는 능력을 평가한다.				
교육과정상 근거	읽기 [12영Ⅰ03-03] 일반적 주제에 관한 글을 읽고 내용의 논리적 관계를 파악할 수 있다. 쓰기 [12영Ⅰ04-04] 사람, 사물, 사건에 대하여 묘사하는 글을 쓸 수 있다. 〈교수학습 방법 및 유의 사항〉 학습자들의 오류에 대하여 상황에 따라 적절한 피드백을 제공함으로써 가급적 학습자들이 스스로 오류를 수정할 수 있도록 지도한다. 〈평가 방법 및 유의 사항〉 내용, 정확성, 적절성, 글의 조직, 과업 완성도, 기술적인 사항(철자와 구두점) 등의 요소 중에서 선택하여 등급을 나누는 분석적 채점이나 전반적인 인상을 토대로 하여 등급을 나누는 총괄적 채점을 활용할 수 있다.				
제작 기초 자료	2015 개정 교육과정 영어Ⅰ, 지학사, p. 77				

● 다음 글을 읽고, 괄호 안의 단어를 활용하여 빈칸에 적절한 말을 각각 한 단어로 쓰시오.

Charge Your Phone with a Plant

  Have you ever dreamed of (1) (charge) _____ your phone in a more eco-friendly way? Well, that dream has become reality through new technology that (2) (let) _____ you charge your smartphone through photosynthesis from any common house plant. The technology uses the power (3) (produce) _____ by potted plants during photosynthesis to charge phones. Inside the flower pot is a USB charging port (4) (attach) _____ to a biological battery. This technology does not harm the plant, so you don't need to worry at all. It is completely safe for the plant as it only uses the spare or extra energy after photosynthesis. The goal of this innovation is to provide a new solution for current and future environmental and energy problems through the use of plants, which (5) (be) _____ found everywhere. In other words, the technology is offering a new point of view: to simply transform huge green spaces to fulfill our energy needs with the creation of new renewable sources.

모범답안	배점	부분 점수 인정 기준
(1) charging	1점	부분 점수 없음
(2) lets	1점	부분 점수 없음
(3) produced	1점	부분 점수 없음
(4) attached	1점	부분 점수 없음
(5) are	1점	부분 점수 없음

Tip! 괄호 안에 들어갈 단어를 제공하여 의미 측면의 변수를 통제함으로써 어휘의 형태적 측면의 지식을 독립적으로 측정할 수 있다.

나. 어휘 적절성 파악하기

평가 요소	어휘 적절성 파악하기				
학교급	중학교	난이도	중	배점	4
출제 의도	글의 맥락에 맞는 연결어를 쓸 수 있는 능력을 평가한다.				
교육과정상 근거	**읽기** [9영03-08] 일상생활이나 친숙한 일반적 주제의 글을 읽고 일이나 사건의 원인과 결과를 추론할 수 있다. **쓰기** [9영04-01] 일상생활에 관한 주변의 대상이나 상황을 묘사하는 문장을 쓸 수 있다. 〈교수학습 방법 및 유의 사항〉 문맥을 통하여 낱말의 의미와 글의 내용을 유추하도록 지도한다. 어휘에 대한 평가는 맥락 속에서 단어의 의미 이해 능력을 중심으로 시행한다.				
제작 기초 자료	2019년 국가수준 학업성취도 평가, 중학교, 29번				

- 다음 글을 읽고, 빈칸에 적절한 말을 각각 쓰시오.

Human eyes are built for daylight. Night animals' eyes are designed differently, for darkness. So, while the dark of night is dark to you, it's not so dark to a night animal. A cat, (1) _____, can see six times better than you at night. One reason that makes night animals special is their big eyes. Most of them have extra-big eyes compared to the size of their bodies. Their bigger eyes can gather more light. Flying squirrels are much smaller than the tree squirrels you see during the day. (2) _____ their eyes are at least twice as large. An owl's eyes are so huge that they weigh more than its brain.

모범답안	배점	부분 점수 인정 기준
(1) for example	2점	'for instance'의 경우 2점 부여 'example,' 'instance'의 경우 1점 부여(형태 오류)
(2) But	2점	'However'의 경우 2점 부여 소문자(예: 'but,' 'however')일 경우 2점 부여

Tip! 빈칸 (2)와 같이 빈칸의 단어가 문장의 처음에 위치할 경우 채점 기준표에 대소문자에 대한 인정 기준(예: 대문자로 적지 않으면 감점 또는 대소문자는 평가 요소에 포함하지 않음)을 적시하도록 한다.

2.1.6 완성형 평가 문항의 장단점

2.1절에서는 서답형 평가의 한 유형인 완성형 평가 문항의 정의, 종류, 제작 원리 및 채점 방식에 대해서 살펴보았다. 일반적으로 완성형 문항은 비교적 단순한 지식, 개념, 사실 정보의 학습과 기억 정도를 측정하는데 적절하지만, 학생의 고등 사고 능력을 평가하는 데에는 다소 제한적일 수 있다. 그리고 과도한 완성형 문항은 단순 암기 위주의 학습 방향으로 학생을 유도할 수 있다는 측면에서 부정적인 환류 효과에 대한 우려가 있을 수 있다. 그러나 선택지를 구상할 필요가 없어 선택형 유형에 비해 상대적으로 문항 제작이 쉽고, 넓은 범위의 지식을 제한된 시간에 효율적으로 측정할 수 있다는 면에서 장점을 가진다. 서답형의 기타 유형보다 채점이 쉽고 객관적이기 때문에 높은 수준의 채점자 신뢰도를 확보할 수 있다는 것도 큰 장점이다. 또 다른 장점으로 정답의 단서로 작용할 수 있는 선택지가 따로 없어 추측으로 인해 정답을 골라낼 가능성을 최소화할 수 있다는 점, 그래서 문항 수가 동일한 경우라면 선택형 문항 유형에 비해 타당도 높은 측정 결과를 이끌어 낼 수 있다는 점도 주목할 만하다. 영어과에서 완성형 문항은 다양한 성취수준을 효율적으로 평가하기 위한 목적으로 그 활용도가 높으며, 규칙 빈칸 메우기와 다양한 응용 문항이 통합적 언어 능력을 전반적으로 평가하는 도구로서 널리 사용되고 있다.

2.2 단답형 평가

단답형 평가는 서답형 평가 방식 중 학생들에게 가장 친숙한 유형일 것이다. 단답형 평가 문항은 질문에서 요구하는 답을 간단한 단어, 어구, 수, 기호 등의 제한된 형태로 쓰는 방식이다. 단답형 문항의 가장 큰 특징은 응답의 형태가 비교적 짧고 간단하다는 점이다. 또한 서술형 및 논술형 평가와 비교했을 때 문항 제작과 채점이 쉽고, 시험 시행에 필요한 시간 역시 짧은 편이다. 그렇다 보니 학교 현장에서 교사들이 진단평가, 형성평가, 지필평가 등 다양한 시험 상황에서 단답형 평가 문항을 두루 활용하고 있다. 먼저 예시를 통해 단답형 평가 문항의 특징을 살펴보도록 하자.

2.2.1 단답형 평가 문항 예시

아래의 두 문항은 단답형 평가 문항의 대표적인 예시이다. 이를 다른 유형의 문항과 비교해보면 단답형 평가 문항의 특징을 분명하게 파악할 수 있다. 단답형 평가 문항은 선다형 문항과 어떠한 점에서 유사한가? 서답형 평가의 또 다른 유형인 서술형, 논술형 문항과는 어떤 차이가 있는가? 문항의 형태, 지시문, 답안 기재 방식 등의 측면에서 단답형 평가 문항의 특징에 대해 생각해보자.

● 다음 도표의 내용과 일치하도록 질문에 대한 답을 도표에서 찾아 한 단어로 쓰시오.

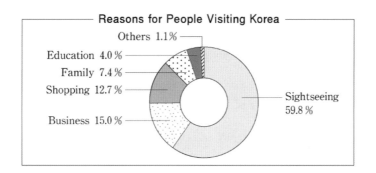

(2020년 국가수준 학업성취도 평가, 중학교, 14번)

Question: What is the second most common reason for visiting Korea?

답: _____

정답 Business

● 다음 글을 읽고, 질문에 대한 답을 본문에서 찾아 영어로 쓰시오.

Last summer, my father suggested a surprising event: a family trip without smartphones! He said, "I hate to see you sitting together and only looking at your smartphones." My sister and I explained the need for smartphones, but he kept saying that we could not fully enjoy the trip with them. So we started a technology-free trip to a new city, Barcelona, Spain.

Our first day was terrible. On the way to our guesthouse around Plaza Reial, we got lost in downtown Barcelona. Dad was busy looking at the map and asking for directions with a few Spanish words he got from a tour guidebook. Even though our guesthouse was right next to the Plaza, it took us about two hours to get there. We were so tired that we could not go out for dinner. I went to bed but couldn't fall asleep because I was worried about what would happen the next day.

(2015 개정 교육과정 중학교 영어 2, 비상, pp. 144-145)

(1) What surprising event did Dad suggest last summer? (5 words)

_____

(2) What does the underlined word 'there' refer to? (2 words)

_____

정답 (1) a family trip without smartphones   (2) our guesthouse

■ 위에 제시된 예시 문항들을 살펴보고, 단답형 평가 문항의 특징을 적어봅시다.

1. 정답의 길이가 비교적 짧다.
2. 우연히 답을 맞힐 가능성이 매우 낮다.
3.
4.
5.
...

단답형 평가 문항의 가장 큰 특징으로 답안의 길이가 짧다는 점이 눈에 들어온다. 첫 번째 예시 문항은 주어진 질문에 대한 답을 도표에서 찾아 쓰는 형태이다. 질문과 답은 짧지만, 질문이 의미하는 바와 도표의 내용을 파악할 수 있어야 답을 정확하게 쓸 수 있다. 두 번째 예시 문항은 단답형의 대표 유형인 세부 내용 파악하기와 지칭 추론이 결합된 문항이다. 텍스트의 전반적인 내용과 문장의 맥락을 정확히 이해해야 본문에서 정답을 찾아 쓸 수 있다. 두 문항 모두 선다형 문항으로 변형이 가능한데, 선택지에서 정답을 고르는 선다형 문항으로 출제된다면 학생이 답을 정확하게 알지 못하더라도 주어진 선택지 중 하나를 골라 우연히 정답을 맞힐 수도 있을 것이다. 그러나 단답형의 경우 우연히 답을 맞힐 가능성이 매우 낮기 때문에 출제자가 의도한 내용을 학생이 분명히 아는지를 더욱 정확하게 측정할 수 있다. 또한 정답이 분명하기 때문에 다른 서답형 평가 유형에 비해 빠르고 정확한 채점이 가능하다. 이상에서 살펴본 예시를 바탕으로 단답형 문항의 특성에 대해 본격적으로 알아보자.

2.2.2 단답형 평가 문항의 정의적 특성

1) 단답형 평가 문항의 개념

단답형 문항(short-answer item)이란 간단한 단어, 구, 절 혹은 수나 기호로 응답하는 문항 형태로, 용어의 정의나 의미를 묻는 경우, 혹은 수리 계산의 사례에서 자주 사용된다(성태제, 2019). 또한 단답형 문항은 주로 지식과 이해력을 평가하는 데 널리 사용된다. 예를 들어, 국어, 사회, 과학, 수학 등의 타 교과에서는 중요한 학습 내용에 대한 회상 수준의 학습 결과를 평가할 때 단답형 평가를 주로 활용한다. 영어 교과에서는 전반적인 영어의 4기능 평가에 있어 단답형 평가를 널리 활용하곤 한다. 구체적으로 보자면, 듣기 자료를 듣고 주어진 질문에 답하거나, 텍스트를 읽고 주어진 질문에 대해 지문의 내용을 바탕으로 단어, 구, 문장의 형태로 학생들로 하여금 답을 쓰도록 한다. 이를 통해 학생이 주어진 자료를 이해하고 필요한 정보를 정확하게 찾을 수 있는지, 처리한 정보를 자신의 언어로 표현할 수 있는지를 측정할 수 있다. 또한 문항을 어떻게 구성하느냐에 따라 지식과 이해뿐 아니라 적용, 분석, 평가 등과 같은 고차원적 수준의 학습 능력도 일부 평가할 수 있다.

단답형 문항은 경우에 따라 선다형 문항에 대한 대안으로 활용 가능하다고 알려져 있다. 선다형으로 출제하고자 할 때 오답 선택지를 구성하기 어려운 경우, 또는 선다형 문항으로 출제하게 되면 정답이 지나치게 분명해지는 경우가 이에 해당한다. 또한 서답형의 또 다른 유형인 완성형으로 문항을 제작하였을 때 문두의 표현이 응답자에게 정답에 대한 단서를 제공하게 된다거나, 도표, 그림, 지도 등과 같이 문장으로 설명하기 어려운 자료를 주고 명칭, 기능, 구조 등에 대한 지식을 측정하고자 할 경우에도 단답형이 유용하게 활용될 수 있다(이종철, 2019).

단답형 문항에서는 질문을 의문문이나 명령문의 형식으로 명시적으로 제시하며, 정답은 채점하기 전에 미리 준비하여야 한다. 또한 단답형 문항은 완성형, 서술형, 논술형의 문항에 비해 질문이 조금 더 구체적이고 정답의 범위를 좁게 제한하므로 응답 자유도가 낮다는 점을 특징으로 한다. 학생으로 하여금 질문에 대한 자신의 생각을 직접적으로 표현하도록 유도하게 된다는 측면에서 안면 타당도가 높고 긍정적인 환류효과를 기대할 수 있다는 점 역시 단답형 문항의 주목할 만한 특징이 된다(Brown, 2010).

2) 단답형 평가 문항과 선다형 평가 문항의 구별

단답형 평가는 서답형 평가에 속하지만 문항 형태를 놓고 보면 학생이 고를 수 있는 선택지가 없다는 점을 제외하고는 질문과 텍스트의 구성 측면에서 선다형 문항 유형과 비슷하다. 특히 하나의 정해진 답을 의도하여 학생의 응답 자유도를 크게 제한한다는 점에서 선다형 문항과 유사한 측면이 있다.

선다형 문항은 주어진 네 개 혹은 다섯 개의 선택지 중에서 정답이라고 생각되는 것을 선택하도록 하는 유형이다. 따라서 답을 정확히 알지 못하더라도 우연히 정답을 맞힐 확률이 선택지의 개수에 따라 20~25%에 이른다. 또한 선다형 문항은 출제자가 정답과 오답의 선택지를 구성하여 제시하기 때문에 설령 학생이 출제자의 의도를 뛰어넘는 수준의 사고에 도달하더라도 이를 정답으로 제시할 수 있는 여지가 없게 된다.

단답형 평가 문항 유형을 적용함으로써 이러한 선다형 평가의 약점을 어느 정도 보완할 수 있다. 단답형 문항에서 학생은 출제자가 요구하는 답을 직접 써야 한다. 학생의 입장에서 보고 고를 수 있는 선택지가 주어져 있지 않기에 추측에 의해 우연히 정답을 맞힐 가능성이 낮다. 발문을 정확하게 이해하고 주어진 자료를 충분히 소화하여 정답에 해당하는 정보를 찾아내야만 올바른 답을 적을 수 있다. 이는 단답형 문항을 통하여 학생의 능력을 정확하게 평가할 수 있는 가능성이 높아지게 됨을 의미한다.

그림 2-1 은 동일한 읽기 자료를 바탕으로 단답형과 선다형으로 각각 다르게 구성한 문항 예시이다. 이를 통해 지금까지 짚어본 두 유형 간의 차이를 한눈에 파악할 수 있을 것이다.

Creative Video Contest

⊚ **What to Do**:
Step 1. Choose the topic you're interested in.

Step 2. Create a 3-minute long video.

Step 3. Upload it on our school homepage.

⊚ **Deadline**: July 22nd

⊚ **Contest Winner**: Student's video with the most views from other students

⊚ **Prize**: Two tickets to an international film festival

(2019년 국가수준 학업성취도 평가, 중학교, 17번)

[단답형] 광고를 읽고, 아래 질문에 대해 우리말로 답하시오.

Question: What should students do after making a contest video?

답: _____학교 홈페이지에 동영상 올리기_____

[선다형] 광고의 내용과 일치하지 않는 것은?

① 관심 있는 주제를 고른다.

② 3분 길이의 동영상을 제작한다.

③ 학교 홈페이지에 동영상을 탑재한다.

④ 우승작은 교사의 추천 수가 가장 많은 동영상이다.

⑤ 우승 상품은 국제 영화 축제 입장권 두 장이다.

답: ④

그림 2-1 단답형 문항과 선다형 문항 예시

3) 해외 사례

세계 여러 나라의 공인 어학 시험에서도 단답형 유형을 쉽게 찾아볼 수 있다. 그 중 대표적인 것이 IELTS(International English Language Testing System)이다. IELTS는 케임브리지 대학교, 영국문화원, 호주 IDP 에듀케이션이 공동 개발, 관리, 운영하는 영어 능력 시험으로 영어가 의사소통의 도구로 쓰이는 곳에서 공부하거나 취업하기를 희망하는 사람의 영어 능력을 측정하기 위한 목적으로 실시된다. IELTS는 듣기, 읽기, 쓰기, 말하기 네 영역으로 구성되어 있으며, 이 중 듣기와 읽기 영역 일부에서 단답형 문항이 출제된다. 주로 대화문, 독백문, 강의나 토론을 듣고 질문에 답하거나, 도표, 그래프, 그림 등을 포함한 글을 읽고 질문에 답하도록 하는 방식이다. 이때 정답의 길이는 주로 3단어를 넘지 않는다.

IELTS와 같은 대단위 어학 시험에서 단답형 유형을 포함하는 이유는 그것이 서답형 문항으로서 높은 타당도를 가지게 됨은 물론, 서답형의 다른 문항 유형에 비해 평가 시행 측면에서 편리성이 크다는 이점 때문일 것이다. 이렇듯 단답형 평가 문항은 출제와 채점이 간단하여 시간과 비용 대비 유용성이 크며, 객관성과 신뢰도를 확보하는 데 있어서도 유리한 측면이 있다.

2.2.3 단답형 평가 문항의 제작 원리 및 절차

1) 문항 제작 원리

단답형 문항의 제작 원리는 다음과 같이 정리해 볼 수 있다(성태제, 2019). 참고로 이는 영어뿐 아니라 다른 모든 교과에서 단답형 평가 문항을 제작할 때 두루 적용 가능한 내용이기도 하다.

가. 간단명료하게 질문하기

정답이 여러 개가 될 수 있는 가능성을 배제하기 위해서는 질문이 간결하고 명확해야 한다. 해당 문항이 어떠한 답을 요구하는지 학생으로 하여금 쉽게 이해할 수 있도록 용어를 정확하게 사용하여 질문해야 한다.

나. 직접화법으로 질문하기

직접화법으로 질문을 제시하는 것이 좋다. 질문의 방법이 간접적이면 초점이 흐려져 묻고자 하는 바가 모호해질 수 있기 때문이다.

다. 교과서의 문장 그대로를 사용하여 질문하지 않기

교과서에 있는 문장을 변형 없이 있는 그대로 출제할 경우 학생들이 교과서에 있는 내용을 이해보다는 암기의 대상으로 삼게 될 가능성이 높아진다. 분석, 종합, 문제해결 등의 고등 정신 능력을 측정하고자 한다면 새로운 형식과 내용으로 변형하여 질문을 제시하는 것이 바람직하다.

라. 채점하기 전에 정답이 될 수 있는 답안을 미리 준비하기

가능하면 정답이 하나가 되게끔 질문해야 하지만, 동어의 문제로 여러 개의 답이 존재하는 경우가 있다. 학생의 반응이 다양하게 나타날 것을 예상하여 가능한 모든 답을 정답 기준에 포함시켜야 한다.

마. 계산의 정확성 정도나 계산 절차의 수준 명시하기

정답이 수로 표현되는 계산 문제의 경우 질문에서 지시를 정확하게 내릴 필요가 있다. 정답의 표기에 있어 필요한 구체적인 단위를 지정해주거나 계산 절차를 어느 수준까지 제시하여야 하는지 등에 대한 지시를 포함하는 것이 문제 풀이 및 채점에 도움이 된다.

2) 문항 제작 절차

가. 평가 목적 수립 및 성취기준과 성취수준 확인하기

단답형 평가 문항 개발의 시작점은 문항을 어떠한 목적으로 활용할 것인지 결정하는 데에 있다. 학생의 강점과 약점 또는 학습 결함을 발견하고자 한다면 진단평가, 학습 내용에 대한 이해도를 점검하고 수업 개선에 대한 정보를 수집하고자 한다면 형성평가, 학생의 전반적인 언어 능력을 알아보고자 한다면 능숙도 평가 또는 총괄평가를 목적으로 삼게 된다.

평가 목적에 대한 숙고와 더불어 성취기준과 성취수준을 확인해야 한다. 수업 내용을 계획할 때와 마찬가지로 평가에서도 성취기준과 성취수준을 고려하여 문항을 출제하도록 한다.

나. 문항 텍스트 선정하기

평가의 목적과 성취기준을 확인하였다면, 평가에 적합한 자료를 선정하는 작업을 해야 한다. 단답형 평가 문항에서는 질문과 함께 자료가 제시되며 수험자는 주어진 자료를 듣거나 읽고 정보를 처리하여 정답을 찾아내게 된다. 그러므로 문항에서 사용할 자료, 즉 텍스트가 측정하고자 하는 언어 능력의 성격에 부합하는지, 학습자의 흥미와 수준에 비추어 적절한 것인지를 신중하게 판단해야 한다. 이외에도 텍스트의 유형(설명문, 논설문, 광고, 일기, 매뉴얼, 문학 등), 텍스트의 길이, 그래픽 자료의 활용 등에 대해서도 고려하도록 한다. 예를 들어, 내용을 듣고 질문에 답하는 단답형 듣기 문항을 출제하고자 할 때는 대화문, 독백문, 토론 및 발표문 등을 텍스트로 선정한다.

텍스트 선정 시 유의할 점으로, 주어진 텍스트를 정확하게 읽지 않아도 기존에 알고 있던 내용이나 일반 상식에 비추어 내용을 쉽사리 짐작할 수 있게 된다면 곤란하다(이상기 외, 2017). 또한 학생들이 반복적으로 접하여 이미 잘 알고 있는 텍스트를 사용할 때에도 신중을 기해야 한다. 학습하였던 텍스트를 동일하게 평가에 활용하게 되면 학생의 언어 능력보다는 암기 능력을 측정하게 될 가능성이 그만큼 높아지기 때문이다. 특히 단답형 문항의 경우 짧은 답을 요구하는 문항의 특성상 단순 지식, 개념, 또는 사실만을 평가할 가능성이 높으므로 텍스트 선정에 있어 특히 주의를 기울일 필요가 있다.

다. 문항 제작하기

적절한 텍스트를 선정하였다면 이제는 문항을 제작할 차례이다. 단답형 문항에서는 학생의 응답이 일반적이거나 모호하지 않도록 문항이 요구하는 바를 분명히 해야 한다. 그러기 위해서는 간단한 형태의 응답이 나올 수 있도록 질문을 명확하게 작성해야 한다. 복수 정답이 발생할 가능성을 배제하고 측정하고자 하는 내용을 명확히 묻기 위해서는 발문을 간결하고 정확하게 하는 것이 중요하다. 이때 발문을 우리말로 할 것인지 영어로 할 것인지를 결정해야 한다. 또한 응답 측면에서도 마찬가지여서 학생으로 하여금 우리말로 응답하게 할 것인지 혹은 영어로 응답하게 할 것인지를 미리 구상할 필요가 있다. 이 과정에서는 학생들의 입장에서 가능한 답변을 모두 나열해 보는 것이 큰 도움이 된다.

단답형 문항에서는 요구하는 바를 학생에게 명확하게 전달하기 위해 주로 의문문이나 명령문 형태의 발문을 활용하게 된다. 또한 '3단어 이내로 작성하시오,' '우리말로 쓰시오,' '본문에서 찾아 쓰시오'와 같이 답안 작성의 조건을 구체적으로 제시하는 것이 일반적이다.

라. 문항 점검하기

텍스트 선정 및 질문과 정답의 구성이 끝나면 동료 교사들에게 문항에 대한 검토 의견을 받아보도록 한다. 이 과정을 통해 텍스트의 난이도를 조절하거나, 질문을 보다 명료한 방향으로 수정할 수 있도록 해야 한다. 특히 질문이 영어로 구성된 경우라면 학생이 의도하는 바를 이해하지 못해 응답하지 못하게 되는 사례가 발생하지 않도록 유의한다. 또한 문항 점검을 통해 애초 설정한 정답 이외에 예상하지 못한 제3의 답안을 찾아낼 수도 있다. 모범 답안을 미리 작성하지 않고 평가 종료 후 학생들의 응답에 기초하여 채점을 시행하게 될 경우 채점의 타당성과 객관성, 신뢰도에 부정적인 영향이 있을 수 있다. 이를 인지하여 문항 자체의 타당성을 비롯하여 평가의 시행과 채점 등 전 과정에 대해 철저히 점검하고자 노력해야 한다.

마. 채점 기준표 작성하기

문항 검토를 거친 후 정답을 취합하여 채점 기준표를 작성한다. 채점 기준표에는 예시 답안, 감점 조건, 부분 점수를 부여하는 상황 등을 구체적으로 제시한다. 서답형 평가의 특성상 시험 종료 후 채점 기준표를 수정하거나 보완하는 경우가 물론 생길 수 있다. 다만 이러한 예외적 상황을 최소화하기 위해 문항 개발 단계에서 채점 기준표를 최대한 상세하게 작성하는 것이 중요하다. 참고로, 단답형 문항은 서답형 평가 유형 중 사후 채점 기준의 변동 가능성이 비교적 적은 유형 중 하나이다.

단답형 평가 문항 제작 체크리스트

✓ 평가의 목적 및 내용을 고려하였는가?

✓ 발문이나 지시문에서 모호한 표현은 없는가?

✓ 발문이나 지시문에서 이중 부정을 사용하지는 않았는가?

✓ 다른 문항에 해결의 실마리를 제공하거나 또는 다른 문항으로부터 해결의 실마리를 얻게 될 여지는
  없는가?

✓ 정답이 하나인가?

2.2.4 단답형 평가 문항의 채점 원리 및 절차

1) 채점 원리

일반적으로 문장 단위 이상의 영어 쓰기 평가에서는 과제 완성, 구성, 내용, 언어 사용 등을 평가 척도
로 삼는다. 그러나 단답형 평가에서는 답안의 길이가 단어 또는 구 단위로 비교적 짧고 정답이 하나인 경
우가 대부분이기 때문에 그와 같은 척도를 포함하는 분석적 채점 방식을 적용하기가 어렵다. 따라서 단
답형 유형에 대한 채점에서는 완성형 유형에서와 마찬가지로 정확 단어 채점 방식 또는 허용 단어 채점
방식을 주로 채택하게 된다.

정확 단어 채점 방식에서는 출제자가 의도한 정답과 동일한 경우만을 정답으로 인정하게 되는 반면,
허용 단어 채점 방식에서는 맥락상 의미가 통하는 경우까지를 포함하여 정답의 범위로 인정한다. 언어
사용의 관점에서 보자면 표현하고자 하는 하나의 의미에 대응하는 언어 형태가 다양할 수 있으므로 허용
단어 채점 방식을 적용하여 정답 판정에 있어 유연성을 발휘하는 것이 보다 바람직한 측면이 있다.

한편 답안의 길이가 긴 경우라면 핵심어의 포함 여부에 따라 부분 점수의 부여를 고려해 볼 수 있다.
이때 감점 조건, 즉 부분 점수를 부여하는 상황과 그에 해당하는 예시 답안을 구체적으로 제시하는 것이
중요하다.

2) 채점 절차

가. 수험자 답안 검토 및 예비 채점

채점을 시작하기 전 학생들의 전체적인 답안 내용과 수준을 파악한다. 단답형 문항은 수험자의 응답
자유도를 최소화한 유형이므로 정답이 하나인 경우가 일반적이다. 그렇지만 출제자가 미처 예상하지 못
한 유사 답안이 있을 수 있으므로 예비 채점을 통해 정답 이외에 추가해야 할 답안이 무엇인지 파악할 필
요가 있다.

나. 채점 기준 확정

출제 시 설정한 정답과 예비 채점 단계에서 추가한 유사 답안을 포함하여 최종 채점 기준을 확정한다. 정답, 배점과 함께 점수 부여 기준도 제시한다. 특히 시제, 단수와 복수, 품사 등 언어 사용에서 오류가 발생했을 때, 또는 철자 오류가 있을 때 어떻게 처리할 것인지를 채점 기준에 분명히 제시해야 한다. 또한 정답의 형태에 따라 정확 단어 채점과 허용 단어 채점 중 어떠한 방식을 취하게 될 것인지도 이 단계에서 결정하게 된다.

다. 채점

단답형 문항은 다른 서답형 유형에 비해 채점이 비교적 쉽고 간단하다. 혼자 채점하는 경우라면 답안지별로 채점하기보다는 문항별로 채점하는 것이 채점자 내 신뢰도를 높이는 데 도움이 된다. 물론 가능하다면 복수의 채점자가 함께 채점하는 것이 좋다. 모범 답안이 미리 설정된 경우라 하더라도 여전히 채점자의 주관성이 개입될 소지가 있기 때문이다. 채점자 간 신뢰도를 높이기 위해서는 동일한 문항에 대해 교차 채점을 실시하는 것이 바람직하다. 한편, 예비 채점을 했음에도 본 채점 시 정답인지 오답인지 판단이 어려운 경계 수준의 답을 발견할 수도 있다. 이런 경우라면 임의로 즉각적 판단을 내리지 말고 따로 기록해두었다가 모든 채점이 끝난 후 다시 돌아가 해당 답안을 면밀히 검토하는 것이 옳다. 공동 채점의 경우라면 서로 협의하여 일관된 결론을 내릴 수 있도록 해야 한다.

라. 채점 결과의 공개 및 이의 신청 처리

채점이 끝난 후에는 정답 및 채점 기준, 채점 결과를 공개하고 이에 대한 이의 신청을 받는다. 이의 신청 처리 과정 및 결과 역시 공개하도록 한다. 이는 성적 산출 및 성적 관리의 투명성을 보장해준다.

> **단답형 평가 문항 채점 체크리스트**
>
> ✔ 학생 답안 검토 및 예비 채점을 시행하고, 이를 통해 채점 기준표를 보완하였는가?
> ✔ 정답, 유사 답안, 부분 점수 부여 기준에 대한 정보가 채점 기준표에 포함되었는가?
> ✔ 하나의 문항을 최소 두 번 이상 반복 채점하였는가?

2.2.5 단답형 평가 문항의 유형

1) 중심 내용 파악하기

[문항 예시 1]

평가 요소	글의 소재 파악하기			
학교급	중학교	난이도	상	배점	3
출제 의도	자연재해에 대처하는 방법을 다룬 글을 읽고, 어떠한 재해인지 추론하도록 한다.			
교육과정상 근거	**[성취기준]** [9영03–06] 일상생활이나 친숙한 일반적 주제의 글을 읽고 필자의 의도나 목적을 추론할 수 있다.			
제작 기초 자료	2015 개정 교육과정 중학교 영어 2, 지학사, pp. 34–35			

• 다음 글은 여러 가지 자연재해 중 <u>이것</u>이 발생했을 때의 대처 방법이다. <u>이것</u>이 무엇인지 한 단어의 영어로 쓰시오. (3점)

  Don't run outside when things are shaking. Find a table or a desk and take cover under it. You can hold on to the legs to protect yourself. Also, stay away from windows. They can break and hurt you. You can go outside when the shaking stops. To get out of buildings, don't use the elevator. Take the stairs. It's much safer. Once you are outside, find and empty space that is far from buildings. There may be people who want to hold on to a pole or a tree, but think again. That's a bad idea because it can fall on you.

답: _____

모범답안	배점	부분 점수 인정 기준
earthquake	3점	1. 철자 오류 시 0점 2. 관사 an 첨가 시 정답 인정

Tip 1 정답에 해당하는 단어가 본문에 제시되지 않고 있으므로 shaking, cover 등 핵심어에 집중하여 글의 세부 내용을 정확하게 이해하도록 한다.

Tip 2 지시문에서 정답을 '한 단어'로 제한하였기 때문에 earthquake가 정답이지만, 올바른 형태의 관사를 포함한 경우 정답으로 인정한다. 단 잘못된 관사를 사용한 경우라면 오답 처리한다.

[문항 예시 2]

평가 요소	글의 주제 찾기				
학교급	고등학교	난이도	하	배점	3
출제 의도	생물다양성의 중요성을 설명하는 글을 읽고 주제를 제대로 파악하였는지 평가한다.				
교육과정상 근거	**[성취기준]** [10영04-02] 일상생활이나 친숙한 일반적 주제에 관하여 듣거나 읽고 간단하게 요약할 수 있다.				
제작 기초 자료	2018년 국가수준 학업성취도 평가, 고등학교 예비 시행, 서답형 4번				

• 다음 글을 읽고, 주제문을 찾아 쓰시오. (3점)

Biodiversity, or biological diversity, refers to the variety of living things in an area. Biodiversity is an important aspect of a healthy ecosystem. In an ecosystem where all living things are exactly the same, one big change in the environment could cause widespread destruction. This might be best understood in a familiar ecosystem, like a forest. If only one kind of tree is growing in the forest, a virus that damages that type of plant could wipe out the entire forest. If the forest contains 20 different kinds of trees, it is unlikely that one disease agent could destroy the entire plant community. Biodiversity helps the forest to be able to grow regardless of any changes within it.

답: _____

모범답안	배점	부분 점수 인정 기준
Biodiversity is an important aspect of a healthy ecosystem.	3점	철자 오류 시 개당 0.5점 감점

Tip 1 글의 구성이 용어의 정의, 주제, 예시로 이루어져 있기 때문에, 주제와 예시로만 구성된 일반적인 형태의 설명문과 전개 방식이 다르다는 점을 파악할 수 있도록 한다.

Tip 2 글이 다루고 있는 중심 소재와 핵심어를 먼저 알고, 전체적인 글의 구조와 내용을 이해하며 주제를 파악할 수 있도록 한다.

중심 내용 파악하기는 글의 주제, 소재, 제목에 대해 묻는 문항 유형이다. [문항 예시 1]은 글이 다루고 있는 핵심 소재를 파악하는 문항으로 글의 세부 내용을 이해해야 정답을 쓸 수 있다. 학습자의 수준에 따라 글의 제목을 쓰는 문제로 변형이 가능하다. 글에서 제시하는 상황이 명확하므로 정답 이외의 유사 답안은 존재하지 않는다. [문항 예시 2]는 글을 읽고 주제문을 본문에서 찾아 그대로 옮겨 적는 유형이다. 이미 본문에 주제문이 분명히 제시되어 있으므로 정답 이외의 유사 답안은 없다.

2) 세부 내용 파악하기

[문항 예시 1]

평가 요소	글을 읽고 서로 다른 입장 파악하기					
학교급	중학교	난이도	중	배점	3	
출제 의도	보행 중 휴대폰 문자메시지 사용에 대한 찬반 의견을 구분할 수 있는지 평가한다.					
교육과정상 근거	**[성취기준]** [9영03-02] 일상생활이나 친숙한 일반적 대상이나 주제에 관한 글을 읽고 세부 정보를 파악할 수 있다.					
제작 기초 자료	2019년 국가수준 학업성취도 평가, 중학교, 20번					

- 댓글을 쓴 다섯 사람 중 Cindy의 의견에 동의하는 사람의 이름을 모두 쓰시오. (3점)

답: _____

모범답안	배점	부분 점수 인정 기준
Linda, Andrew, James	3점	정답 개수 부족 시 0점 철자 오류 시 개당 0.5점 감점

Tip 1 ▶ Cindy가 주장하는 내용이 무엇인지 파악하고, 주어진 다섯 개의 의견이 찬성과 반대 중 어느 것에 해당하는지 구분하도록 한다.

Tip 2 ▶ Cindy의 의견에 동의한 세 명을 모두 적어야 정답으로 인정되며, 이 중 하나라도 빠지면 문항이 요구하는 바를 충족시키지 못하므로 부분 점수 없이 0점 처리한다.

[문항 예시 2]

평가 요소	대화를 듣고 숫자 정보 파악하기				
학교급	고등학교	난이도	중	배점	2
출제 의도	물건을 구매하는 대화를 듣고 구매 물품, 개수, 가격 등 대화의 세부 내용을 이해하였는지 평가한다.				
교육과정상 근거	**[성취기준]** [10영01-01] 친숙한 일반적 주제에 관한 말이나 대화를 듣고 세부 정보를 파악할 수 있다.				
제작 기초 자료	2018년 국가수준 학업성취도 평가, 고등학교, 7번				

- 대화를 듣고, 여자가 지불할 총 금액은 얼마인지 숫자로 쓰시오. (2점)

M: Hello. How can I help you?
W: Hi, I'm looking for a T-shirt for my seven-year-old son.
M: Okay. How about this one? It's the best-selling design.
W: It looks cute. How much is it?
M: It's only $30.
W: Good. I'll take one. Oh, I like the cap. How much is it?
M: It's $10. But if you buy two, you'll get a 50% discount on the caps.
W: Great. I only pay $10 for two caps. Then, I'll take two. One in red and one in green.
M: Okay. One T-shirt and two caps, right?
W: Right. Here's my credit card.

답: $_____

모범답안	배점	부분 점수 인정 기준
40	2점	부분 점수 없음

Tip 1 구매하고자 하는 물품과 가격, 구매 개수와 할인율 등을 모두 이해해야 정답을 계산할 수 있다.

Tip 2 답을 구하기 위해 대화에서 이끌어내야 할 정보가 많으므로 듣기 도중 핵심어를 메모할 수 있도록 한다.

[문항 예시 3]

평가 요소	글을 읽고 세부 내용을 묻는 질문에 대한 답 쓰기				
학교급	고등학교	난이도	상	배점	4
출제 의도	남녀의 색채 인식 능력 차이에 대한 글을 읽고 세부적인 내용을 파악할 수 있는지 평가한다.				
교육과정상 근거	**[성취기준]** [10영03-01] 친숙한 일반적 주제에 관한 글을 읽고 세부 정보를 파악할 수 있다.				
제작 기초 자료	2015 개정 교육과정 고등학교 영어, 지학사, p. 42				

● 다음 글을 읽고, 질문에 영어로 답하시오. (4점)

It's said that women have a more advanced ability to see red and orange colors than men. This means that women are good at identifying the many variations of the color red, while men may only see light red and dark red. There is a natural reason why men can't see what is so obvious to women.

It is generally known that there is a gene that allows people to perceive the color red. Interestingly, the gene is found only in the X chromosome and maintains a lot more variations than other genes. Because women have two X chromosomes, they can perceive more variations in the red-orange color spectrum than men, who have only one X chromosome.

(1) Who perceive red and orange colors better, men or women? (2점)

   답: _____

(2) Where is the gene that allows people to perceive the color red? (2점)

   답: _____

모범답안	배점	부분 점수 인정 기준
(1) women	2점	• woman, female, females도 정답으로 인정 • 철자 오류 시 1점 감점
(2) X chromosome	2점	철자 오류 시 1점 감점

Tip 1 글을 읽고, 주어진 질문에 대한 답이 글의 어느 부분에 위치하는지 찾도록 한다.

Tip 2 과학적 사실을 다루는 글을 읽을 때에는 본인이 가지고 있는 배경지식을 섣불리 적용하기보다는 글에 주어진 내용을 충실히 이해할 수 있도록 한다.

세부 내용 파악하기는 단답형 문항에서 다양하게 활용할 수 있는 유형이다. [문항 예시 1]은 하나의 주제에 대한 서로 다른 입장을 읽고 동일한 의견을 분류하는 능력을 평가한다. 다섯 명의 이름 중 정답에 해당하는 이름을 본문에서 찾아 적으면 되는 형태라 답안 작성 자체가 어렵지는 않지만, 정답의 개수가 정해져 있지 않고 수험자 스스로 판단해야 하므로 글의 내용을 정확하게 이해하지 못한다면 올바른 답을 내놓기가 쉽지는 않다. [문항 예시 2]는 듣고 답하는 유형으로 숫자 형태로 답을 적게 되어 있다. 답의 형태는 간단하지만, 정답에 이르기까지 필요한 정보가 많으므로 주어진 대화를 정확하게 이해했는지를 평가할 수 있다. [문항 예시 3]은 단답형 유형의 가장 전형적인 예시에 해당한다. 주어진 글을 읽고 세부 내용을 묻는 질문에 답하는 형태이며, 주로 본문에 제시된 구체적이고 분명한 답 하나만이 정답으로 인정된다. 간혹 (1)에 대하여 women, female, females 모두 정답 처리가 가능한 것처럼, 동의어 표현으로 인하여 복수의 정답이 존재하게 되는 경우가 있을 수 있다.

3) 어법 및 어휘

[문항 예시 1]

평가 요소	글을 읽고 문장의 시제 바로잡기				
학교급	중학교	난이도	중	배점	4
출제 의도	과거의 경험을 소개하는 글에서 동사의 과거 시제를 활용할 수 있는지를 평가한다.				
교육과정상 근거	**[성취기준]** [9영04-04] 개인 생활의 경험이나 계획에 대한 문장을 쓸 수 있다.				
제작 기초 자료	2015 개정 교육과정 중학교 영어 2, 비상, p. 108				

• 다음 글을 읽고, 어법상 틀린 부분 두 군데를 찾아 바르게 고치시오. (4점, 빈칸 당 각 1점)

Date / Time: July 8th / 2:35 p.m.

  Today was my first day in Africa. I took lots of pictures of elephants. This morning, I find an elephant group by a small water hole. I saw a baby elephant drinking water beside her mother. Her eyes were as bright as stars. I gave her a name, Stella. Around noon, I saw a group of lions approaching Stella. The elephants stand around Stella and made a thick wall. Thanks to them, Stella was safe.

(1) _____  _____

(2) _____ ➡ _____

모범답안	배점	부분 점수 인정 기준
(1) find → found	2점	빈칸 당 1점
(2) stand → stood	2점	철자 오류 시 0점

> Tip 1 ▶ 과거의 경험을 나타낼 때에는 동사의 과거형으로 상황을 묘사한다.
> Tip 2 ▶ 동사의 과거형으로 규칙 변화형과 불규칙 변화형을 설명하고, 특히 불규칙 변화형의 경우 형태에 유의하여 정확하게 기억할 수 있도록 반복 학습을 실시한다.

[문항 예시 2]

평가 요소	글을 읽고 문맥상 어구 및 표현의 의미 파악하기			
학교급	고등학교	난이도	상	배점	4
출제 의도	과거의 경험을 소개하는 글에서 동사의 과거 시제를 활용할 수 있는지를 평가한다.			
교육과정상 근거	**[성취기준]** [9영03-09] 일상생활이나 친숙한 일반적 주제의 글을 읽고 문맥을 통해 낱말, 어구 또는 문장의 함축적 의미를 추론할 수 있다.			
제작 기초 자료	2017년 국가수준 학업성취도 평가, 고등학교, 22번			

● 다음 글을 읽고, 밑줄 친 부분 중 문맥상 낱말의 쓰임이 적절하지 않은 것을 골라 바르게 고치시오. (4점, 빈칸 당 각 2점)

When people eat steak or chicken breast, they are eating animal muscle tissue. This tissue is made from several proteins, which in many cases are quite tough. In order to help <u>soften</u> the meat before cooking, many recipes call for the meat to be soaked in a marinade. This brings about a chemical change in proteins that helps to break down some of the protein fiber, making the meat <u>easier</u> to cut and chew. Because marinades enter only a <u>shallow</u> depth into a cut of meat, they usually work best on thin cuts of meat. Marinades take a <u>shorter</u> time to work on meats that are dense, such as beef and pork. Chicken breast and most fish have more delicate muscle fibers, so they break down <u>faster</u>. As a result, they should be soaked for only a short time.

답: _____ ➡ _____

모범답안	배점	부분 점수 인정 기준
shorter → longer	4점	빈칸 당 2점 철자 오류 시 0점

> Tip 1 ▶ 주어진 어휘가 글의 전체 흐름에 비추어 문맥에 적절한지 추론해 본다.
> Tip 2 ▶ 주어진 어휘와 반대 의미를 가진 어휘가 문맥에 적절한 것은 아닌지 판단해 본다.

단답형 유형으로 어법과 어휘 문항을 출제할 수 있다. 선다형에서는 틀린 부분을 찾는 것에서 끝나지만, 단답형에서는 바르게 고치기까지 해야 하므로 정확한 언어 지식이 있어야만 정답을 맞힐 수 있다. 단편적인 문법 및 어휘 지식을 적용하기보다는 전체 글의 흐름에 비추어 정답을 판단할 수 있게끔 유도한다.

4) 지칭어 추론

[문항 예시 1]

평가 요소	글을 읽고 대명사의 지칭어 찾기			
학교급	고등학교	난이도	중	배점	2
출제 의도	문맥을 통해 비유적이거나 함축적인 표현이 지칭하는 바를 추론할 수 있는지 평가한다.			
교육과정상 근거	**[성취기준]** [9영03-09] 일상생활이나 친숙한 일반적 주제의 글을 읽고 문맥을 통해 낱말, 어구 또는 문장의 함축적 의미를 추론할 수 있다.			
제작 기초 자료	2015 개정 교육과정 고등학교 영어, 지학사, p. 125			

- 다음 글에서 밑줄 친 <u>they</u>가 가리키는 것을 본문에서 찾아 쓰시오. (2점)

  Who cleans those vast, wide IMAX screens? Keep in mind that those screens are eight stories high. Therefore, it definitely needs an expert who has the specialized, professional skills to get the job done right. The enormous screens are really expensive, so they have to be treated with great care. A very long pole with a soft wool head at the end is used to sweep across the screen in even rows, horizontally and vertically. It usually takes eight hours to finish cleaning one IMAX screen. IMAX screen cleaners usually start work at 2 A.M. Clearly, <u>they</u> have to get used to an unsual work schedule.

  답: _____

모범답안	배점	부분 점수 인정 기준
IMAX screen cleaners	2점	철자 오류 시 0점

Tip 1 성별, 수 일치 등 대명사가 가지는 기본적인 정보를 빠짐없이 파악한다.

Tip 2 글 속에 대명사가 여러 번 등장하는데, 각 지칭 대상 간의 관계에 유의하면서 글을 읽고 내용 흐름을 파악하여 지칭 대상을 찾도록 한다.

[문항 예시 2]

평가 요소	글을 읽고 어구의 함축 의미 파악하기			
학교급	중학교	난이도	상	배점	3
출제 의도	문맥을 통해 비유적이거나 함축적인 표현이 지칭하는 바를 추론할 수 있는지 평가한다.			
교육과정상 근거	**[성취기준]** [9영03-09] 일상생활이나 친숙한 일반적 주제의 글을 읽고 문맥을 통해 낱말, 어구 또는 문장의 함축적 의미를 추론할 수 있다.			
제작 기초 자료	2017년 국가수준 학업성취도 평가, 중학교, 21번			

• 다음 글에서 밑줄 친 <u>a piece of dirt</u>가 의미하는 것을 본문에서 찾아 한 단어로 쓰시오. (3점)

Behavior is how you act responding to your environment. This can be something you are born with or learned from outside sources. If you are conscious of the behavior, you may repeat it many times and, ultimately, it will become a habit. Therefore, a pattern of behavior is created by thoughts that develop to actions. And in repeating the actions over and over, a habit forms. Eventually, a habit is like having <u>a piece of dirt</u> stuck on your face. Unless other people point it out or you look into a mirror, you may be unaware that it exists.

답: _____

모범답안	배점	부분 점수 인정 기준
habit	3점	철자 오류 시 0점

Tip 1 글의 중심 내용에 비추어 밑줄 친 부분이 가지는 함축적인 의미를 파악하도록 한다.

Tip 2 밑줄 친 부분이 비유적 표현이므로 문자 그대로의 의미만으로 해당 표현이 나타내고자 하는 바가 드러나지 않는다는 점에 유의한다.

지칭 추론 역시 단답형 문항에서 대표적으로 활용할 수 있는 유형이다. 지칭 추론에는 크게 명시적 지칭 추론과 함축 의미 추론의 두 가지 하위 유형이 있다. [문항 예시 1]과 같이 대명사를 활용한 지칭 추론은 앞뒤 맥락을 활용하여 비교적 정답을 찾는 것이 용이하다. 단, 동일한 대명사가 텍스트 곳곳에 사용되므로 각 지칭 대상이 의미하는 바를 정확히 파악할 수 있어야 한다. [문항 예시 2]는 함축적인 의미를 묻는 문항으로, 다소 추상적이거나 내용 파악이 어려운 글이 제시되는 경우가 있다. 밑줄 친 부분을 직역하지 말고, 글의 요지에 비추어 추론할 때 비로소 함축적으로 의미하는 바가 드러나게 됨을 알 수 있어야 한다.

5) 기타 유형: 연결하기(matching), 순서 배열하기(re-ordering)

[문항 예시 1] 연결하기

평가 요소	어휘와 뜻 서로 연결하기				
학교급	중학교	난이도	중	배점	5
출제 의도	각 직업과 그 직업이 하는 일을 서로 연결할 수 있는지 평가한다.				
교육과정상 근거	**[성취기준]** [9영03-01] 문장을 의미 단위로 끊어 읽으면서 의미를 파악할 수 있다.				
제작 기초 자료	https://allesl.com/job-title-definitions-worksheet-occupations/				

● Match the job title with the definition. (5점)

a. farmer •
b. mechanic •
c. dentist •
d. flight attendant •
e. astronaut •

• someone who specializes in teeth
• someone who fixes cars
• someone who helps sick animals
• someone who harvests crops in the outdoors
• someone who cooks food
• someone who explores outer space
• someone who helps passengers on an airplane

모범답안	배점	부분 점수 인정 기준
a. farmer b. mechanic c. dentist d. flight attendant e. astronaut • someone who specializes in teeth • someone who fixes cars • someone who helps sick animals • someone who harvests crops in the outdoors • someone who cooks food • someone who explores outer space • someone who helps passengers on an airplane	5점	부분 점수 없음

Tip 1 왼쪽에 어휘, 오른쪽에 뜻을 배열할 때 개수를 다르게 하면 일대일 대응이 불가능하므로 추측에 의해 우연히 정답을 맞힐 확률을 줄일 수 있다.

Tip 2 연결하기 유형으로 어휘와 뜻 이외에도 상위어-하위어 관계, 유의어-반의어 관계를 묻는 문항을 출제할 수 있다

[문항 예시 2] 순서 배열하기

평가 요소	대화의 순서 배열하기				
학교급	고등학교	난이도	하	배점	3
출제 의도	대화의 맥락을 이해하여 순서를 바르게 배열할 수 있는지 평가한다.				
교육과정상 근거	**[성취기준]** [10영01-03] 친숙한 일반적 주제에 관한 말이나 대화를 듣고 내용의 논리적 관계를 파악할 수 있다.				
제작 기초 자료	2015 개정 교육과정 고등학교 영어, 지학사, p. 36				

• 다음은 두 사람의 대화를 순서 없이 나열한 것이다. 대화의 순서에 맞게 빈칸에 알맞은 번호를 써넣으시오. (단, 두 사람은 돌아가면서 한 문장씩을 말함) (3점)

[1] This weekend is Jiho's birthday, isn't it?

[   ] Okay. I recommend blue because it looks cool.

[   ] Yes. I've decided to buy a baseball cap for him.

[   ] Thanks, but it's not easy to choose the color. I wonder if you could recommend one.

[   ] That's a good choice.

모범답안	배점	부분 점수 인정 기준
[1]-[5]-[2]-[4]-[3]	3점	부분 점수 없음

Tip 1 두 사람의 대화 속에 등장하는 대명사의 쓰임에 착안하여 대화의 흐름을 파악하도록 한다.

Tip 2 정답을 찾은 후 대화의 흐름을 파악하는 데 도움이 된 표제어는 무엇이었는지 스스로 검토해보도록 한다.

단답형 문항은 다른 서답형 유형에 비해 문항 형식이 매우 자유롭다. 이상에서 문항 예시로 소개한 연결하기, 순서 배열하기 이외에도 진위 파악하기(true or false), 사실과 의견 구분하기(fact or opinion), 글의 구조 파악하기(sequencing) 등 다양한 유형으로 단답형 문항 출제가 가능하다.

2.2.6 단답형 평가 문항의 장단점

단답형 평가의 가장 큰 장점은 주어진 시간에 많은 내용을 평가할 수 있고, 동시에 다수의 학생을 평가할 수 있다는 점이다. 단답형 평가 문항은 응답의 분량이 적기 때문에 답안 작성 시간이 다른 서답형 평가 문항에 비해 짧다. 따라서 주어진 시험 시간 안에 많은 내용을 다룰 수 있고, 또한 측정하고자 하는 바를 골고루 다룰 수 있다. 정답의 개수가 거의 하나로 정해져 있고 답안 길이가 짧아 채점이 비교적 용이

하며, 대규모로 시행할 경우 컴퓨터를 활용한 채점도 가능하다는 점도 큰 장점이다(Hughes, 2003).

　단답형 평가 문항의 장점을 다른 유형의 평가 문항과 비교하여 생각해보자. 단답형의 경우 선다형 문항처럼 선택지를 따로 만들 필요도 없고, 서술형 문항이나 논술형 문항처럼 학생의 반응을 미리 예상하여 모범 답안과 유사 답안을 길게 작성해야 하는 부담도 없다. 평가해야 할 학습 주제를 선정하여 질문을 만들고 나면 사실상 문항 제작의 중요한 부분이 마무리된다. 채점 역시 간단하다. 응답의 길이가 짧고, 정답이 명백하기 때문에 유사 답안이 발생하더라도 그 범위가 넓지 않다. 따라서 채점에 걸리는 시간이 서술형 문항이나 논술형 문항에 비해 훨씬 짧다. 선다형 문항과 비교했을 때 단답형 평가 문항이 갖는 큰 장점은 우연히 답을 맞힐 수 있는 가능성이 매우 낮다는 점이다. 즉, 주어진 선택지 중 정답에 해당하는 하나를 우연히 고르게 될 여지가 있는 선다형 문항에서와는 달리 단답형 문항을 통해서라면 학생이 텍스트 내용을 진정으로 이해하였는지를 상대적으로 보다 정확하게 판단할 수 있게 된다.

　단답형 평가 문항의 단점은 무엇일까? 단답형 평가는 대개의 경우 고등 정신 능력 측정에 적합하지 않다. 짧은 답을 요구하는 문항의 특성상 단순 지식, 개념, 사실만을 측정할 가능성이 높기 때문이다. 그러므로 시험지를 구성할 때에는 서답형의 다른 유형을 포함하여 이와 같은 약점을 보완할 필요가 있다. 또한 가지 고려할 사항으로 영어과의 경우 활용해 볼 수 있는 구체적인 세부 문항 유형이 의외로 다양하지 못하다는 약점이 있다. 수학이나 과학 교과에서 계산이나 실험의 결과를 묻거나, 사회 교과에서 특정 현상이나 용어를 묻는 경우처럼 이미 학습한 지식을 평가하고자 할 때에는 다양한 단답형 문항을 활용해볼 여지가 높다. 그에 비해 영어과에서는 지식 자체를 평가하는 상황이 많지 않다. 그래서인지 직접적인 언어 지식을 묻는 어법 및 어휘 유형을 제외한다면 주로 텍스트를 읽고 지칭어 추론하기, 중심 내용 파악하기, 세부 내용 파악하기 등에 단답형 평가 문항 유형이 활용되곤 한다.

　단답형 평가 문항은 향후 학교 현장의 다양한 평가 장면에서 활용도가 높은 중요한 평가 유형임에 분명하다. 다만 모든 평가 유형이 그러하듯, 단답형 유형 역시 장점과 단점을 모두 가지고 있으므로 이를 정확하게 알고 적절하게 활용하는 것이 중요하다.

2.3 서술형 평가

이번에 살펴볼 서답형 평가 유형은 서술형 평가이다. 앞서 논의된 완성형, 단답형이 짧은 응답을 통해 비교적 단순한 지식을 측정하도록 제작된 것이라면 서술형 평가는 응답의 형식을 한 문장 이상으로 확장하여 이해, 분석, 적용, 종합 등의 고등 정신 능력을 측정하도록 고안된 평가이다. 이는 학습자의 논리적 사고와 창의성을 중시하는 교육 현장의 흐름에 맞추어 평가 역시 학습의 결과뿐만 아니라 학습한 내용을 풀어내는 과정까지를 함께 살펴봐야 한다는 요구에서 비롯된 것이다. 이번 절에서는 서술형 평가가 다른 서답형 평가 유형들과 어떠한 점에서 다른 양상을 보이는지 살펴보고, 학생들의 사고력을 효과적으로 측정하는 동시에 평가의 객관성을 높이기 위해 서술형 평가가 갖추어야 할 요건이 무엇인지를 탐색해 보고자 한다. 먼저 서술형 평가 문항의 예시를 살펴보도록 하자.

2.3.1 서술형 평가 문항 예시

서술형 평가 문항의 예시로 다음의 두 문항을 자세히 살펴보자. 서술형 평가는 어떤 요소들로 구성되는가? 응답의 내용과 길이 측면에서 어떠한 특징을 발견할 수 있는가? 서술형 평가를 제작할 때 어떠한 점에 주안점을 두어야 할까? 예시 문항을 살펴보며 이상의 질문들에 대한 답을 찾아보자.

● 다음은 채린이의 일기이다. 〈조건〉에 맞게 빈칸에 적절한 문장을 완성하시오.

· 조건 ·
 · 그림의 상황에 맞게 'rest'라는 단어를 포함하여 문장을 완성한 것
 · 4~7개의 단어로 문장을 완성할 것

I love hiking. Last Saturday, I went up Hallasan. I walked for about three hours. On top of Hallasan, I felt happy but a bit tired. So, _____.

(2019년 국가수준 학업성취도 평가, 중학교, 서답형 6번)

정답 I had a rest

● 다음은 극작가 Bertolt Brecht의 'Epic Theater'에 대한 설명과 무명의 극작가가 Bertolt Brecht와 나눈 가상의 대화이다. 주어진 〈조건〉에 맞게 〈보기〉를 활용하여 빈칸 (A), (B)를 완성하시오.

─ 조건 ─
• 빈칸 (A), (B)는 각각 〈보기〉 (A), (B)의 단어를 활용하여 작성할 것
• 반드시 가정법 과거 표현을 사용할 것
• 〈보기〉에 주어진 단어를 모두 사용할 것
• 필요 시 어법에 맞게 변형할 것
• 필요 시 단어를 추가할 것

What Is Epic Theater?

by Bertolt Brecht

When it comes to interpreting the content of a play, play writers have to use 'alienation,' a strategy which makes viewers create a distance from the performance offered on stage. That means viewers should not be invited to identify themselves with the actors on the stage. Scattered narration and commentary throughout the play can be the representative example of 'alienation.'

(2010학년도 대학수학능력시험, 28번)

An Imaginary Dialogue Between Bertolt and an Unknown Writer

UW: I recently wrote a play and staged it but it didn't seem that the viewers fully understand the meaning I wanted to convey through the play.

Bertolt: What do you focus on when you write and stage a play?

UW: I try to make viewers feel the same as the characters on the stage if possible. I want them to be absorbed in the play.

Bertolt: You might make a mistake on that point,

if you (A) _____,

you (B) _____.

─〈보기〉─
(A) identify / prevent / the figures of the drama / the audience
(B) viewers' interpretation / facilitate / of the content

정답 (A) prevented the audience from indentifying themselves with the figures of the drama

(B) would facilitate viewers' interpretation of the content

■ 이상의 예시 문항들을 살펴보고, 서술형 평가 문항의 특징을 적어봅시다.

1. 주어진 자료를 이해하고 적용하여 답안을 작성하도록 한다.

2. 문장으로 답안이 구성된다.

3. 〈조건〉이 구체적으로 제시되어 응답의 범위가 제한된다.

4. …

5.

제시된 두 개의 문항은 서술형 평가 유형의 대표적인 특징을 보여준다. 먼저 평가 문항의 외형적 측면을 살펴보면 두 문항 모두 응답의 맥락이 될 자료를 제공하고 있으며, 조건을 명시함으로써 응답의 범위를 한정함을 알 수 있다. 응답의 길이가 한 문장 이상이라는 점에서 앞서 소개된 완성형, 단답형보다는 내용, 어법 등의 측면에서 평가할 요소가 다양하며 그에 따라 평가자가 의도한 정답과 다소 차이가 있으나 정답으로 인정할 수 있는 유사 답안이 존재할 가능성이 높다. 한편, 내용 측면에서 단편적인 지식 습득 여부를 묻기보다 주어진 자료를 이해하고 적용해야 응답을 할 수 있도록 유도한다는 면에서 학습자의 고등 정신 능력 측정에 적절하다고 할 수 있다. 물론 이후에 소개될 논술형에 비하면 응답의 자유도가 현저하게 낮으므로 학습자의 사고력과 논리력, 창의력을 충분히 측정할 수 없다는 제한점이 있을 수 있다. 하지만 서술형 평가가 주로 채점의 객관성 확보와 더불어 채점 결과를 비교적 신속하게 산출할 필요가 있는 상황에서 활용된다는 것을 고려하면 제한적인 틀 안에서 최대한 학습자의 고등 정신 능력을 측정하고자 하는 고민이 담겨 있음을 알 수 있다.

위에서 소개한 두 개의 서술형 예시 문항은 평가를 시행한 맥락에서 차이점이 있다. 첫 번째 문항은 중학교 3학년 학생들의 교육과정 목표 달성 여부를 판단하고 핵심 역량의 성취 수준을 파악하고자 하는 국가수준 학업성취도 평가에 활용된 문항이다. 한편, 두 번째 문항은 개별 학교에서 치러진 고등학교 2학년 정기고사의 평가 문항으로, 특정 기간의 수업 활동에서 의도한 교수학습 목표 달성 여부를 평가할 뿐만 아니라 상급 학교 진학을 위한 내신 산출 과정에서 학습자들을 변별하는 기능도 수행해야 한다. 이처럼 서술형 평가 문항은 평가 맥락에 따라 평가의 범위와 조건의 구체화 정도 등에서 차이를 보이며 다양한 양상으로 나타날 수 있다. 이어지는 2.3.2절을 통해 서술형 평가 문항이 어떠한 특징을 지니고 있는지 좀 더 자세히 살펴보자.

2.3.2 서술형 평가 문항의 정의적 특성

1) 서술형 평가의 개념

서술형 평가는 교육 현장의 초점이 암기 위주의 주입식 교육에서 학습자의 고등 정신 능력 향상으로 옮겨지면서 주목을 받게 되었다. 단순 지식의 출력보다 원리에 대한 이해, 문제해결 능력, 논리적이고 창의적인 사고력과 의사소통 능력의 함양이 강조되는 만큼 이를 적절히 평가할 수 있는 측정 도구의 개발이 필요했고, 이러한 요구에 부응하여 서술형 평가가 도입된 것이다. 평가 도구가 논리적 사고 과정의 측정에 초점을 두고 구성된다는 측면에서 서술형 평가는 2.4절에서 다루어질 논술형 평가와 궤를 같이한다. 실제로 2005년에는 서술형 평가와 논술형 평가 간의 개념이 특별히 구분되지 않고 '서논술형 평가'라는 이름으로 학교 현장에 도입되었다. 그러나 채점의 객관성과 신뢰성 및 정확하고 신속한 등급 산출을 요하는 학교의 평가 맥락에서 서논술형 평가의 장점을 오롯이 살리기에는 어려움이 있었고, 그 근본 취지와는 달리 조금 더 긴 형태의 답안을 통해 단순 지식을 측정하는 방식으로 서논술형 평가가 시행되곤 하였다. 이를 개선하고자 2010학년도부터 서술형과 논술형을 분리하였고, 현장에서 실현 가능한 서술형 평가의 개념을 다시 다지는 작업이 필요하게 되었다.

신속하고 정확한 평가 결과의 확보라는 현실적 요구를 반영하는 동시에 고등 정신 능력의 측정이라는 본래의 목적을 살리기 위해 서술형 평가가 갖추어야 할 특성은 무엇인가? 얼핏 상충하는 것처럼 보일 수도 있는 두 가지의 조건을 함께 담아내려면 평가가 요구하는 응답의 형식과 평가 기능의 양 측면에서 적절한 타협점을 찾아야 한다. 이를 위해서는 다른 서답형 평가 유형들과의 관계를 통해 서술형 평가 유형의 범위를 구체화할 필요가 있다.

이에 앞서 평가와 학습의 연관성을 염두에 두고 서답형 평가 문항들의 역할을 다시 한 번 조명해 보자. 2.2절에서 논의된 바 있는 단답형 문항은 한 단어 내지 구 정도의 짧은 길이의 응답을 요구하며 간단한 지식을 측정한다는 점에서 외국어 학습의 초기 단계부터 적용될 수 있다. 서술형은 이러한 초기 단계의 학습을 확장하여 논술형 학습으로 연결하는 매개적 기능을 한다고 볼 수 있다. 이를 바탕으로 서술형 평가 유형의 범위를 설정해 보면, 요구하는 응답의 형식 측면에서는 단답형보다 길고 논술형보다는 짧으며, 평가의 기능 측면에서는 단순 지식 이상의 고등 정신 능력을 측정하되 학생의 주관적 의견을 묻기보다는 응답의 내용에 어느 정도 제약이 가해지는 평가 유형으로 한정해 볼 수 있을 것이다. 좀 더 구체화하자면 서술형 평가는 한 문장 이상의 답변을 통해 '이해' 수준 이상의 고등 정신 능력[2]을 측정하되 구체적인 조건을 제시함으로써 제한된 응답만 나올 수 있도록 구성된 평가 문항이라고 정의할 수 있다.

---

2) Bloom(1956)의 교육목표분류법에 따르면 지적 영역의 학습 위계는 지식, 이해, 적용, 분석, 종합, 평가로 이루어져 있다.

2) 서술형 평가 문항의 분류

서술형 평가의 개념을 정확하게 이해하기 위해서는 먼저 문항 유형이 속하는 범위를 분명히 할 필요가 있다. 서술형은 [표 2-1]에서 보는 바와 같이 응답의 자유를 허용하는 정도에 따라 크게 응답 제한형과 응답 자유형으로 분류될 수 있다(박도순, 홍후조, 2006). 이러한 분류 기준을 바탕으로 평가의 기능 측면에서 접점이 많은 서술형과 논술형을 구분할 필요가 있는데, 흔히 응답 제한형은 서술형에, 응답 자유형은 논술형에 포함되는 것으로 분류한다. 여기서는 서술형 평가 유형에 초점을 맞추어 응답 제한형의 특징을 중점적으로 살펴보고자 한다. 응답 제한형은 내용과 형식을 구체적으로 제시함으로써 제한된 응답을 유도하는 평가 문항이다. 평가의 목적은 서술형 평가의 개념에서 언급한 것과 같이 '지식' 수준의 측정이 아닌 '이해' 수준 이상의 지적 능력을 측정하는 것이다. 포괄적인 주제에 대해 주관적인 의견을 답안으로 요구하기보다 구체적인 자료를 바탕으로 적절한 답안을 구성하도록 하는 것이 주된 특징이다.

[표 2-1] 이응답의 자유 허용 정도에 따른 서술형 및 논술형 문항 유형 분류

서술형	응답 제한형	분량 제한형 내용 범위 제한형 서술 양식 제한형
논술형	응답 자유형	일반 쓰기 능력형 교과 관련 능력형

[표 2-1]에서 제시된 응답 제한형의 각 세부 유형을 살펴보면 응답의 제한 부분에 따라 분량 제한형, 내용 범위 제한형, 서술 양식 제한형으로 구분할 수 있다. 각각의 특징을 살펴보면 다음과 같다.

가. 분량 제한형

분량 제한형은 진술 요소의 수, 답안의 길이 등을 제한하는 것과 같이 답안의 물리적 측면에 제약이 있는 유형이다.

[예시]

> – 다음 글을 읽고, 밑줄 친 □□의 예를 세 가지 찾아 쓰시오.
> – 다음 (A)와 (B)를 읽고, 공통적인 요지를 찾아 20자 이내의 한 문장으로 쓰시오.

나. 내용 범위 제한형

내용 범위 제한형은 답안의 형식을 물리적으로 제한하거나 서술 방식에 제약을 가하지는 않으나 응답의 내용을 한정하는 유형이다.

[예시]

> – 주어진 글의 내용을 바탕으로 도출할 수 있는 결론을 다음 단어를 활용하여 쓰시오.
>   (result, innovate)

다. 서술 양식 제한형

서술 양식 제한형은 답안이 서술되어야 할 방식을 미리 설정하여 응답에 제한을 가하는 유형이다.

[예시]

> – 다음 글의 주제를 명령문의 형태로 쓰시오.
> – 다음 자료를 바탕으로 A가 해야 할 조언을 주어진 형식에 따라 쓰시오.
>   A: If you _____, you _____.

이상의 세 가지 응답 제한형의 세부 유형은 제각기 독립적으로 활용되기도 하지만 한 문항에 여러 유형이 혼합되어 제시되기도 한다. 이처럼 응답 제한형 즉 서술형 평가 문항은 답안의 방향을 명확히 설정함으로써 학생의 혼란을 줄이고 채점의 객관성과 신뢰도를 확보하고자 하는 평가 문항이며, 이러한 점에서 응답 자유형인 논술형 평가 문항과 차별화됨을 알 수 있다. 특히 영어와 같은 외국어 과목의 서술형 평가 문항에서 목표 외국어로 답을 쓰게 하는 경우에는 평가하고자 하는 목표 언어 항목, 평가 대상자의 수준까지를 모두 고려해야 하므로 서술형 평가 문항에 제시되어야 하는 응답 제한의 조건이 더욱 정교화 되어야 할 필요가 있다.

3) 영어 학습과 서술형 평가의 역할

학습과 평가는 필연적으로 상호 영향을 미친다. 수업에서 다룬 학습 내용의 습득 여부와 정도를 측정하고 그 결과를 수업에 활용한다는 점에서 평가는 학습의 도구로서의 기능을 한다. 이런 측면에서는 학습의 내용이 평가의 형식에 영향을 미치는 것으로 볼 수 있다. 한편, 평가의 형식 역시 학습의 내용과 방법에 큰 영향을 미친다. 평가 자체가 궁극적인 목적이 되어서는 안 되겠으나, 평가 결과가 다음 단계로 나아가기 위해 중요한 지표가 되다 보니 때로는 평가의 유형에 맞추어 학습을 진행하는 결과가 초래되곤 한다. 이는 서술형 평가가 영어 학습에 있어 어떠한 영향을 미쳐야 할 것인지 논의해 볼 수 있는 지점이다. 서술형 평가가 영어 학습에 미치게 될 긍정적인 역할로 다음과 같은 내용을 생각해 볼 수 있다.

첫째, 서술형 평가는 출력의 기회를 제공함으로써 영어 활용 능력을 연마하는 수단이 될 수 있다. 답안을 영어로 작성하도록 한다면 학습자들은 독해 중심의 학습에서 벗어나 작문 연습에 더욱 관심을 기울이게 될 것이다. 비록 서술형 평가가 논술형 평가만큼 조직력 있는 글쓰기 연습의 직접적인 바탕이 될 수는 없겠지만, 문장 단위의 글쓰기 연습을 유도함으로써 영어 문장 구조와 어법 활용 학습의 효과를 높일 수 있음은 자명하다. 문장을 직접 써야 한다면 단순히 읽는 것보다 언어의 구조에 더욱 민감하게 반응할 것이기 때문이다.

둘째, 잘 구성된 서술형 평가 문항은 그 자체가 더 복잡한 글쓰기로 나아갈 비계 역할을 한다. 한 문장을 쓰더라도 주어진 자료의 맥락을 파악하여 적절한 답안을 작성하도록 한다면 훌륭한 유도 작문(guided writing)의 기능을 할 수 있다. 통합적 사고를 요하는 서술형 평가 문항의 형식에 따라 문장 단위의 글쓰기 훈련을 꾸준히 진행하면 한 문단 이상의 글쓰기 단계로 나아가는 것이 훨씬 수월할 것이다.

셋째, 서술형 평가는 언어의 기능을 통합적으로 측정할 수 있는 도구로서 영어 학습에 긍정적으로 작용하게 된다. 서술형 평가 문항은 응답 제한적 특성으로 인해 답안의 맥락을 한정해 줄 입력 자료가 제시되어야 한다. 읽기 자료가 주어지는 경우 읽기와 쓰기가 통합적으로 평가될 수 있고, 듣기 자료가 제시된다면 비록 간접 말하기의 형태지만 듣기와 말하기가 함께 평가될 수 있다. 이는 언어 통합적 학습 동기로 자연스럽게 연결될 수 있으며, 특히 후자의 경우에는 영어의 담화구조 학습에 유용하게 활용될 수 있다.

4) 서술형 말하기 평가 제안: 담화 완성형 과업(discourse completion task)

영어 의사소통 능력은 비단 문법적으로 결함이 없는 문장을 막힘없이 말하거나 쓰는 것만을 의미하는 것은 아니다. 특히 대화 상황에서는 맥락에 대한 이해 없이 자연스러운 의사소통이 이루어질 수 없다. 따라서 학습자들은 담화구조(discourse structure)와 화행(speech act)에 대한 이해가 필요하다. 담화 완성형 과업은 Blum-Kulka(1982)가 화행 연구의 자료 수집을 위해 도입한 것으로, 수업과 평가에 활용한다면 담화구조의 학습에 있어 유용한 도구가 될 수 있을 것이다. 이때 담화 완성형 과업은 담화 상황에 관한 간단한 설명과 함께 제시된 짧은 대화문에서 사과하기, 거절하기, 부탁하기 등의 화행이 실현될 수 있는 부분의 빈칸을 채우도록 하는 것을 의미한다. Bardovi-Harlig와 Hartford(1993)는 담화 완성형 과업을 개방형 설문(open questionnaire)과 대화 완성 과업(dialogue completion task)의 두 가지 종류로 나누어 다루었다. 각각의 예시는 (1), (2)와 같다.

(1) *Open Questionnaire*

Your advisor suggests that you take a course during the summer.
You prefer not to take classes during the summer.

You say: _____

(2) *Dialogue Completion Task*

Your advisor suggests that you take a course during the summer.
You prefer not to take classes during the summer.

Advisor: What about taking Testing in the summer?

You say: _____

(Bardovi-Harlig & Hartford, 1993, p. 144)

(1), (2)의 예시는 '거절하기'라는 화행의 수행 능력을 살펴보기 위해 고안된 담화 완성형 과업으로 (1)은 담화 상황만을 제시한 것이며, (2)는 담화 상황과 함께 짧은 대화를 함께 제시한 경우이다. 이 밖에도 담화 상황의 설명 없이 좀 더 긴 대화문을 통해 담화구조를 유추하고 담화구조에 적절한 화행을 실현하도록 제작해 볼 수도 있다.

현재 시행되고 있는 대학수학능력시험의 듣기 15번 문항은 선다형 평가이지만 상황의 묘사와 함께 주인공이 해야 할 말로 적절한 것을 묻는다는 점에서 담화 완성형 과업과 유사한 형태의 평가 문항이라고 할 수 있다. 선택지를 제공하지 않고 서술형 평가 문항으로 활용된다면 반응의 양상이 다양하게 나타날 것이며 학습자의 담화 능력을 파악할 수 있는 좋은 자료가 될 것이다. 물론 대학수학능력시험과 같이 응시자의 수가 많고 신속한 결과를 산출해야 하는 시험의 경우에는 실행하기 어려운 면이 있겠으나 평가 문항을 정교하게 제작하여 정기고사나 수행평가에 활용한다면 말하기 수업과 평가 간의 유기적인 연결을 도모할 수 있을 것이다.

2.3.3 서술형 평가 문항의 제작 원리 및 절차

1) 제작 원리

가. 평가 대상의 특성 파악하기

아무리 공들여 질 높은 평가를 제작한다고 하더라도 평가 대상이 되는 학생들의 특성에 맞지 않는다면 그것이 제대로 기능할 리 만무하다. 학생이 속해있는 지역의 특수성, 학생의 학습 수준, 흥미, 요구 사항 등을 사전에 파악하여 평가 문항 제작에 반영하도록 노력해야 한다. 만약 학생들의 생활환경에서 접할 수 없는 내용이 서술형 평가의 읽기 자료로 제공된다면 학습 외적 요인으로 인해 평가의 실제 목표를 달성하지 못할 수도 있다. 또한, 영어과의 경우 학생들의 영어 능숙도에 편차가 큰 편이기 때문에 수준이 낮은 학생들이 좌절하거나, 반대로 수준이 높은 학생들이 흥미를 잃게 되는 경우가 발생하지 않도록 평가 문항의 수준을 다양화할 필요가 있다.

나. 고등 정신 능력 측정하기

서술형 평가 문항의 응답 제한적 특성으로 인해 학생의 창의력이나 글을 조직하는 능력까지는 살펴보기 어려울 수도 있겠으나, 주어진 자료를 이해하고 분석하는 능력과 논리적으로 추론할 수 있는 능력 등을 적절히 평가할 수 있도록 평가 문항을 제작해야 한다. 보통 학교의 정기고사에서는 이미 학습한 지문을 활용하여 평가 문항을 만드는 경우가 대부분이다 보니 주의를 기울이지 않으면 자칫 암기력을 평가하는 수준에 그치고 말 수 있다. 이를 방지하기 위해서는 먼저 평가의 범위에 속하는 내용 중 고등 정신 능력을 측정할 수 있는 자료를 선정하여 적절히 가공할 필요가 있다. 간혹 사고력을 발휘할 수 있는 맥락이 전혀 제공되지 않은 채 학습 내용의 어법적 요소만을 가지고 문장을 만들어 답안으로 작성할 것을 요구하는 문항이 있다. 이러한 문항은 실질적인 평가의 목적이 단지 어법에 맞게 영어 문장을 쓰는 것에만 국한되어 있는 것이다. 이는 서술형 평가의 본질적인 목적과는 거리가 먼 사례가 된다.

다. 응답의 조건 구체화하기

평가의 목적을 분명히 안내하여 학생의 혼란을 방지해야 측정하고자 하는 능력을 타당하게 측정할 수 있다. 이를 위해서는 응답의 방향과 길이 등 응답의 조건을 구체적으로 제시하여 출제자가 의도한 답을 도출할 수 있도록 한다. 응답의 조건을 상세하게 안내하여 답안의 내용에 제약을 가함으로써 채점의 객관성과 신뢰도를 높일 수 있다.

라. 쉬운 문항에서 어려운 문항으로 배열하기

평가는 학생에게 긴장을 유발한다. 서술형 평가 문항은 평가 문항 중에서도 어려운 편에 속한다. 만일 어려운 문항이 먼저 배열된다면 학생의 긴장도를 한껏 더 높일 것이다. 이러한 상황은 학생이 본래 가지고 있는 실력을 발휘하지 못하게 하는 방해 요인이 될 수 있고, 수준이 낮은 학생의 경우 평가에 성실히 임할 동기가 꺾일 수 있다. 게다가 어려운 문항을 해결하느라 시간 분배에 실패하는 경우 쉬운 문항을 아예 놓쳐버리는 수가 있으니 이 또한 평가가 제 기능을 하지 못하는 원인이 될 것이다. 따라서 난이도에 따라 순차적으로 문항을 배치하는 일이 중요하다.

2) 제작 절차

가. 성취기준 확인하기

모든 교수학습 활동에는 달성하고자 하는 교수학습 목표, 즉, 성취기준이 있다. 평가란 교수학습 목표의 달성 여부를 측정하기 위한 도구이므로 평가의 제작 단계에서 관련된 교육과정의 성취기준을 살피는 것은 필수적이다. 성취기준에 따라 평가 문항이 제작되어야 학습과 평가의 일관성을 유지할 수 있다. 학습자의 여러 가지 지식, 기능, 역량 등의 복합적인 특성이 성취기준에 포함되어 있으므로 이를 서술형 평가 문항 제작에 적절히 녹여 낸다면 분명한 평가의 목표를 가지고 학습자의 역량을 종합적으로 평가할 수 있을 것이다.

나. 평가 요소 추출하기

학습 목표의 성취 정도를 파악하기 위해서는 구체적인 평가 요소를 추출하여 평가 목표를 명료화해야 한다. 서술형 평가 문항이 학생의 고등 정신 능력 측정을 목표로 한다는 점을 고려하여, 측정하고자 하는 지적 역량을 설정하고 이를 구체적인 행동으로 기술한다. 구체적인 평가 요소를 확인함으로써 이를 실현할 수 있는 평가 자료를 선정할 수 있다. 만약 추론 능력을 평가하고자 한다면 '원인과 결과 설명하기'라는 행동으로 구체화할 수 있고 인과관계가 분명히 드러나는 지문을 선정하여 평가 문항에 활용할 수 있는 것이다. 또한, 평가하고자 하는 핵심 구문 및 어법 항목 역시 평가 요소로 구체화해야 한다.

다. 문항 제작하기

평가 요소를 추출하고 그에 적합한 자료를 선정한 후에는 평가 목적에 맞게 문항을 제작한다. 정기 고사의 경우에는 수업 시간에 활용한 학습 자료를 활용하는 것이 대부분이므로 적절히 가공하여 제시할 필요가 있다. 평가 문항에서 자료로 제시하고자 하는 글의 내용에 따라 다양한 맥락을 떠올려 볼 수 있다. 가령 과학 실험에 관한 지문을 평가에 활용한다면 지문을 읽고 실험 보고서 양식을 채우는 형태로 문항을 제작할 수 있고, 지문과 더불어 실험 전반에 대해 의견을 나누는 대화문을 함께 제시하여 대화문 일부를 써 보도록 할 수도 있다. 혹은 선다형에서 흔히 볼 수 있는 주제 파악, 요약문 완성, 빈칸 추론 등의 유형을 응용하여 서술형 평가 문항으로 만들 수도 있다. 이때, 평가 문항에 제시되는 자료는 답안 작성에 필요한 정보로만 구성되는 것이 좋다. 지나치게 부차적이거나 답안 작성과 관련이 없는 내용이 자료에 제시되면 학생의 혼란이 가중될 뿐 아니라 시간을 허비하게 하는 결과를 초래할 수 있기 때문이다.

서술형 평가 문항은 응답 제한적인 방식으로 제작되는 평가 문항이기 때문에 영어로 답을 쓰는 경우라면 문장 맨 앞에 주어 정도를 제시하여 답안의 방향을 정해 줄 수 있다. 또한 학생의 혼란을 방지하고 채점을 용이하게 하기 위해 답안의 분량을 제한하거나 활용해야 할 단어 또는 구문을 정해 주는 등 조건을 정교하게 만드는 작업이 필요하다.

📝 서술형 평가 문항 제작 체크리스트

✓ 문항과 관련된 적절한 맥락을 제공했는가?
✓ 문항에 제시된 자료가 답안 작성에 필요한 정보만으로 구성되었는가?
✓ 평가 문항의 조건이 정교하게 구성되었는가?

라. 모범답안 작성 및 채점 기준 마련하기

서술형 평가 문항은 답안의 길이가 대개 한 문장 이상이므로 내용 측면에나 문장의 활용 측면 등에서 채점 시에 고려해야 할 요소가 많고, 예상치 못한 답안들이 나올 가능성도 크다. 따라서 평가 문항 제작 단계에서 모범답안을 작성하고 채점 기준을 미리 설정하면 채점 시 혼란을 줄일 수 있다. 채점 기준을 설정하기 위해서는 문항의 평가 목적, 유사 답안의 인정 범위, 부분 점수 부여 계획 등을 고려해 볼 수 있다. 또한, 채점 기준과 문항의 난이도에 따라 적절히 점수를 배정하되 문항 간 점수 비중이 고르지 못하여 점수가 한 문항에 치우치는 일이 없도록 해야 한다.

마. 문항 및 채점 기준 검토하기

문항 제작 및 채점 기준을 마련한 후에는 반드시 검토를 해야 한다. 검토 시에는 먼저 학생의 입장이 되어 문제를 풀어보고 혹시 답안 작성에 혼란이 야기될 수 있는 부분은 없는지, 조건이 충분히 상세히 안내되었는지 등을 논의해 볼 수 있다. 채점 기준을 검토할 때에는 문항별 난이도를 고려하여 배점이 적절하게 되었는지를 확인하고 정답의 인정 범위, 부분 점수 부여 기준 등을 검토한다.

2.3.4 서술형 평가 문항의 채점 원리 및 절차

1) 채점 원리

서술형 평가 문항은 답안의 내용 측면이나 문장 구성 측면에서 정답이 어느 정도 정해져 있으므로 채점자의 주관이 개입될 여지가 아주 많지는 않다. 하지만 한 문장 이상을 쓰도록 하다 보니 완성형이나 단답형보다 훨씬 다양하고 예측하지 못한 응답을 얻는 경우가 많다. 오류 없이 공정하고 신뢰도 높은 채점이 이루어지기 위해서는 어떻게 해야 할까? 서술형 평가의 채점 원리를 간단히 살펴보자.

가. 평가 요소 고려하여 채점하기

서술형 평가 문항 채점 시 개별 문항의 성격에 따라 고려해야 할 평가 요소가 조금씩 다를 수 있으나 대개 서술형 평가는 응답의 내용을 채점 요소로 구분하고 각 채점 요소에 점수를 부여하는 분석적 채점 방식에 따라 채점이 진행되기 마련이다. 분석적 채점 방식은 채점 전에 모범답안을 작성하고 이를 근거로 부분 점수 부여 기준을 설정하는 것으로, 채점 요소의 중요도에 따라 점수를 배분하고 부분 점수에 대한 채점 기준을 명시하여 채점의 일관성을 도모하는 채점 방식이다(성태제, 2019, p. 227). 채점 시 고려하는 주된 요소는 과제의 완성, 내용, 언어 사용이다. 이는 평가 목표에 맞추어 문항에 제시된 조건 및 채점 기준과 맞물려 있으며 문항마다 이 세 가지 기준을 구체화하고 이에 따라 일관된 방식으로 채점한다. 단, 서술형 평가 문항은 응답의 길이가 논술형 문항의 단락 단위만큼 길지는 않기에 내용에 포함될 사항이 많지 않고, 대부분 과제의 완성과 내용이 중첩되는 부분이 많으므로 이 책에서는 서술형 평가의 세부 채점 항목을 과제의 완성과 언어 사용 측면에서 논하는 것으로 하겠다.

나. 채점의 신뢰도 높이기

채점의 신뢰도를 높이는 주요한 방법은 다음의 세 가지로 정리할 수 있다.

● **구체적 채점 기준에 따라 채점하기**

문항 제작 단계에서 설정한 채점 기준을 근거로 답안을 일차적으로 검토한 후 유사 답안이나 부분 점수 기준 설정에서 고려해 볼 만한 사항들을 정리하여 채점 기준표를 보완하고 구체화 시킨다. 이러한 과정을 통해 결정된 채점 기준에 따라 채점을 진행하면 정확하고 일관된 채점이 가능할 것이다.

● 채점자 내 신뢰도 확보하기

채점자 내 신뢰도란 한 명의 채점자가 모든 답안에 대해 일관성을 가지고 채점하는 정도를 일컫는 것이다. 채점자 내 신뢰도를 보장하기 위해서는 우선 명확하고 세부적인 채점 기준이 필요하며, 주변 환경이나 채점자의 집중도 혹은 피로도를 고려하여 최적의 상태에서 채점을 시행해야 할 것이다.

● 채점자 간 신뢰도 확보하기

공동으로 이루어지는 서술형 평가 문항의 채점 과정에서 채점자 간 신뢰도를 확보하는 것은 매우 중요하다. 채점자 간 신뢰도란 채점자들의 채점 결과가 동일한 정도를 일컫는다. 물론 서술형 평가 문항이 다양한 주관적인 의견을 묻거나 긴 글을 쓰도록 요구하는 것은 아니며, 답이 어느 정도 정해져 있기에 채점자들 간 채점 결과가 다양하게 나올 가능성은 적다. 하지만 과제 완성도, 내용, 언어의 사용 등의 각 세부 항목에서 정답으로 인정하거나, 부분 점수를 부여하는 사항에 대해서는 채점자 간 의견이 다를 수 있다. 이 때문에 다음으로 살펴볼 채점 절차에서의 예비 채점과 교차 채점이 반드시 필요한 것이다.

2) 채점 절차

가. 예비 채점

채점의 첫 단계는 예비 채점이다. 예비 채점은 학생들의 답안의 일부를 일차적으로 채점하면서 유사 답안을 추가하고 채점 기준을 구체화하는 단계를 말한다. 이 단계에서는 공동 채점자들이 함께 모여 활발히 의견을 공유하는 것이 중요하다. 이 과정을 통해 채점 기준을 정교화하고 최대한 타당하고 객관적인 채점이 이뤄질 수 있도록 해야 한다.

나. 채점 기준 확정

예비 채점 후에는 그 과정에서 논의된 유사 답안과 부분 점수 부여 기준 등을 정리하여 채점 기준을 확정해야 한다. 채점이 시작되면 예측하지 못했던 유사 답안 등으로 인해 문항 제작 시 마련한 채점 기준에 수정이 필요한 경우가 많다. 이러한 사안들을 체계적으로 정리하여 채점 기준을 확정한다. 확정된 채점 기준은 추후 학생들에게 결과를 공개할 때 함께 공개되므로 학생들도 충분히 납득할 수 있는 구체적이고 합리적인 채점 기준을 확보할 수 있도록 노력해야 한다.

다. 교차 채점

교차 채점은 예비 채점 과정을 거쳐 확정된 채점 기준을 바탕으로 채점자 간 답안을 교차하여 다시 채점하는 단계이다. 채점 기준과 다르게 채점이 되거나 점수 부여에 오류가 있는 경우는 없는지 점검한다. 채점자 간 부여한 점수가 다른 경우에는 그 원인을 파악하고 오류를 바로잡아 점수를 확정하도록 해야 한다.

라. 결과 공개 및 이의 신청 안내

채점이 마무리된 후에는 학생들에게 채점 기준을 상세히 설명하고 평가 결과를 공개한다. 또한 학생들에게는 이의 신청 기간과 절차를 안내하여 필요한 학생이 이를 놓치는 일이 없도록 한다.

마. 이의 신청 처리 및 채점 완료

학생으로부터의 이의 신청이 있는 경우 동료 교사와의 협의를 통해 그 내용을 신중하게 검토하여 처리한다. 만일 해당 답안을 정답으로 인정해 주는 것으로 결론이 나면 점수에 반영하고 채점을 마무리한다. 그리고 이의 신청 결과에 대해서도 학생이 납득할 수 있도록 간단한 설명을 제시할 수 있어야 한다.

 서술형 평가 문항 채점 체크리스트

✔ 과제 완성, 내용, 언어 사용 등 평가 요소에 따른 채점 기준이 구체적이고 명확한가?

✔ 예비 채점을 통해 명확하고 세부적인 채점 기준을 마련하였는가?

✔ 교차 채점을 통해 오류 없이 채점하였는가?

✔ 높은 수준의 채점자 내, 채점자 간 신뢰도가 확보되었는가?

✔ 채점 후 채점 기준과 채점 결과 및 이의 신청과 관련한 내용에 대해 상세한 설명을 제공하였는가?

2.3.5 서술형 평가 문항의 유형

1) 대의 파악하기

평가 요소	글의 핵심 내용 요약하기				
학교급	고등학교	난이도	중	배점	5
출제 의도	글을 읽고 핵심 내용을 포착하여 요약하는 능력을 평가한다.				
교육과정상 근거	읽기 **[성취기준]** [12영 II 04-02] 비교적 다양한 주제에 관하여 듣거나 읽고 간단하게 요약할 수 있다. 쓰기 **[평가 방법 및 유의사항]** 단편적인 언어 지식보다는 전체적인 글의 이해 정도를 측정한다.				
제작 기초 자료	2020년 국가수준 학업성취도 평가, 고등학교, 12번				

- 다음을 읽고 한 문장으로 요약하시오.

Psychologist Joan Grusec conducted an interesting experiment. After children shared some marbles with their peers, some of them were assigned to have their behavior praised: "It's good that you gave some of your marbles to your peers. Yes, that was a helpful thing to do." Others received character praise: "I guess you're the kind of person who likes to help others. Yes, you are a helpful person." Children who received character praise were subsequently more generous. Two weeks later, 45% of the children complimented for being helpful people gave craft materials to kids at a hospital compared with only 10% of those praised for their behavior. When their character is praised, children internalize it as part of their identities. Instead of seeing themselves as engaging in isolated moral acts, they start to develop a more unified self-concept as a moral person.

요약

The moral standards of children _____

_____ .

조건

- 〈보기〉의 단어를 모두 포함하여 15단어 이하로 쓸 것
- 필요 시 단어의 형태를 바꿀 것
- '비교급 구문'을 활용할 것

〈보기〉

behavior / praise / enhance / approve / character

[채점 기준안]

예시 답안	are enhanced more by praising their character than approving their behavior	
채점 기준	채점 요소	
	척도	척도별 수행 특성
과제의 완성도	3	본문의 내용을 요약문에 충분히 반영하였으며 조건을 모두 만족함
	2	본문의 내용을 요약문에 대부분 반영하였으며 조건을 대체로 만족함
	1	본문의 내용을 요약문에 부분적으로 반영하였음
언어 사용의 정확성	2	어휘와 어법의 사용이 정확함
	1	어휘와 어법의 사용이 의미 전달에 지장을 주지 않으나 오류가 있음

주어와 핵심 단어를 보기에 제공하여 답안의 작성 방향을 잡아 줄 수 있다.

주어진 글을 읽고 핵심 내용을 포착하여 요약하는 문항으로 대표적인 대의 파악 문항이다. 본문의 내용이 실험 연구에 관한 글인 만큼 실험이 시사하는 바를 잘 이해하고 핵심을 살려 다시 쓸 수 있는 능력을 평가하고자 함이다. 주어를 제시하여 답안의 방향을 잡아 주고 답안 작성에 활용할 수 있는 키워드를 제시하되 '비교급 구문'이라는 형식을 통해 구현할 수 있도록 하였다. 물론 조건이나 보기의 단어를 주지 않더라도 본문을 적극적으로 활용하면 더욱 다양한 형식의 응답을 얻을 수 있을 것이나, 응답의 범위를 제한하는 까닭은 학습자의 수준에 따른 차이를 좁히고 일관성 있는 채점을 진행하기 위함이다.

2) 추론하기

[문항 예시 1]

평가 요소	도표 설명하기, 인과관계 추론하기				
학교급	중학교	난이도	상	배점	8
출제 의도	도표를 설명하고 인과관계를 추론한다.				
교육과정상 근거	읽기 [성취기준] [9영04-03] 일상생활에 관한 그림, 사진, 또는 도표 등을 설명하는 문장을 쓸 수 있다. 쓰기 [평가 방법 및 유의사항] 세부 정보 이해, 중심 내용 이해, 추론적 이해 등 다른 수준의 이해 능력을 측정할 수 있도록 다양한 과업을 제시하여 평가한다.				
제작 기초 자료	2015 개정 교육과정 중학교 영어 3, 지학사, p. 140				

- 다음은 좋아하는 동화 속 주인공에 대한 설문조사 결과이다. 도표와 설문지 응답 내용에 근거하여 〈조건〉에 맞게 답안을 작성하시오.

(Total number of students = 30)

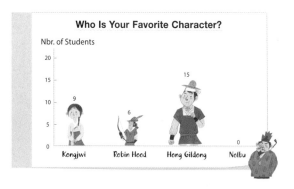

Q1. What kind of person do you prefer?

   ① the one who is obedient (30%)

   ② the one who is courageous (70%)

   ③ the one who is greedy (0%)

Q2. Which character are you familiar with?

   ① Kongjwi (30%)

   ② Robin Hood (10%)

   ③ Hong Gildong (40%)

   ④ Nolbu (20%)

(1) How many students chose Hong Gildong as their favorite character and why do you think they chose him?

_____.

I think it's because _____.

(2) Compare Hong Gildong with Robin Hood.

Hong Gildong _____.

Maybe it's because they _____.

(3) What about Nolbu?

No one _____ because

they think _____.

[채점 기준안]

예시 답안	(1) 15 out of 30 students chose Hong Gildong (as their favorite character) / he is courageous (2) is preferred to Robin Hood / are more familiar with Hong Gildong than Robin Hood (3) chose Nolbu / he is too greedy to be chosen	
채점 기준	채점 요소	
	척도	척도별 수행 특성
과제의 완성도	4	주어진 조건에 맞게 과제를 모두 완성함
	2	주어진 조건을 대부분 충족하여 과제를 대부분 완성함
	1	주어진 조건에 맞지 않거나 과제의 일부만을 부분적으로 완성함
언어 사용의 정확성	4	어휘와 어법의 사용이 정확함
	2	어휘와 어법의 사용이 의미 전달에 지장을 주지 않으나 약간의 오류가 있음
	1	어휘와 어법의 사용에 다소 오류가 있어 의미 전달에 지장이 있음

Tip 1 ▶ 도표와 설문지 응답 내용을 통합하여 추론할 수 있도록 한다.
Tip 2 ▶ 수업 시간에 배운 목표 구문을 활용할 수 있도록 한다.

[문항 예시 2]

평가 요소	추론하기, 그림 설명하기				
학교급	고등학교	난이도	상	배점	9
출제 의도	아르키메데스의 원리에 관한 글을 이해하고 이를 적용하여 실험을 설명하고 결과를 추론하는 능력을 평가한다.				
교육과정상 근거	쓰기 [성취기준] [12영Ⅱ04-06] 비교적 다양한 주제에 관한 그림, 도표 등을 설명하는 글을 쓸 수 있다. 읽기 평가의 목적과 학습자의 수준에 따라 사실적 이해, 추론적 이해, 종합적 이해 문항의 비중을 적절히 조절한다.				
제작 기초 자료	2014년 EBS 수능특강 영어 B형, 22강 4번				

● 다음 글을 읽고, The Experiment Report를 〈조건〉에 맞게 완성하시오.

Archimedes' Principle: A body immersed in a fluid experiences a buoyant force equal to the weight of the fluid it displaces.

This principle is useful for determining the density of an irregularly shaped object. The more water the object displaces due to its large volume, the more buoyant force it experiences. This means that it might be not so dense.

■ Referring to the passage above, show how you can compare the density of given materials A and B. Before you start, you have to know the following conditions.

• You should use a scale.

• The mass of the two materials is equal to each other.

⟨Process of Experiment⟩

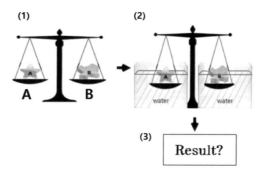

⟨The Experiment Report⟩

Because the mass of the two objects is equal, we could compare the density of the two objects. The following is the process of the experiment.

First, we (1) _____.

After that, we (2) _____.

We could observe that B displaced more water, and thus, experienced greater buoyant force than A. This (3) _____.

························· 조건 ·························

• 그림 (1)~(3)의 내용에 맞게 빈칸 (1)~(3)의 문장을 완성할 것

• ⟨보기⟩에 주어진 단어를 모두 사용할 것

• 필요한 경우 어법에 맞게 변형 가능

• 단어 추가 가능

⟨보기⟩

scale / balance / tilt toward / immerse / cause

[채점 기준안]

예시 답안	(1) balanced the two objects on a scale (2) immersed them in water (3) caused the scale to tilt toward A	
채점 기준	채점 요소	
	척도	척도별 수행 특성
과제의 완성도	6	(1), (2), (3)을 모두 적절하게 완성함
	4	(1)과 (3) 혹은 (2)와 (3)을 적절하게 완성함
	2	(1)과 (2)를 적절하게 완성하거나 (3)만을 적절하게 완성함
	1	(1) 또는 (2) 하나만 완성함
언어 사용의 정확성	3	어휘와 어법의 사용이 정확함
	2	어휘와 어법의 사용이 의미 전달에 지장을 주지는 않으나 약간의 오류가 있음
	1	어휘와 어법의 사용에 다소 오류가 있어 의미 전달에 지장이 있음

Tip 1 맥락에 맞게 읽기 자료의 장르를 바꾸어 볼 수 있다.
Tip 2 실험, 연구와 관련된 내용은 결과 부분을 추론하여 쓰게 할 수 있다.

도표, 그림 등의 자료를 분석하고 설명하는 능력, 이를 바탕으로 인과관계를 파악하는 추론 능력은 서술형 평가 문항으로 측정할 수 있는 가장 고차원적인 사고력이라고 할 수 있다. 이를 측정하기 위한 서술형 평가 문항을 만들기 위해서는 수업 자료를 그대로 평가에 활용하는 것보다는 창의적인 방식으로 재구성하여 제시하는 것이 사고력과 응용력을 키우기에 더욱 효과적이다. 물론 이를 위해서는 적합한 자료를 선정하는 것이 중요하고, 이를 가공하는 과정에서도 많은 고민이 필요하다. [문항 예시 1]은 교과서에 나온 도표를 활용하되 인과관계를 설명해 볼 수 있는 맥락을 설정하여 원인과 결과를 설명하는 능력을 측정하고자 의도한 것이다. 학생은 주어진 자료를 통합적으로 이해하고 적용해야 한다. 이 과정에서 인과관계를 설명할 때 사용할 수 있는 표현을 활용하여 문장을 써야 하므로 내용과 형식 역시 자연스럽게 연결이 될 수 있다.

[문항 예시 2]는 수업 시간에 다룬 아르키메데스의 원리에 관한 지문을 평가하고자 하는 목적에 맞게 다시 쓴 것이다. 아르키메데스의 원리가 실험과 관련된 것이므로 실험 결과를 추론해 보기에 적합한 내용이다. 따라서 원리를 적용하는 실험 상황을 가정하고 실험 결과 보고서를 완성하는 맥락을 마련하였다. (1)~(3)까지의 단계를 나누고 설명하도록 의도하였으며, 채점 기준안의 과제 완성도의 점수 부여 기준에서 알 수 있듯이 결과 추론 부분인 (3)이 비교적 큰 비중의 점수를 차지하게 하여 중요도를 구분하고자 했다.

3) 담화 내용 이해하기(간접 말하기)

[문항 예시 2]

평가 요소	담화 내용 파악, 요청하기(물건 교환하기) 표현 활용				
학교급	중학교	난이도	중	배점	6
출제 의도	'요청하기'의 담화구조를 이해하고 물건의 교환을 요청하는 표현을 활용할 수 있는지 평가한다.				
교육과정상 근거	**읽기** **[성취기준]** [9영02-06] 주변의 사람, 사물에 대해 묻거나 답할 수 있다. **쓰기** **[평가 방법 및 유의사항]** 듣기 평가 대본은 실제적인 음성 언어 자료를 활용하고 필요한 경우 상황이나 학습자의 수준을 고려하여 재구성한다.				
제작 기초 자료	2018년 국가수준 학업성취도 평가, 중학교, 14번				

• 다음을 듣고, 주어진 상황에서 할 말로 가장 적절한 말을 주어진 〈조건〉에 맞게 쓰시오.

    You wanted to give a present to your younger brother, Minsu, for his birthday. You bought earphones because you remembered Minsu said he wanted to have a pair. The earphones you bought were brand new and popular among teens. Minsu liked them and was very grateful, but he did not like the color. He asked you to change them to black ones. You went to the store where you bought the earphones. In this situation, what would you say to the sales clerk?

You: _____

┄┄┄┄┄┄┄┄┄┄┄┄ • 조건 • ┄┄┄┄┄┄┄┄┄┄┄┄
- 의문문의 형식으로 쓸 것
- '요청하기' 표현을 활용하여 쓸 것
- 〈보기〉에 주어진 단어를 모두 포함할 것
- 〈보기〉에 주어진 단어를 포함하여 8~10개 단어로 쓸 것

───────〈보기〉───────
these earphones / black ones / exchange

[채점 기준안]

예시 답안	Can I exchange these earphones to black ones? Is it possible to exchange these earphones to black ones?		
채점 기준	채점 요소		
	척도	척도별 수행 특성	
과제의 완성도	3	제시된 조건을 모두 충족하여 과제를 완성함	
	2	제시된 조건 2~3개를 충족하여 과제를 완성함	
	1	제시된 조건 1개 이하를 충족하여 과제를 완성함	
언어 사용의 정확성	3	어휘와 어법의 사용이 정확함	
	2	어휘와 어법의 사용이 의미 전달에 지장을 주지는 않으나 약간의 오류가 있음	
	1	어휘와 어법의 사용에 다소 오류가 있어 의미 전달이 어려움	

Tip 1 수업 시간에 배운 여러 가지 '요청하기' 표현을 상황에 맞게 활용하도록 유도한다.

[문항 예시 2]

평가 요소	담화 내용 파악, 금지하기 표현 활용				
학교급	고등학교	난이도	중	배점	6
출제 의도	'금지하기'의 담화구조를 이해하고 해당 표현을 상황에 적절하게 활용할 수 있는지 평가한다.				
교육과정상 근거	**말하기** [성취기준] [12실영02-04] 실생활 중심의 다양한 주제에 관한 정보를 묻고 답할 수 있다. **듣기** [평가 방법 및 유의사항] 평가의 목적에 따라 독백, 대화, 담화 등 다양한 형태의 입력 언어를 사용한다.				
제작 기초 자료	2018년 국가수준 학업성취도 평가, 고등학교, 13번				

● 다음을 듣고, Clair가 James에게 할 적절한 말을 주어진 〈조건〉에 맞게 쓰시오.

  Clair and James are at the theater waiting to watch a musical. All the lights turn off and the musical starts. In the middle of the show, Clair notices that James takes out his smartphone to take a picture of the performance. Clair knows that they're not permitted to take pictures because the sound and flash disturb the performers. She thinks that she should tell him not to take pictures. In this situation, what would Clair most likely say to James?

Clair: _____.

• 조건 •

• 부정문으로 쓸 것
• '금지하기' 표현을 활용하여 쓸 것
• 6개 이상 10개 이하의 단어로 쓸 것

[채점 기준안]

예시 답안	You/We should not take photos/pictures here/at the theater. You/We are not allowed/permitted to take photos/pictures here/at the theater.	
채점 기준	채점 요소	
	척도	척도별 수행 특성
과제의 완성도	3	제시된 조건을 모두 충족하여 과제를 완성함
	2	제시된 조건 2개를 충족하여 과제를 완성함
	1	제시된 조건 1개 이하를 충족하여 과제를 완성함
언어 사용의 정확성	3	어휘와 어법의 사용이 정확함
	2	어휘와 어법의 사용이 의미 전달에 지장을 주지는 않으나 약간의 오류가 있음
	1	어휘와 어법의 사용에 다소 오류가 있어 의미 전달에 지장이 있음

Tip 1 수업 시간에 배운 여러 가지 '금지하기' 표현을 상황에 맞게 활용하도록 유도한다.

원활한 의사소통을 위해서는 담화 내용을 파악하고 적절하게 화행을 실현하는 것이 중요하다. 국가수준 학업성취도 평가나 대학수학능력시험 등의 듣기 평가에서 담화 내용을 듣고 상황에 적절한 말을 선택하도록 하는 유형이 포함되어 있는 것도 그러한 이유 때문이라 하겠다.

실제 현장에서는 서술형 평가 문항이 듣기 및 말하기 유형으로 활용되는 경우가 드물지만, 예시 문항과 같이 담화 완성형을 응답의 자유도가 비교적 높은 서술형 문항으로 제공함으로써 학습자들의 의사소통 능력을 다양한 측면에서 파악해 볼 수 있을 것이다.

주어진 상황에 적합한 말을 쓰도록 하는 경우 [문항 예시 1]과 [문항 예시 2]에서 알 수 있는 바와 같이 조건을 명시하지 않으면 주어진 담화 맥락 안에서 답이 될 수 있는 표현들이 꽤나 다양하게 나올 수 있다. 조건에서 답안의 분량을 정해 준 것은 내용은 맞으나 불성실한 답변의 경우, 혹은 불필요하게 긴 내용으로 인해 혼란을 일으키는 답변의 가능성을 차단하여 채점의 신뢰도를 높이고자 한 것이다. 한편, 무엇을 어떻게 써야 할지 모르는 학생에게는 조건에서 요구하는 답안의 형식이나 내용이 답안의 방향을 파악할 수 있게끔 도움을 제공하는 역할을 할 수 있다. 이때 [문항 예시 1]과 같이 반드시 포함해야 할 단어까지 조건으로 제시하게 된다면 학생 입장에서 비교적 쉽게 답안을 작성할 수는 있을 것이나 응답의 자유도는 그만큼 낮아지게 된다. 반면 [문항 예시 2]처럼 핵심 단어가 제시되지 않는 경우 상대적으로 다양한 응답의 도출을 기대해 볼 수 있을 것이다.

2.3.6 서술형 평가의 장단점

서술형 평가는 과정 중심의 학습을 통해 학생들의 고등 정신 능력을 향상하고자 하는 현재 교육 동향에 적합한 평가 방식이다. 평가가 학습 방식에 미치는 지대한 영향을 고려했을 때 서술형 평가는 학습자들이 개념을 이해, 적용하고, 논리적으로 자신의 사고 과정을 설명하도록 하는 학습 방식을 독려하게 된다는 측면에서 긍정적이다. 또한 추측으로 답을 맞힐 가능성을 배제함으로써 학생들로 하여금 더욱 진중한 태도로 학습 활동에 임하도록 유도할 수 있다. 한편, 평가가 학습에 미치는 영향을 영어과의 특성에 한정하여 비추어 보면, 서술형 평가는 영어 문장의 산출 기회를 제공함으로써 문장 구조를 더욱 깊이 있게 학습하고 언어 활용 능력을 연마하도록 유도한다는 측면에서 유의미한 장점을 가지게 된다.

한편, 고차적인 사고력을 측정하려는 목표와 평가의 신뢰도 확보 측면에서 서술형 평가는 양면성을 띤다. 이는 서술형 평가가 단답형 평가와 논술형 평가의 단점을 보완하는 방식으로 제작되는 경향이 있기 때문이다. 즉, 학습자의 사고 과정을 측정할 수 없는 단답형의 단점과 채점에서의 객관성 및 신뢰도를 보장하기 어려운 논술형의 한계를 보완하는 타협점으로서의 의미를 서술형 평가가 가지다 보니 단답형 평가보다는 채점의 신뢰도가 낮고 논술형 평가보다는 고등 정신 능력 측정에 제약이 있을 수밖에 없다.

학습의 발달이 단계적인 만큼 평가 역시 단계적이다. 서술형 평가는 고등 정신 능력 함양을 위해 필요한 역량을 작은 단위로 나누어 연마하는 매개적 역할을 한다. 사다리가 없으면 높은 곳에 올라갈 수 없듯이 지식의 고차원적 영역에 이르기 위해서는 이러한 과정이 필수적이다. 또한, 서술형 평가의 응답 결과를 통해 학생들의 사고 과정을 점검하고 그들의 강점과 약점을 정확하게 파악할 수 있다. 그리고 이러한 정보를 수업에 반영함으로써 평가와 수업 간의 유기적인 환류 역시 기대해 볼 수 있을 것이다. 이렇듯 서술형 평가는 여러 측면에서 현시대의 교육 흐름에 부합하는 적절한 평가 도구라 할 수 있겠다.

2.4 논술형 평가

이번 절에서는 서답형 평가 유형 중 학생들이 가장 긴 답안을 작성해야 하는 논술형 문항에 대해 자세히 알아본다. 논술형 평가 문항은 학생이 자신의 생각이나 의견을 조직하여 한 편의 완결된 글을 써야 하기에 평가를 시행하기에 앞서 고려해야 할 사항이 많고 준비 과정도 긴 편이다. 교사는 학생이 작성한 논술형 평가 문항의 답안에서 여러 가지 측면을 종합적으로 평가할 수 있기에 다른 유형의 평가 문항에 비해 점수의 비중도 크다. 또한 논술형 문항은 채점의 분량이 상당하고 평가 준비 과정에서도 많은 수고를 요하므로 교사가 무엇을 평가할 것인가에 대한 명확한 계획과 충분한 검토가 필수적이다. 논술형 평가가 효율적으로 시행되고 긍정적인 환류 효과를 가질 수 있도록 2.4절을 잘 읽어보기를 권한다. 우선 예시 문항을 통해 논술형 평가 문항의 특징을 살펴보도록 하자.

2.4.1 논술형 평가 문항 예시

다음 두 개의 예시 문항을 자세히 살펴보자. 문항의 형식, 발문, 답란 등에서 어떤 특징을 관찰할 수 있는가? 앞서 살펴본 완성형, 단답형, 서술형 평가 문항과의 차이점은 무엇인가? 시험에 응시하는 학생의 입장이 되어 직접 답안을 작성해보아도 좋다.

●20년 후의 자신에게 보내는 편지를 다음 내용을 포함하여 쓰시오. (80~100개 단어)

- your job in the future
- one thing you loved to do in your middle school days
- one question to ask your future self

Dear future _____,

_____

_____

_____

_____

_____

[모범답안]

Dear future Juyeon,

How are you doing? You are now a zookeeper, aren't you?

I know you loved animals very much in your middle school days. You were in the Animal Lovers Club and took care of the rabbits in the school backyard. You fed the rabbits and cleaned the cage. I remember how happy you were when you were with those rabbits.

How is it to work as a zookeeper? Do you meet wild animals like elephants and tigers? I hope your love for animals is always with you and you remain a very happy person.

I wish you the best!

Regards,
Juyeon

● 다음 의견에 대해 찬성 또는 반대를 선택하여 〈조건〉에 맞게 자신의 의견을 쓰시오.

Students should wear school uniforms.

· 조건 ·

가. 서론–본론–결론의 형식을 갖추어 쓰시오.
나. 찬성 또는 반대에 대한 이유나 근거를 세 가지 제시하시오.
다. 120~150개 단어로 작성하시오.

I (agree/disagree) with the idea that students should wear school uniforms.

_____

_____

_____

_____

_____

_____

_____

[모범답안]

I agree with the idea that students should wear school uniforms. They have many benefits. Firstly, we don't have to worry about what to wear in the busy mornings. By saving time, students may spend more time on their breakfast and it will help them better focus on study. Secondly, school uniforms have a positive impact on student self-esteem. For many students, clothing can be a source of stress because they worry whether their clothing choices are acceptable to their peers. Uniforms may remove those worries. Lastly, parents may spend less money on school clothes when their kids wear uniforms. They will feel less pressure to afford expensive name-brand clothing which are not really necessary. In conclusion, school uniforms are beneficial in many ways.

■ 이상의 예시 문항들을 살펴보고, 논술형 평가 문항의 특징을 적어봅시다.

1. 학생이 자신의 개인적인 이야기를 쓰거나 자신의 의견을 쓴다.

2. 문항의 발문이 상대적으로 짧고, 그에 비해 답란이 길다.

3. 문제에 답안 작성의 조건이 주어진다.

4.

5.

...

논술형 평가 문항에 대해 어떠한 특징을 발견하였는가? 아마도 가장 먼저 눈에 들어오는 특징은 학생이 작성해야 할 답안의 길이가 상당히 길다는 점일 것이다. 첫 번째 예시에서는 미래의 자신에게 80~100단어 분량으로 된 한 편의 편지를 써야 하며, 두 번째 예시에서는 120~150단어로 자신의 의견을 밝히고 세 가지 이유를 들어야 한다. 답란이 긴 것에 비하면 상대적으로 발문 자체는 간단하다. 발문에서는 학생이 작성해야 할 것이 무엇인지를 간단명료하게 제시한다. 답안을 작성해보았다면, 정답이 없는 것처럼 보일 정도로 답안의 내용이 다양할 수 있다는 점도 와 닿았을 것이다. 첫 번째 예시 문항의 미래의 자신에게 하고 싶은 질문이나, 두 번째 예시 문항의 학교에서 교복을 입는 것에 대한 찬반 의견은 전적으로 개인의 의사에 달린 것이다. 이처럼 논술형 평가 문항은 학생의 경험이나 의견을 바탕으로 답안을 작성하게 하는 것이므로, 같은 분량의 답안일지라도 그 내용은 무한히 다양하게 나타나게 된다. 논술형 문항의 또 다른 특징으로, 다양한 정답의 가능성 때문에 채점 또한 쉽지 않다는 점을 들 수 있다. 실제로 논술형 문항을 채점하는 것은 많은 교사들에게 부담으로 다가올 수밖에 없다. 그밖에 어떤 특징이 보이는가? 문항마다 분량이 제한되어 있고, 발문이 제시된 다음 글 상자 안에 답안 작성 요령에 해당하는 '조건'이 주어지는 것도 눈에 들어올 것이다. 워낙 다양한 답안이 예상되기 때문에 조건을 통해 이처럼 답안 작성 방향을 통제하는 것이 일반적이다. 지금까지 예시를 통해 찾아본 논술형 평가 문항의 특징을 염두에 두고, 다음 절에서는 이론적 측면에서 논술형 문항의 특성을 본격적으로 알아보도록 하자.

2.4.2 논술형 평가 문항의 정의적 특성

1) 논술형 평가의 개념

논술형 평가란 학생이 자신의 의견이나 주장을 논리적으로 기술하는 평가라고 정의할 수 있다. 논술형 평가에서는 단순 지적 능력인 지식만을 측정하던 기존의 평가 방식에서 한발 나아가 고등 정신 능력인 분석력, 비판력, 판단력, 종합력은 물론 정의적 능력에 해당하는 호기심, 성취욕구, 도전 의식, 책임, 태도 등 총체적인 능력을 측정하게 된다. 그리하여 논술형 평가에서는 학생이 가진 지식만을 묻는 것이 아니라 학생이 자신의 의견이나 주장을 논리적으로 기술하도록 한다. 즉 수업 내용을 토대로 하여 학생이 자신의 논리나 사고를 표현하게 하는 것, 지식을 재구성하여 표현하게 하는 것 등이 논술형 평가의 좋은 예시가 된다. 또한 다양한 수업 내용과 연계하여 자신의 의견을 보고서, 독후감, 영화나 예술 비평, 논증, 에세이 등의 형태로 표현하는 모든 활동이 바로 논술형 평가에 해당한다고 볼 수 있다. 논술형 평가는 지필평가와 수행평가 모두에서 실시할 수 있으며, 현재 중등 영어교육 현장에서 이루어지고 있는 다양한 형태의 과정 중심 평가는 대부분의 경우 최종적으로 논술형 평가의 형태를 취하고 있다고 볼 수 있다.

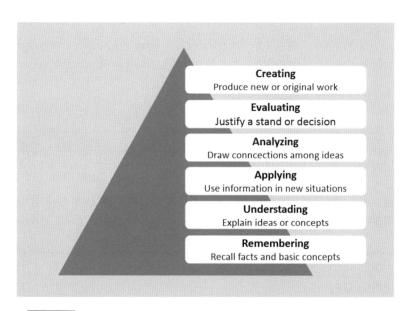

그림 2-2 수정된 Bloom(1956)의 인지적 영역 용어(Anderson et al. 2001)

Anderson 외(2001)가 그림 2-2 와 같이 제시한 수정된 Bloom(1956)의 인지 영역에 관한 용어 분류에 따르면, 낮은 수준의 사고에는 기억하기, 이해하기, 적용하기가 포함되며, 상대적으로 높은 수준의 사고에는 분석하기, 평가하기, 창조하기가 포함된다. 논술형 평가에서 기억하기와 이해하기에 머무는 낮은 수준의 사고를 측정하는 경우는 거의 없다. 대개는 교수학습 과정에서 익힌 언어 형식을 적용하여 주어진 과제에 대해 분석하고, 평가하며, 새로운 아이디어를 창조하는 과제가 주어지게 된다. 이러한 관점에서 볼 때 논술형 평가는 높은 수준의 사고력을 측정할 수 있다고 볼 수 있다.

2) 서술형 평가와 논술형 평가의 구분

논술형 평가는 때로 서술형 평가와 혼동하기 쉽다. 완성형과 단답형 평가의 경우 답안의 길이가 짧고 상대적으로 단편적인 지식을 답안으로 적도록 요구하게 됨에 비해, 서술형과 논술형 평가는 상대적으로 답안의 길이가 길며, 분석력, 비판적 사고, 문제해결력, 창의력 등의 고차원적 사고력을 측정하는 데 더욱 적합하다는 특징을 가진다. 그래서 서논술형 평가라는 이름으로 둘을 구분하지 않고 사용하는 경우도 쉽게 볼 수 있다.

그렇다면 둘의 차이는 어디에 있을까? 우선 응답의 형식과 분량, 글의 구성과 완결성의 정도에 있어 구분이 가능하다. 주로 서술형 평가는 한 문장 이상의 답을 요구한다. 반면 논술형 평가는 한 문단 이상의 글을 요구한다. 서술형 평가에서는 응답을 제한하는 정도가 크고 또한 얼마나 정확히 서술하는가를 중시한다. 그에 비해 논술형 평가는 응답의 허용 범위가 넓고 한 편의 글에서 보이는 주장의 완성도를 평가한다. 서술형 평가에서는 요약, 개념 이해, 설명, 풀이 과정 등 사실에 기초를 둔 답안이 요구되는 반면, 논술형 평가는 자신의 의견과 주장을 논리적으로 기술함으로써 답안이 구성된다. 서술형 평가를 채점할 때 내용이 얼마나 정확하고 매끄럽게 서술되었는가에 주된 관심이 있다면, 논술형 평가에서는 자신의 생각이 얼마나 창의적이고 논리적이며 설득력 있게 작성되었는가에 더욱 큰 관심을 둔다. 서술형 평가와 논술형 평가의 개념적 특징을 [표 2-2]에 간략히 정리하였다.

[표 2-2] 서술형 평가와 논술형 평가(한국교육과정평가원, 2017)

서술형 평가	논술형 평가
• 사실을 기반으로 주어진 내용을 작성하는 평가 • 답안 작성 시 조직력이나 표현력이 크게 요구되지 않으며 채점에서 어느 정도 객관적인 정답(모범 답안)이 존재함	• 주어진 주제에 대한 자신의 생각이나 주장을 논리적으로 작성하는 평가 • 창의성, 문제해결력, 비판적 사고력, 통합적 사고, 정보 수집 및 분석력 등 고등 사고 능력을 평가하기에 적합함

3) 논술형 평가의 도입

논술형 평가가 중, 고등학교의 정규 교육과정에 자리 잡은 시기가 언제인가는 비교적 분명하다. 교육부 고시 2009 개정교육과정에서는 평가에서 선택형 문항보다 서술형이나 논술형 문항의 비중을 높이고 수행평가의 시행을 늘려 교과의 특성에 맞는 평가를 실시하도록 학교 평가 활동을 규정하였다. 경기도의 경우 2009년부터 서술형 평가를 도입하였고, 2010년부터는 '주관식 문항' 대신 '서술형 평가'라는 용어를 사용하기 시작하였다. 또한 논술형 평가 시범학교를 시작으로 점차 범위를 확대하였으며, 2013년부터 학업성적관리 시행 지침을 통하여 경기도 내 모든 초, 중, 고교의 전 과목에서 서술형, 논술형 평가가 학기 단위 점수의 35% 이상(예체능과 전문교과는 20% 이상)의 비율로 반영되도록 하였다. 부산광역시의 경우에도 2010년부터 중, 고교에서 서술형, 논술형 평가의 비중이 30% 이상으로 확대되었다. 서울의 경우 학교 수업, 평가 혁신 방안을 내놓으며, 2019년 이후 기존에 시행하던 서술형, 논술형 평가와 수행평가의 비중을 50% 이상으로 늘리기로 하였다. 시간상 약간씩의 차이는 있으나 모든 시도교육청에서 논술형 평가를 비슷한 시기에 정책적으로 도입하였고, 빠른 시간에 단위 학교에 정착되기에 이른 것이다. 그리고 2015 개정 교육과정 시행과 함께 교육과정-수업-평가의 일체화를 구현하는 과정 중심 평가가 강조되면서 논술형 평가가 더욱 확대되고 있는 추세이다.

한편 2013년의 논술형 평가 전면 도입 이전부터도 논술형 평가는 수행평가의 한 형태로 계속해서 논의되어왔다. 수행평가를 '교사가 학생이 학습 과제를 수행하는 과정이나 그 결과를 보고, 학생의 지식이나 기능, 태도에 대해 전문적으로 판단하는 평가 방식'이라고 한다면 학생이 자신의 지식, 기능, 태도를 나타낼 수 있도록 답을 작성하거나 발표하거나 산출물을 만들어내고 그에 대해 평가하는 것이 모두 수행평가에 포함되며, 논술형 평가가 수행평가의 대표적인 방법으로 시행되어 온 것이다(백순근, 2000). 예를 들어, 영어 이야기를 읽고 자신의 반응을 한 단락의 글로 쓴다거나, 영어 에세이를 읽고 자신의 상황에 비추어 내용을 해석하거나, 주어진 문제에 대해 자신의 의견을 표현하고 해결책을 제시하는 것 등이 모두 수행평가이자 논술형 평가에 해당한다.

4) 해외 사례

해외의 경우를 살펴보면 논술형 평가가 전통적인 평가 방식으로 정착되어있는 경우가 많다. 우리나라의 대학 입학 논술형 시험의 모델이 되었던 프랑스의 바칼로레아(Baccalaureate)는 고등학교 졸업 자격시험인 동시에 대학 입학 자격시험이다. 철학 논술을 시작으로 며칠에 걸쳐 실시되는 이 시험은 1808년 나폴레옹에 의해 시작되어 200년이 넘는 역사를 가지고 있으며, 바칼로레아의 문제는 대입을 앞둔 수험생뿐 아니라 전 국민의 관심사가 된다고 한다. 다음은 바칼로레아 철학 논술 문제의 예이다.

- 스스로 의식하지 못하는 행복이 가능한가?
- 우리가 하고 있는 말에는 우리 자신이 의식하고 있는 것만이 담기는가?
- 예술 작품은 모두 인간에 대해 이야기하고 있는가?
- 우리는 과학적으로 증명된 것만을 진리로 받아들여야 하는가?
- 권리를 수호한다는 것과 이익을 옹호한다는 것은 같은 뜻인가?

- 무엇이 내 안에서 어떤 행동을 해야 할지를 말해주는가?
- 정의를 위해 폭력은 정당화되는가?

독일의 대학 입학시험인 아비투어(Abitur) 역시 고등학교 졸업 자격과 대학 입학 자격시험에 해당하는데, 우리나라의 자료제시형 논술과 유사한 형태이다. 예들 들어 아비투어의 독일어 시험은 주어진 다섯 개의 주제 가운데 하나를 선택하여 5시간 이상 글을 쓰게 하며, 분량에 제한도 두지 않는다. 이때 주어진 자료에 대한 분석력, 글 구성의 논리력뿐 아니라 풍부한 배경지식까지 갖추어야 비로소 제대로된 답안을 작성할 수 있을 것이다.

프랑스와 독일뿐 아니라 많은 교육 선진국들에서 논술형 평가는 오랜 전통을 갖고 있다. 글 읽기와 글쓰기를 교육 현장에서 이뤄져야 할 지적 활동의 기본으로 이해하고 있는 것이다. 논술형 평가는 단순 지식 암기 혹은 문제 풀이 방법 위주에서 나아가 자신의 생각을 정리하고 스스로 답을 구성하는 자기주도적 지식 창조에 대한 평가이다.

2.4.3 논술형 평가 문항의 제작 원리 및 절차

1) 문항 제작 원리

가. 성취기준의 해석과 적용에서 출발하기

학교의 교육 활동은 교육과정에 제시된 성취기준을 반영하여 수업을 진행하고, 그에 맞는 평가를 실시한 후, 평가한 내용을 기록하는 것을 뼈대로 한다. 학교에서는 학기 초에 해당 학기의 평가 계획을 세우게 되는데, 주로 교과서를 바탕으로 재구성한 해당 학기의 교육과정에 맞게 성취기준과 그에 따른 평가 요소를 적절히 선정하는 단계를 거친다. 평가가 수업과 분리되는 경우, 즉 평소에 수업에서 배운 내용이 평가에 반영되지 않는다면 교수학습을 통한 학생의 학업 성취를 제대로 평가하는 것이 아니므로 문제가 발생한다. 평소 수업에서 수업 목표를 명시하고 수업을 진행하듯 평가에서도 평가의 목적을 분명히 해야할 것이며, 그 출발점이 바로 성취기준의 해석에 있다.

나. 발문과 조건은 쉽고 명확한 언어로 작성하기

논술형 문항은 대개의 경우 발문, 보기, 조건 등으로 구성된다. 중요한 것은 제시하는 발문과 조건에서 학생이 무엇을 작성해야 하는지가 명확하게 드러나야 한다는 점이다. 논술형 평가를 실시하는 도중에 문항이 명료하지 않아 여러 가지 질문이 나온다면 곤란하다. 학생이 작성해야 하는 답안의 내용과 범위가 구체적으로 주어져야하며, 발문에 이를 다 담기 어렵다면 답안 작성을 위한 조건을 제시하게 된다. 이때 조건이 너무 많거나 두루뭉술하면 학생에게 혼란을 일으킬 수 있으므로 꼭 필요한 만큼만 분명하게 제시하도록 한다.

논술형 평가 문항은 학생이 자신의 의견을 구상하고 조직하여 한편의 글로 완성해야 하므로 답안 작성에 많은 시간이 소요된다. 따라서 문항에서 제시하는 바가 명료해야만 학생 입장에서 어떠한 과업을 수행해야 할지를 판단하고 요구되는 방향의 답안을 작성할 수 있다. 발문이 어려운 어휘로 표현되어 학생이 이를 이해하지 못하거나, 복잡한 자료를 제시하여 자료 해석에 많은 시간이 걸리게 만드는 것은 외국어 교과인 영어과 논술형 평가에 적절하지 못하다. 중등 영어 성취수준에 맞고 시험을 치르는 학생의 수준에 적절한 문항이 출제되었을 때 학생은 자신의 기량을 제대로 발휘할 수 있을 것이다.

다. 학생의 눈높이에 맞는 언어 사용하기

논술형 평가 문항의 발문은 학생의 눈높이에 맞는 언어로 구성되어야 한다. 유치원생에게 어른의 언어를 사용하거나, 유치원생 아이에게 적합한 언어를 고등학생을 대상으로 사용해서는 곤란하다. 예를 들면 "~해 볼까요?", "~ 하세요", "~ 하시오", "~ 하라"가 주는 느낌은 제각기 다르다. 우리가 자라면서 교과서나 참고서에서 어떤 발문을 읽었는가를 생각해보면 어느 수준의 언어가 적절한지를 판단할 수 있을 것이다. 중등 학생들에게는 어쩌면 지나치게 친절하고 부드러운 언어보다는 적당히 건조하며 분명하고 간결한 언어가 더욱 바람직할 수 있다. 발문의 정보가 부족하여 그에 대해 학생들마다 다른 해석을 내놓게 된다면 그것이야말로 불친절한 사례가 될 것이다.

라. 학생의 지식과 경험을 고려하여 과제 선정하기

평가 또한 교육의 일부이며 학생들은 평가 자체와 그 전후 과정을 통해서도 배운다. 학생의 눈높이에 맞고 흥미로우며 적절한 내용이 제시되었을 때 평가가 갖는 교육적 효과가 더욱 커질 것이다. 중등 영어과 논술형 평가에서는 심오한 이론적 내용보다는 학생이 직접 경험하거나 한 번쯤 생각해보았을 만한 내용이 과업으로 제시되어야 한다. 학생이 인지적, 정서적으로 접근 가능하고 충분히 생각을 조직할 수 있는 과제를 제시할 때 학생은 평가 과정을 통해 언어적 능력이 향상될 뿐 아니라 사고가 넓어지는 경험을 할 것이다. 한편, 논술형 평가에서는 제아무리 쉬운 과제를 제시한다 하여도 학생들이 각기 다른 수준과 형태로 답안을 구성할 것이기에 학생들 간 우열을 가리고자 하는 맥락에서도 능히 목적 달성이 가능할 것이다.

마. 적절한 수준의 신빙성 있는 자료를 활용하기

논술형 평가 문항을 제작할 때에는 신빙성 있는 자료를 활용해야 한다. 문항에 대한 아이디어는 교사의 개인적 경험에서 출발할 수도 있고, 교과서와 교사용 지도서 등에 소개된 활동에서 얻을 수도 있다. 교육청에서 배포한 자료집 혹은 시중의 평가 관련 도서를 참고할 수도 있을 것이다. 인터넷상의 수많은 자료도 문항 제작에 유용한 자료가 될 수 있다. 어느 쪽이든 자료의 신빙성을 확보하는 것이 중요하다. 특히 자료제시형 논술형 평가 문항의 경우 잘못된 사실에 기초한 자료, 떠도는 말을 제대로 검증하지 않고 사용한 경우, 학생의 눈높이에 맞춘다는 의도로 지나치게 단순화하여 실제와 매우 다른 자료를 제시하는 경우 문항의 질적 측면에서 잘된 문항이라고 보기 어렵다.

바. 문항 개발 단계에서 채점 기준 마련하기

문항 개발 단계에서부터 학생이 어떤 답안을 쓸 것인가를 예상해보아야 한다. 예시 답안을 만들어보고 채점 기준을 마련함으로써 문항이 더 명확하게 구성될 수 있다. 이 과정을 통해 교사는 가르치는 학생들이 어느 정도 수준으로 답안을 써낼지 가늠할 수 있고, 채점 기준에 부합하는 답을 쓰도록 더 분명한 조건을 제시할 수 있게 된다. 사실 채점 기준은 많은 경우 실제 채점의 과정에서 내용이 보다 더 구체화되는 등 수정의 대상이 되기 마련이다. 다만 분명한 채점 기준이 있을 때 비로소 수정도 가능한 법일 것이다.

문항에서 조건에 포함된 답안 작성에서의 제약들을 채점 시 적절하게 반영하는 것이 좋다. "20단어 이내로 쓸 것," "특정 단어를 활용하여 문장을 작성할 것," "주어진 자료를 언급할 것" 등 제약을 둔 경우에는 이것이 직접적인 평가 요소가 아닐지라도 학생이 이를 준수하였는가를 채점 기준에 포함하는 것이 공정성을 높이는 방향이 된다.

2) 문항 제작 절차

가. 성취기준 확인하기

성취기준의 확인은 학기 초 진도 계획과 평가 계획 수립에서 반드시 해야 하는 일이다. 평가는 기본적으로 성취기준에 도달했는가를 점검하는 일이기 때문에 이를 확인하는 것은 사소해 보일지도 모르나 평가의 중요한 출발점이다.

나. 평가 요소 선정하기

평가 요소 선정은 성취기준을 충족했는가를 확인할 수 있는 과제를 찾는 일이다. 성취기준은 매우 일반적인 내용으로 진술되어 있기 때문에 평가 요소 선정은 이를 평가 장면에 맞게 구체화하는 작업이라고 생각해도 좋다. 예를 들어 성취기준이 "일상생활이나 친숙한 사물에 대해 말할 수 있다"라면, 평가 요소는 '자신이 소중히 여기는 물건 묘사하기,' '자신이 키워 본 반려동물 소개하기' 등으로 구체화할 수 있다. 즉, '일상생활이나 친숙한 사물'을 '자신이 소중히 여기는 물건,' '자신이 키워 본 반려동물'로 구체화하고, "말할 수 있다"를 '소개하기,' '묘사하기' 등의 더욱 구체적인 언어로 다듬어내는 일이다.

다. 문제 상황 구안하기

예시로 든 2.4.1절의 첫 번째 문항은 20년 후의 자신에게 보내는 타임캡슐에 넣을 편지를 쓰는 것이다. '자신에게 편지 쓰기'가 평가 요소라면 이때의 문제 상황은 "20년 후의 자신에게 보낼 타임캡슐에 넣을 편지를 쓰는 것"이 될 것이다. "You have a new classmate from a different country. How would you help him/her?"의 경우라면 "학급에 전입해 온 외국에서 온 친구가 있고 그 친구를 도와야 하는 것"이 문제 상황이 될 것이다. 문항의 문제 상황은 실제와 유사한 상황을 제시함으로써 학생이 자신의 의견을 피력하여 문제를 해결할 수 있도록 설계한다.

라. 문항 제작하기

문항 제작은 이제까지의 아이디어를 언어로 정돈하여 작성하고 학생들에게 제시될 문항지, 답안지 등을 제작하는 과정이다. 최종적으로 학생들이 평가 상황에서 접하는 것은 문항 자체이므로 이해하기 쉽고 오류가 없는 문항이 제작되도록 해야 할 것이다.

📝 논술형 평가 문항 제작 체크리스트

✓ 교육과정의 성취기준에 부합하는가?
✓ 평가 요소는 목표한 의사소통 능력을 측정하기에 적합한가?
✓ 문제 상황은 학생의 지적, 정서적 수준에 맞는 내용으로 구성하였는가?
✓ 학생이 무엇을 해내야 할 것인지 명확하게 설명되었는가?
✓ 학생으로 하여금 여러 문제 중 하나를 고르게 하는 방식으로 출제하지는 않았는가?
✓ 답안을 구성할 시간이 충분히 제공되는가?

마. 채점 기준 마련하기

채점 기준은 문항 제작과 함께 고려되어야 할 부분으로, 문항이 완성되었을 때 채점 기준의 초안도 마련되어야 한다(White, 1994). 논술형의 경우 학생의 답이 매우 다양하게 나타나므로, 채점을 염두에 둔 답안 작성의 조건을 두는 것이 일반적이다. 글의 형식과 분량, 반드시 포함해야 할 내용이나 언어 형식 등이 문항에 조건으로 명시되었다면 이 부분은 채점 기준에도 반드시 포함되어야 한다.

바. 검토하기

문항 검토는 말 그대로 완성된 문항을 점검하는 일이다. 문항 검토는 동료와 함께 하는 것이 좋다. 여러 사람의 시각에서 검토해야 다양한 각도에서 문항을 판단할 수 있고, 불분명한 부분을 고치고 오류를 줄여 문항의 완성도를 높일 수 있기 때문이다. 영어 교사가 한 명인 경우 타 교과 교사와 상의하여도 좋을 것이다. 다른 교과라 하더라도 평가를 잘 아는 교사라면 의미 있는 조언을 해줄 수 있다.

사. 인쇄 등 평가 시행 준비하기

문항 검토가 끝나면 평가를 시행할 준비를 한다. 문항지와 답안지는 인쇄 후 잘 보관하여 혹시라도 공정성을 해칠 여지가 생기지 않도록 한다. 대개의 경우 학교에서 논술형 평가로 수행평가를 실시할 때 학습의 과정에서 평가를 함께 시행하거나, 평가 전 이에 대한 사전 준비 단계를 거치므로 갑작스레 시험을 보거나 학생에게 낯선 문제를 내밀게 되는 경우는 흔치 않다. 그럼에도 문항지와 답안지는 학생들 누구에게도 유리하거나 불리하게 작용하지 않도록 철저히 관리해야 한다.

이제까지 논술형 평가 문항 제작 절차를 정리해보았다. 많은 경우 문항 제작만을 생각하느라 전후 단계를 소홀히 하기 쉽다. 그러나 좋은 논술형 평가 문항 개발을 위해 문항 제작의 전후 단계에 충실해야 한다. 다음으로, 논술형 평가 문항 제작만큼이나 중요한 채점에 대해 살펴보자.

2.4.4 논술형 평가 문항의 채점 원리 및 절차

1) 채점 원리

논술형 평가는 답안 분량이 긴 만큼 다른 서답형 평가에 비해 채점 단계에서 많은 에너지가 필요하다. 교사는 학생의 답안을 하나하나 체크하며 마지막까지 평가의 신뢰도를 확보하기 위한 노력을 기울여야 한다. 채점자 간 신뢰도를 높이기 위해 동료 교사와 계속해서 협력해야 하는 수고도 든다. 잘된 평가는 문항 출제뿐 아니라 채점과 그 이후까지 모든 과정이 잘 이뤄진 평가이다. 성공적인 논술형 평가를 위해 고려해야 할 채점 원리를 짚어보자.

가. 평가 요소를 고려하여 채점하기

문항 제작 단계에서 선정한 평가 요소는 채점에서 가장 중요하게 고려되어야 한다. 평가 요소는 논술형 평가가 무엇을 측정하기 위한 것인지를 말해주므로 바로 그 내용이 점수화되어 드러나야 채점이 제대로 되었다고 할 수 있다. 또한 문항에서 주어진 조건들은 평가 요소에서 필연적으로 반영되어야 하는 내용은 아닐지라도 채점 시 적절히 반영되어야만 공정한 채점이 이뤄졌다고 할 수 있다.

나. 채점 기준에 따라 채점하기

채점 기준 개발에 앞서 채점의 두 가지 유형을 알아보자. 채점 방식에는 크게 총괄적 채점과 분석적 채점이 있다. 총괄적 채점은 내용, 언어 사용, 구성, 어휘 등을 총괄적으로 판단하여 단일 점수를 부여하는 방식이다. 비교적 빠른 속도로 채점할 수 있다는 장점이 있으나 하위 영역을 구분하지 않고 채점하므로 학생의 강점과 약점을 파악하기 어렵다. 분석적 채점은 내용, 언어 사용, 구성, 어휘, 기술적 세부 사항 등의 하위 영역을 두어 영역별로 채점하는 방식이다. 분석적 채점은 각 하위 영역별로 학생의 답안에 대해 더욱 상세한 정보를 파악하는데 있어 유리하며, 그에 따라 개별적 차원에서 피드백을 제공하기 용이하다. 여럿이 채점하는 경우 채점자 훈련에도 유용한 방법이 된다. 다만 총괄적 채점에 비해 시간이 많이 소요된다는 단점이 있다(이상기 외, 2017; Brown, 2007; Jacobs et al., 1981).

어떠한 채점 방식을 택하든 평가 요소를 고려한 객관적이고 신뢰도 높은 채점이 이뤄지는 것이 중요하다. 이 책에서의 예시들은 현재 중, 고등학교에서 주로 채택하고 있는 분석적 채점 방식을 따랐다. 학교 상황에서 분석적 채점이 널리 쓰이는 것은 평가의 환류 효과 때문이라고 할 수 있다. 학교에서의 평가는 성적 산출에서 끝나는 것이 아니라 학생이 자신의 강점과 약점을 알고 이후 학습에 반영할 수 있도록 피드백을 제공하는 과정 또한 중요하기 때문이다.

다. 채점 오류를 최소화하기

우선 채점 오류가 발생하는 주요 원인을 파악하고 이를 최소화할 방안을 생각해보자. 일반적으로 발생하는 채점 오류의 원인은 크게 세 가지로 정리된다.

● 예상을 넘어서는 다양한 답안

채점 오류의 발생 원인의 첫 번째로 학생의 다양한 답안을 꼽을 수 있다. 학생들의 다양한 표현 방식, 철자, 부정확한 품사 사용 등은 채점자가 부분 점수를 부여하기 위한 기준을 미리 면밀히 마련하였다 하더라도 언제나 예상을 뛰어넘는 수준의 다양한 양상을 보여준다. 그래서 어떻게 점수를 부여하면 좋을지 고민에 빠지게 되는 일이 빈번하다. 학생의 답안은 교사가 통제할 수 있는 범위가 아니라는 점에서 해결책도 마땅히 없다. 다만 문항을 더욱 명료하게 하고 다양한 내용의 답안에 대해서 일관되면서도 구체적인 기준을 가지고 채점에 임하는 것이 최선이다.

● 모호한 발문

둘째로 문항의 발문이 모호한 경우이다. 발문이 모호하면 학생들이 각기 다른 방식으로 발문을 이해하고 답안을 작성하기 때문에 그만큼 응답을 통제하기 어렵다. 모호한 발문을 피하기 위해 다양한 각도에서의 문항 검토가 필요하며, 채점 기준 마련 및 예상 답안 작성 등의 과정에서도 만전을 기해야 할 일이다.

● 채점자 특성

마지막으로 채점자 요인이 있다. 채점 기준을 해석하는 방식에 차이가 있다면 동일한 답안에 대해서 서로 다른 점수를 부여하게 되고 채점자 간 신뢰도는 그만큼 낮아지게 된다. 채점자 특성으로는 전문성을 지녔는지 여부, 엄격성에 따른 차이, 중심 경향, 후광 효과, 편파성 등을 들 수 있다. 전문성은 과제의 내용과 형태에 관하여 얼마나 전문적인 지식을 갖추고 있는가, 채점 기준에 대하여 정확하게 이해하고 있는가, 그리고 풍부한 채점 경험을 가지고 있는가에 대한 것이다. 엄격성은 채점자가 얼마나 엄격한 잣대로 채점하는가와 관련이 있다. 엄격함의 차이는 동일한 답안에 대해 높거나 낮은 점수를 주는 결과를 낳게 되어 채점의 오류를 야기할 수 있다. 중심 경향은 이와 반대로 채점자가 높거나 낮은 점수를 피하고 중간 점수를 주려는 경향을 의미한다. 이 경우 채점 오류로 인해 변별도가 낮아지게 된다. 후광 효과는 답안의 전체적인 인상이 채점에 영향을 주는 경향을 말한다. 예를 들어, 답안이 깨끗하고 글씨가 반듯하면 더 좋은 점수를, 글씨가 반듯하지 않으면 낮은 점수를 주는 경향성이 있을 수 있다. 편파성은 어느 한쪽에 치우쳐 채점하는 경향을 말한다. 논술형 평가에서는 학생의 견해가 답안에 드러나므로 특정 방향으로 작성할 때 채점자의 견해, 가치관 등이 영향을 미쳐 점수를 후하게 주거나 덜 주게 되는 경우가 생길 수 있다(주미진, 2014).

채점자 요인은 훈련과 경험에 의해 상당히 개선될 수 있다. 그래서 평가 관련 교사 연수 등 여러 가지 노력이 필요한 것이다. 또한 채점 장면에서 채점자 간 관점을 공유하기 위한 협의도 필수적이다.

라. 채점의 신뢰도 제고하기

채점의 신뢰도를 높이는 것이 논술형 평가의 신뢰도를 높이는 데 있어 핵심이 된다. 앞서 살펴본 채점 오류의 원인들을 염두에 두고, 채점 오류를 최소화하기 위한 방법들을 생각해보자.

● 답안지를 먼저 읽어보기

채점에 앞서 답안지를 먼저 읽고 답안의 전반적인 경향을 파악해야 한다. 모두 다 읽기가 어렵다면 일단 한두 학급의 답안지를 읽어보도록 하자. 이렇게 먼저 읽어보는 것은 시간 낭비가 아니다. 채점 기준에서 수정이나 세분화가 필요한 부분이 혹시 있다면 이를 보완할 수 있는 기회가 되기 때문이다.

● 문항별 채점으로 효율성 높이기

문항이 하나인 경우에는 해당하지 않으나, 문항이 복수라면 답안지별로 채점하기보다는 문항별로 채점하는 편이 낫다. 채점자가 일관성을 유지하며 채점하기에 좋고 채점 시간도 단축되기 때문이다. 혼자서 모든 학생의 답안을 전부 채점해야 하는 경우에도 문항별로 채점하는 편이 집중을 유지하여 오류를 줄이는 데 도움이 된다.

● 여럿이 함께 채점하기

혼자 채점을 하는 것보다는 다수의 채점자가 함께 채점하는 것이 채점의 신뢰도 확보에 도움이 된다. 같은 학년을 가르치는 동료 교사가 있다면 각각 답안에 대해 두 번 점수를 매기고 일치하지 않는 답안의 경우에만 협의하여 점수를 확정하는 방법을 취함으로써 채점의 신뢰도를 제고할 수 있다.

● 채점자 간의 관점 공유하기

채점자가 여럿인 경우, 학생들의 다양한 응답에 대해 채점자들 간 일정한 관점을 가질 수 있도록 의견을 공유하는 과정이 반드시 필요하다. 한자리에 모여 채점할 수 있다면 그때그때 문제가 되는 답안을 놓고 협의할 수 있으므로 관점 공유에 유리하다. 채점 초반에 이렇게 작업을 하면 채점 기준이 더욱 명확해지고 서로 일치된 기준을 갖게 되어 채점이 수월해짐을 느낄 수 있을 것이다. 만일 상황이 여의치 않는다면 샘플 채점을 통해 채점 기준을 일치시키고, 그에 벗어나는 새로운 답안을 만날 때에는 포스트잇 등으로 표시하여 추후 협의를 하는 것이 좋다. 어떤 경우든 임의로 점수를 부여하는 일만큼은 피해야 한다.

● 띄어쓰기, 철자법, 구두점에 대한 채점 기준 통일하기

다음으로, 필체, 띄어쓰기, 철자법 등의 요소들에 대해 어떠한 기준으로 채점에 반영할지를 결정해야 한다. 악필이라고 하여 점수를 낮게 받는 것은 합리적이지 않으나 식별 불가능한 글씨에 대해서는 점수를 주기가 어려울 수 있다. 또한 띄어쓰기와 철자법, 구두점 사용 등에 대해서도 채점 기준에 미리 충분히 명시하여야 공정한 채점이 될 수 있다. 한편, 관련한 내용들은 반드시 평가에 앞서 학생들에게 미리 고지가 이뤄져야 한다.

● 쉬어가며 채점하기

채점자는 컴퓨터가 아니다. 채점자가 정신적, 육체적 피로 속에서 장시간 채점을 할 경우 권태와 피로감을 느끼기 쉽다. 그러므로 채점 분량을 적절히 나누어 채점하는 것이 좋고, 중간중간 쉬어가며 정신적으로나 육체적으로 소진되지 않도록 하는 것이 중요하다. 이를 위해 미리 계획을 세워 분량을 나누고 가급적 일찍 채점 업무를 시작하는 것이 좋은 방법이 될 수 있다.

2) 채점 절차

가. 샘플 채점 및 채점 기준 보완

함께 채점할 동료 교사가 있다면 일단 한두 학급 분량의 답안을 채점하여 서로의 관점을 비교하고 조율한다. 채점 기준안이 구체적이라고 해도 더 세부적인 내용에 대해 판단이 필요한 경우가 많으므로 초반에 샘플 채점을 통한 조율은 필수적이다. 혼자서 채점을 해야 하는 경우에도 초반에는 한두 학급의 답안을 채점해보고 채점 기준안을 조정한 뒤 일관되게 적용하며 채점하는 과정이 필요하다.

나. 1차 채점과 협의

채점할 전체 분량을 1차적으로 채점하고 나면 협의의 시간이 필요하다. 샘플 채점 이후 발생한 논의 사항에 대해 조정이 필요할 수 있기 때문이다.

다. 2차 채점과 점수 부여

채점한 답안을 바꾸어 2차 채점을 실시한다. 여전히 힘들지만 아무래도 1차 채점보다는 속도가 빠를 것이다. 그리고 간혹 점수가 수정되어야 할 부분이 발생하기도 한다. 그런 경우 협의를 통해 최종 점수를 결정하면 된다. 교사가 이렇게 답안지와 씨름한다는 것을 누가 알겠는가.

라. 학생에게 고지

학생에게 점수를 알려주고 피드백을 제공하는 시간이다. 혹시 학생들 가운데 자신이 받은 점수에 수긍하지 못하는 경우가 있을 수 있다. 이때 채점 기준이 명확하다면 교사는 부여된 점수에 대하여 타당한 근거를 들어 학생을 충분히 납득시킬 수 있다. 학생들에게 답안을 작성하느라 애썼다는 격려와 함께 열심히 한 부분, 잘한 부분에 대해 칭찬을 해주자. 그리고 반복적인 실수가 일어난 부분에 대해서도 반드시 짚어주자. 학생들은 이런 과정에서 논술형 평가를 통해 배웠다고 느낄 것이다.

마. 점수 반영과 기록

마지막으로 점검한 점수는 성적에 반영한다. 논술형 평가를 수행평가로 실시한 경우에는 학교생활기록부의 과목별세부능력 및 특기사항에도 해당 활동을 기록할 수 있다. 점수 자체뿐 아니라 다양한 활동 중 보인 학생의 특성을 기술하는 것이 점점 중요하게 여겨지고 있다. 점수 산출에 그치지 않고 학생의 활동에 대한 의미 있는 질적 기록이 이뤄져야 평가의 모든 과정이 완료되었다고 말할 수 있다.

 논술형 평가 문항 채점 체크리스트

✓ 채점 기준은 명확하고 세부적인가?

✓ 부분 점수 부여 방안은 합리적인가?

✓ 띄어쓰기, 철자법, 구두점에 대한 채점 기준이 마련되어 있는가?

✓ 채점자 간 견해가 다른 부분은 없는가?

✓ 학생에게 점수를 고지한 후 적절한 피드백을 제공하였는가?

✓ 평가의 과정에서 학생이 활동 중 보인 특징을 관찰하고 기록하였는가?

2.4.5 논술형 평가 문항의 유형

1) 자신의 경험 쓰기

[문항 예시 1]

평가 요소	전통시장에 다녀온 경험 소개하기				
학교급	중학교	난이도	중	배점	12
출제 의도	전통시장의 특징을 묘사하는 표현들을 활용하여 자신이 다녀온 전통시장을 소개하는 짧은 글을 쓸 수 있는지 평가한다.				
교육과정상 근거	[성취기준] [9영02−01] 주변의 사람, 사물, 또는 장소를 묘사할 수 있다. [9영04−05] 자신이나 주변 사람, 일상생활에 관해 짧고 간단한 글을 쓸 수 있다.				
제작 기초 자료	2015 개정 교육과정 중학교 영어1, 금성출판사, p. 43				

• 자신이 다녀온 전통시장을 소개하는 글을 다음 내용을 포함하여 쓰시오. (60~80 단어)

- the location of the traditional market
- things to buy at the market
- special things about the market

Visiting a Traditional Market

_____

_____

_____

_____

_____

_____

_____

_____

_____

_____

[채점 기준안]

예시 답안	I visited the Moran traditional market. It is located in Sungnam-si. It was very crowded there, and people were busy selling and buying lots of things. I went there with my family. We bought some potatoes, beans, and apples. We bought them all at a good price. One interesting thing is that you can find pet animals like birds, too. The market is not open every day. It is open every 4th and 9th day only.	
채점 요소	채점 기준	
	척도	척도별 수행 특성
과제의 완성도	4	제시된 요건을 모두 충족하여 과제를 완성함
	3	제시된 요건을 대부분 충족하여 과제를 완성함
	2	제시된 요건을 일부 충족하여 과제를 완성함
	1	제시된 요건을 전혀 충족하지 못함
내용의 적절성	4	전통시장에 다녀온 경험을 구체적으로 소개함
	3	전통시장에 다녀온 경험을 비교적 구체적으로 소개함
	2	전통시장에 다녀온 경험 소개가 미흡하나 의미는 전달됨
	1	내용의 관련성이 적거나 내용 전개가 미흡함
언어 사용의 정확성	4	어휘와 어법의 사용이 정확함
	3	어휘와 어법의 사용이 의미 전달에 지장을 주지 않으나 약간의 오류가 있음
	2	어휘와 어법의 사용에 다소 오류가 있으나 의미는 전달됨
	1	어휘와 어법의 사용에 많은 오류가 있어 의미 전달이 어려움

Tip 1 전통시장에 관련된 주요 어휘와 구문을 수업 시간에 다루어 친숙해질 수 있도록 한다.

Tip 2 과거형 동사를 학습한 중1 중반 정도 학생들에게 적절한 과제이며, 수업과 연계될 수 있도록 계획한다.

[문항 예시 2]

평가 요소	가장 좋아하는 노래 소개하기				
학교급	고등학교	난이도	하	배점	10
출제 의도	자신이 가장 좋아하는 노래를 소개하고 노래에 대한 자신의 감정을 표현할 수 있는지 평가한다.				
교육과정상 근거	**[성취기준]** [10영04-03] 일상생활이나 친숙한 일반적 주제에 관해 자신의 의견이나 감정을 쓸 수 있다.				
제작 기초 자료	2015 개정 교육과정 고등학교 영어, 지학사, pp. 66-67				

● 자신이 가장 좋아하는 노래를 소개하는 글을 다음 내용을 포함하여 쓰시오. (80~100 단어)

- the title and singers of the song
- what the song is about
- how you feel when you listen to the song

My Favorite Song: _____

Today, I'd like to introduce _____ by _____.

_____

_____

_____

_____

_____

_____

_____

_____

_____

[채점 기준안]

예시 답안	I'd like to introduce "L–O–V–E" by Natalie Cole. This is definitely my favorite song. The song was originally released in 1965 by an American singer and jazz pianist Nat King Cole. The lyrics of the song is quite fun. It is actually a piece of acrostic poem. What I love most about the song is the melody. It makes me emotional and reminds me of the memories of my sister's wedding. On her wedding, I sang this beautiful song with my cousin and it made everyone happy. As such, this song is special to me.

채점 요소	채점 기준	
	척도	척도별 수행 특성
과제의 완성도	4	제시된 요건을 모두 충족하여 과제를 완성함
	3	제시된 요건을 대부분 충족하여 과제를 완성함
	2	제시된 요건을 일부 충족하여 과제를 완성함
	1	제시된 요건을 전혀 충족하지 못함
내용의 적절성	3	자신이 가장 좋아하는 노래를 구체적으로 소개함
	2	자신이 가장 좋아하는 노래를 비교적 구체적으로 소개함
	1	자신이 가장 좋아하는 노래에 대한 소개가 미흡함
언어 사용의 정확성	3	어휘와 어법의 사용이 정확함
	2	어휘와 어법의 사용에 부분적으로 오류가 있음
	1	어휘와 어법의 사용에 다소 오류가 있어 의미 전달이 어려움

Tip 1 ▶ 좋아하는 노래에 관해 조사할 시간을 주어 정보 전달 부분에서는 정확한 내용을 작성할 수 있도록 한다.

Tip 2 ▶ 작성한 내용을 바탕으로 말하기 형식의 논술형 평가를 실시하는 것도 가능하다.

자신의 경험을 쓰는 것은 일상생활, 주변의 사람, 사물, 장소 등 친숙한 일반적 주제를 다루는 중, 고등학교의 영어과 교육과정에서 가장 먼저 생각해 볼 수 있는 과제이다. [문항 예시 1]은 중학교 1학년 중반 정도에 과거형 동사를 배운 후 이뤄지면 적절한 수준의 과제이다. 학생들이 두루 경험했음직한 '전통시장'이라는 소재를 활용하여 자신이 경험해본 전통시장에 대해 조사한 후 이를 바탕으로 한 문단 분량의 글을 쓰도록 하였다. [문항 예시 2]는 고등학교 1학년에 적합한 과제로 자신이 가장 좋아하는 노래에 관한 정보를 찾고, 그 노래를 들었을 때의 자신의 감정 등을 표현하여 한 문단의 글을 쓰게 하였다. 그리고 두 예시 문항 모두 내용을 어느 정도 통제하고 있는데, 이는 해당 평가에서 의도하는 방향으로 학생들이 답안을 작성하도록 유도하기 위함이며 채점 시 '과제의 완성도'에서 이러한 측면이 고려되어야 한다. 답안의 방향이 주어지지 않으면 채점 기준을 세우기 어렵다.

이 밖에도 '자신의 봉사활동 경험 쓰기,' '자신이 다녀온 여행 장소에 대한 일기 쓰기,' '자신의 미래 직업 소개하기' 등 자신과 관련된 평가 과제, '존경하는 인물 소개하기,' '반려동물을 돌본 경험 쓰기' 등 무한히 많은 일상생활에서의 경험을 표현하는 것이 논술형 평가의 과제로 주어질 수 있다.

2) 실용문 쓰기

[문항 예시 1]

평가 요소	자신을 소개하는 신문 기사 쓰기				
학교급	중학교	난이도	하	배점	10
출제 의도	자신을 3인칭으로 표현하여 자신을 소개하는 신문 기사를 쓰도록 한다. 이를 통해 자신에 대한 객관적인 내용들을 현재형 동사를 사용하여 표현할 수 있는지 평가한다.				
교육과정상 근거	**[성취기준]** [9영04-05] 자신이나 주변 사람, 일상생활에 관해 짧고 간단한 글을 쓸 수 있다. [9영04-06] 간단한 초대, 감사, 축하, 위로, 일기, 편지 등의 글을 쓸 수 있다.				
제작 기초 자료	2015 개정 교육과정 중학교 영어1, 금성출판사, pp. 17-18.				

• 주어진 조건에 맞게 자신을 소개하는 학교 신문 기사를 작성하시오.

·• 조건 •·

1. 자신을 3인칭으로 표현할 것
2. 이름, 생일, 성격, 잘하는 것, 좋아하는 것에 관한 정보를 포함할 것
3. 8문장 이상으로 작성할 것

_____

_____

_____

_____

_____

_____

_____

_____

_____

[채점 기준안]

예시 답안	Minji Kim is a 13-year-old student at Daehan Middle School. Her birthday is the 24th of August. She is good at basketball. She enjoys playing basketball on the basketball court after school. Her favorite subject is P.E. She wants to be a P.E. teacher in the future. Minji Kim is kind to everyone. Do you want to be friends with her?	
채점 요소	채점 기준	
	척도	척도별 수행 특성
과제의 완성도	4	제시된 요건을 모두 충족하여 과제를 완성함
	3	제시된 요건을 대부분 충족하여 과제를 완성함
	2	제시된 요건을 일부 충족하여 과제를 완성함
	1	제시된 요건을 전혀 충족하지 못함
내용의 적절성	3	자신을 객관화하여 구체적으로 소개함
	2	자신을 객관화하여 비교적 구체적으로 소개함
	1	내용의 관련성이 적거나 내용 전개가 미흡함
언어 사용의 정확성	3	어휘와 어법의 사용이 정확함
	2	어휘와 어법의 사용에서 부분적으로 오류가 있음
	1	어휘와 어법의 사용에 오류가 상당하여 의미 전달이 어려움

Tip 1 ▶ 현재형 동사의 3인칭을 배우는 중학교 1학년 1학기에 적합한 과제이며, 3인칭 동사의 사용을 충분히 연습하고 평가를 실시하도록 한다.

Tip 2 ▶ 자신의 사진을 붙이고 신문 기사의 양식에 작성하여 전시하면 학생들이 서로의 글을 읽으며 배울 수 있어 평가의 환류 효과를 더욱 높일 수 있다.

Tip 3 ▶ 짝이나 모둠원 등으로 자신이 아닌 주변 인물에 관한 정보를 조사하고 신문 기사를 작성하게 하여도 좋다.

[문항 예시 2]

평가 요소	30세가 된 미래의 자신에게 보내는 편지 쓰기				
학교급	고등학교	난이도	중	배점	12
출제 의도	30세가 된 자신의 모습을 상상해보고 편지글의 형식에 맞게 한 편의 편지를 쓸 수 있는지 평가한다.				
교육과정상 근거	**[성취기준]** [10영04-03] 일상생활이나 친숙한 일반적 주제에 관해 자신의 의견이나 감정을 쓸 수 있다. [10영04-05] 간단한 서식, 이메일, 메모 등을 작성할 수 있다.				
제작 기초 자료	2015 개정 교육과정 고등학교 영어, 지학사, pp. 26-27				

- 30세가 된 미래의 자신에게 보내는 편지를 다음 내용을 포함하여 쓰시오. (100~120 단어)

  - your future dream
  - your personality
  - things that make you stressed out and how to relieve your stress

Dear my 30-year-old future self,

_____

_____

_____

_____

_____

_____

_____

_____

_____

[채점 기준안]

예시 답안	Dear my 30-old-year future self, Hi! Do you remember your high school days? When you were in the first year, you were quite energetic and you wanted to become a cartoonist in the future. Also, you were interested in science, especially biology. You enjoyed your high school life, but I remember you felt stressed out about studying math. You drew cartoons and you read comic books to relieve your stress. I suggest that you take a walk on a regular basis. Regular exercise will help you feel refreshed so you can better focus on your work. I hope that you will have achieved your dream when you are 30. I'll keep my fingers crossed! Best wishes, Sumin

채점 요소	채점 기준	
	척도	척도별 수행 특성
과제의 완성도	4	제시된 요건을 모두 충족하여 과제를 완성함
	3	제시된 요건을 대부분 충족하여 과제를 완성함
	2	제시된 요건을 일부 충족하여 과제를 완성함
	1	제시된 요건을 전혀 충족하지 못함
내용의 적절성	4	미래의 자신에게 보내는 편지를 충실하게 작성함
	3	미래의 자신에게 보내는 편지를 비교적 충실하게 작성함
	2	미래의 자신에게 보내는 편지 내용이 다소 미흡하나 의미는 전달됨
	1	내용의 관련성이 적거나 불충분함
언어 사용의 정확성	4	어휘와 어법의 사용이 정확함
	3	어휘와 어법의 사용이 의미 전달에 지장을 주지 않으나 약간의 오류가 있음
	2	어휘와 어법의 사용에 다소 오류가 있으나 의미는 전달됨
	1	어휘와 어법의 사용에 많은 오류가 있어 의미 전달이 어려움

Tip 1 ▶ 편지글의 형식을 숙지할 수 있도록 한다.

Tip 2 ▶ 미래완료를 학습한 고1 학생들에게 부여하기에 적합한 과제이며, 문항에서 "will have p.p." 형식을 사용할 것을 조건으로 제시할 수도 있다.

편지, 이메일, 초대장, 광고문, 신문 기사 등 실용문은 장르의 특성에 맞게 글을 쓰도록 하는 것이 중요하다. [문항 예시 1]에서는 중학생을 대상으로 학교 신문에 실을 기사를 작성하도록 하였다. 이때 자신을 3인칭으로 표현하여 여러 정보를 제시하도록 하였다. 신문 기사이므로 감정을 표현하거나 많은 수식을 하지 않고 객관적인 정보를 전달하는 글을 써야 한다. [문항 예시 2]는 고등학생 1학년 학생들에게 적합한 과제로 미래의 자신에게 편지를 쓰도록 하였다. 편지글이라면 내용이 무궁무진할 수 있으므로 조건을 통해 이를 통제한 것을 살펴볼 수 있다. 또한 편지글이라면 영문 편지의 첫인사, 내용, 끝맺음, 서명의 형식을 지키도록 하고, 이러한 흐름이 지켜졌는가를 채점에도 반영할 필요가 있다. 실용문 쓰기 논술형 평가에서는 특히 학생들이 장르의 특성을 명확히 파악할 수 있도록 평가 준비 과정에서 관련 내용을 충분히 학습한 후에 평가를 실시하도록 한다.

3) 자료 설명 및 해석하기

[문항 예시 1]

평가 요소	그림을 묘사하는 글쓰기				
학교급	중학교	난이도	중	배점	10
출제 의도	주어진 그림을 보고 장면을 묘사하는 글을 쓸 수 있는지 평가한다.				
교육과정상 근거	[성취기준] [9영04-03] 일상 생활에 관한 그림, 사진, 또는 도표 등을 설명하는 문장을 쓸 수 있다. [9영04-05] 자신이나 주변 사람, 일상생활에 관해 짧고 간단한 글을 쓸 수 있다.				
제작 기초 자료	2015 개정 교육과정 중학교 영어 3, 지학사, p. 152				

- Describe the people and animals in the picture. (8문장 이상)

· 조건 ·

1. 사진 속 장면을 세 군데 이상 묘사하시오.
2. '명사+현재분사구' 구문을 두 번 이상 사용하시오.

This picture was taken at the Riverside Park last Saturday. _____

_____

_____

_____

_____

_____

_____

[채점 기준안]

채점 요소		
예시 답안	This picture was taken at the Riverside Park last Saturday. In the picture, I can see my neighbors. The girl walking a dog is Suji. Her dog looks very excited. The girl having lunch on the grass is Julie. She often brings food to this park on the weekend. The boy dancing on the stage is Taejun. And the two girls clapping their hands to the music are my classmates. Some people taking a walk around the park stop for a while and watch the river. Everyone enjoys their leisure time and the beautiful autumn weather.	

채점 요소	채점 기준	
	척도	척도별 수행 특성
과제의 완성도	4	제시된 요건을 모두 충족하여 과제를 완성함
	3	제시된 요건을 대부분 충족하여 과제를 완성함
	2	제시된 요건을 일부 충족하여 과제를 완성함
	1	제시된 요건을 전혀 충족하지 못함
내용의 적절성	3	그림 속 장면을 구체적으로 묘사함
	2	그림 속 장면을 대략적으로 묘사함
	1	그림 속 장면과 다른 내용을 묘사함
언어 사용의 정확성	3	어휘와 어법의 사용이 정확함
	2	어휘와 어법의 사용에서 부분적으로 오류가 있음
	1	어휘와 어법의 사용에 오류가 상당하여 의미 전달이 어려움

Tip 1 ▶ 학생이 그림을 관찰하고 상상을 더하여 장면을 묘사하도록 한다.

Tip 2 ▶ 그림을 선정할 때는 그림이 보여주는 장면이 명확하고 구체적인 것, 학생의 눈높이에 맞고 흥미로운 것이 좋으며 학생들이 배운 어휘와 구문을 활용하여 해당 그림을 묘사할 수 있는지 확인해야 한다.

[문항 예시 2]

평가 요소	색깔에 관한 도표 설명하기				
학교급	고등학교	난이도	중	배점	10
출제 의도	학급 학생들이 선호하는 반티 색깔을 조사한 도표를 보고 그 내용을 설명하는 글을 쓸 수 있는지 평가한다.				
교육과정상 근거	[성취기준] [10영04-06] 일상생활이나 친숙한 일반적 주제에 관한 그림, 도표 등을 설명하는 글을 쓸 수 있다.				
제작 기초 자료	2015 개정 교육과정 고등학교 영어, 지학사 pp. 46–47				

● Describe the pie chart including the following information:

- the most preferred color
- the second most preferred color
- the least preferred color

● Write 100 to 120 words in total.

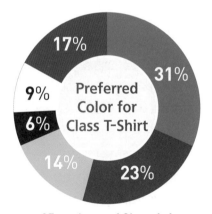

35 students of Class 1-1

This pie chart is about _____

_____

_____

_____

_____

_____

_____

_____

_____

_____

[채점 기준안]

예시 답안	This pie chart is about students' color preference for their class T-shirt. Thirty-five students of Class 1−1 were asked what color they liked for their class T-shirt. As shown on the pie chart, the majority number of students responded blue as their preferred color at 31%. Secondly, red is ranked as the second most preferred at 23%. In addition, 17% of the students chose purple, while 14% of the students answered they preferred green. White and black were the least preferred colors at 9% and 6%, respectively. To conclude, we can say that blue color will be chosen for the class T-shirt in Class 1−1.	
채점 요소	채점 기준	
	척도	척도별 수행 특성
과제의 완성도	4	제시된 요건을 모두 충족하여 과제를 완성함
	3	제시된 요건을 대부분 충족하여 과제를 완성함
	2	제시된 요건을 일부 충족하여 과제를 완성함
	1	제시된 요건을 전혀 충족하지 못함
내용의 적절성	3	도표의 내용을 정확하고 충실하게 작성함
	2	도표의 내용을 비교적 정확하고 충실하게 작성함
	1	도표의 내용을 잘못 해석했거나 불충분함
언어 사용의 정확성	3	어휘와 어법의 사용이 정확함
	2	어휘와 어법의 사용에 약간의 오류가 있음
	1	어휘와 어법의 사용에 많은 오류가 있어 의미 전달이 어려움

Tip 1 도표 내용을 전달할 때 제목과 응답 대상 등 내용에 대한 설명을 먼저 하며, 가장 많은 비율을 차지하는 내용부터 차례로 기술하는 것이 바람직하다는 기본적인 사항을 알려주도록 한다.

Tip 2 내용을 열거할 때 쓰는 연결어(e.g., above all, secondly, lastly), 요약할 때 쓰는 연결어(e.g., in short, in brief, briefly, in summary) 등을 학생들이 학습하고 평가 시에도 활용할 수 있게 한다.

자료 설명 및 해석하기 유형에서는 그림, 도표, 인포그래픽 자료 등을 제시하고 주로 그림을 자세히 묘사하거나 도표의 정보를 세부적으로 파악하여 기술하는 정도를 평가하고자 한다. [문항 예시 1]에서는 중학교 3학년 학생들을 대상으로, 주어진 언어 형식을 이용하여 그림 속 장면을 묘사하게 하여 자료 활용과 언어 사용을 균형 있게 평가하고자 하였다. 언어 형식에서 명사를 수식하는 현재분사구를 활용한 문장을 쓰도록 제시하여 학생들의 언어 사용을 조건으로 다뤄 평가하고자 하였다. [문항 예시 2]에서는 고등학생을 대상으로 도표를 보고 조건에서 제시한 세 가지의 세부적인 내용을 파악하여 기술하도록 하였다. 도표의 내용이 적절한 흐름으로 정확하게 설명되었는가가 중요하다.

4) 문제에 대한 해결 방안 쓰기

[문항 예시 1]

평가 요소	외국에서 온 친구를 도와줄 방법에 대한 자신의 의견 쓰기			
학교급	중학교	난이도	상	배점	10
출제 의도	다문화 교육과 관련이 있는 그림책을 읽고 주어진 질문에 대한 자신의 의견을 정리하여 글로 표현할 수 있는지 평가한다.			
교육과정상 근거	**[성취기준]** [9영04-05] 자신이나 주변 사람, 일상생활에 관해 짧고 간단한 글을 쓸 수 있다.			
제작 기초 자료	Recorvits, H. (2003). *My name is Yoon*. New York: Macmillan Publishing Group.			

- If you have a new classmate from another country, how would you help them? Give two best ways to help them. (100~120 단어)

· 조건 ·

1. 서론–본론–결론을 갖추어 쓰시오.
2. 'so 형용사/부사 that S+V' 구문을 활용한 문장을 하나 이상 쓰시오.

[채점 기준안]

예시 답안	If we move to a new place, everything is so new that we feel worried or unhappy. If I have a new classmate from another country, I will help her in two ways. Firstly, I will walk around the school with her to show her different places of the school. She may need to know places like the school library, the nurse's office, and the cafeteria. In addition, I will teach her Korean. Since she is from another country, learning Korean will help a lot to adjust to a new culture. Things may not be familiar to her yet, but I am sure she will feel more comfortable soon. We will become good friends with each other, too.

채점 요소	채점 기준	
	척도	척도별 수행 특성
과제의 완성도	3	제시된 요건을 모두 충족하여 과제를 완성함
	2	제시된 요건을 일부 충족하여 과제를 완성함
	1	제시된 요건을 전혀 충족하지 못함
내용의 적절성	3	외국에서 온 친구를 도와줄 방법 두 가지를 구체적으로 작성함
	2	외국에서 온 친구를 도와줄 방법 한 가지를 구체적으로 작성함
	1	내용의 관련성이 적거나 전개가 다소 미흡함
언어 사용의 정확성	4	어휘와 어법의 사용이 정확함
	3	어휘와 어법의 사용에 약간의 오류가 있음
	2	어휘와 어법의 사용에 다소 오류가 있으나 의미 전달이 가능함
	1	어휘와 어법의 사용에 많은 오류가 있어 의미 전달이 어려움

Tip 1 그림책을 읽은 후 관련 주제에 관해 충분히 생각하고 토론할 시간을 가진다.

Tip 2 예시는 'so 형용사/부사 that S+V' 구문을 학습한 중학교 3학년 수준에 적합하겠으나, 학년과 학습 시기에 맞게 구문 조건을 변경하여 출제할 수 있다. 또한 채점 시 주어진 구문을 정확하게 쓴 경우에만 해당 조건을 지킨 것으로 인정해야 한다.

[문항 예시 2]

평가 요소	환경 보호를 위한 신문 기고문 쓰기				
학교급	고등학교	난이도	중	배점	10
출제 의도	환경 보호를 위한 자신의 의견을 적은 기고문을 쓸 수 있는지 평가한다.				
교육과정상 근거	**[성취기준]** [12영 I 03-03] 친숙한 일반적 주제에 관해 자신의 의견이나 감정을 쓸 수 있다.				
제작 기초 자료	2015 개정 교육과정 고등학교 영어 I, 지학사, pp. 72-73				

- Write an opinion article about how to save the earth. (80~100 단어)

┌─────────────── • 조건 • ───────────────┐
1. 문제의 심각성과 현재 상황에 대해 언급하시오.
2. 문제에 대한 해결 방안을 두 가지 이상 쓰시오.
└──┘

SCHOOL TIMES
OPINION: How to Save the Earth

_____

_____

_____

_____

_____

_____

_____

_____

_____

_____

[채점 기준안]

예시 답안	Without water, how would our life change? Humans have caused damage to rivers and oceans around the world. People throw away garbage into the sea and it pollutes the ocean severely. Also people waste water in their daily lives which makes rivers polluted. One way to solve this problem is to use less water. To save water, we can use cups when we brush our teeth, and we can take shorter showers. One more solution is to reduce food wrapping which in turn will reduce garbage. Both solutions are small things we can do. Let's go green from today!

채점 요소	채점 기준	
	척도	척도별 수행 특성
과제의 완성도	3	제시된 요건을 모두 충족하여 과제를 완성함
	2	제시된 요건을 일부 충족하여 과제를 완성함
	1	제시된 요건을 전혀 충족하지 못함

	3	환경오염의 심각성과 해결책을 구체적으로 제시함
내용의 적절성	2	환경오염의 심각성과 해결책을 부분적으로 제시함
	1	내용의 관련성이 적거나 전개가 다소 미흡함
	4	어휘와 어법의 사용이 정확함
언어 사용의 정확성	3	어휘와 어법의 사용에 약간의 오류가 있음
	2	어휘와 어법의 사용에 다소 오류가 있으나 의미 전달이 가능함
	1	어휘와 어법의 사용에 많은 오류가 있어 의미 전달이 어려움

Tip 환경 보호라는 주제 안에서 자신이 쓸 내용을 더욱 구체적으로 좁혀 기고문을 작성하도록 안내한다.

자신의 의견 쓰기에서는 주로 주어진 문제에 대한 자신의 태도를 표현하거나 해결책, 대안 등을 제안하는 과제를 제시한다. [문항 예시 1]에서는 중학생을 대상으로 외국에서 온 친구를 도와줄 방법을 제시하도록 하였다. [문항 예시 2]에서는 환경오염의 심각성을 인식하고 그 해결책을 제안하는 신문 기고문을 작성하도록 하였다. 이러한 과제는 일반적인 주제이므로 즉각적인 해결이 어느 정도 가능하겠으나, 수업 시간 중 해당 내용에 대해 브레인스토밍을 하거나 토론 활동을 하여 충분히 생각할 기회를 준다면 교육적 효과를 더욱 높일 수 있을 것이다. 이 밖에도 스트레스 해소 방법, 건강을 유지하는 방법, 시간을 효율적으로 관리하는 방법 등 학생들이 일상에서 생각해 보았음 직한 혹은 생각해보면 좋을 만한 개인적 차원의 여러 가지 주제가 가능하며 지역사회, 환경 등 학생들이 공유하고 있는 사회적 차원의 문제들도 좋은 주제가 된다.

5) 비교와 대조, 찬반 의견 쓰기
[문항 예시 2]

평가 요소	책이 인터넷보다 낫다는 의견에 대한 찬성 혹은 반대 의견 쓰기				
학교급	중학교	난이도	중	배점	10
출제 의도	책이 인터넷보다 낫다는 의견에 대해 찬성 혹은 반대하는 자신의 입장을 밝히고 그 근거를 쓸 수 있는지 평가한다.				
교육과정상 근거	**[성취기준]** [9영04-03] 자신이나 주변 사람, 일상생활에 관해 짧고 간단한 글을 쓸 수 있다.				
제작 기초 자료	자체 제작				

- Do you agree or disagree that books are better than the Internet? Give your opinion and give three reasons for that. (80~100 단어)

      ──────────── • 조건 • ────────────
      - 서론, 본론, 결론의 형식을 갖출 것
      - 비교급 형용사를 두 개 이상 사용할 것
      - 80~100개 단어로 작성할 것

_____

_____

_____

_____

_____

_____

_____

_____

[채점 기준안]

예시 답안	I agree with the idea that books are better than the Internet. Above all, books are written and revised many times so the language is better in books than on the Internet. In addition, we can be more focused when we read books. While there are many advertisements on the Internet, books do not have them. Lastly, books are better for our eyes. Many people have bad eyesight because they use the Internet too much. For these three reasons, I think it is wiser to read books than to use the Internet.	

채점 요소	채점 기준	
	척도	척도별 수행 특성
과제의 완성도	3	제시된 요건을 모두 충족하여 과제를 완성함
	2	제시된 요건을 일부 충족하여 과제를 완성함
	1	제시된 요건을 전혀 충족하지 못함
내용의 적절성	3	자신의 의견에 대한 근거를 충분히 들어 작성함
	2	자신의 의견에 대한 근거를 대략적으로 들어 작성함
	1	내용의 관련성이 적거나 전개가 다소 미흡함

언어 사용의 정확성	4	어휘와 어법의 사용이 정확함
	3	어휘와 어법의 사용에 약간의 오류가 있음
	2	어휘와 어법의 사용에 다소 오류가 있으나 의미 전달이 가능함
	1	어휘와 어법의 사용에 많은 오류가 있어 의미 전달이 어려움

Tip 1 말하기 형식으로 토론을 하거나 모둠별 아이디어 구상을 통해 학생들이 근거를 충분히 마련할 수 있도록 유도한다.

Tip 2 수업 중 학습한 문법 요소를 조건에 포함하여 과제의 난이도를 조절할 수 있다.

[문항 예시 2]

평가 요소	독서와 영화 감상 중 어느 것이 나은지 비교하고 선택하기				
학교급	고등학교	난이도	상	배점	10
출제 의도	독서와 영화 감상을 비교하고 어느 것이 더 좋은지에 대한 자신의 의견을 근거를 들어 쓸 수 있는지 평가한다.				
교육과정상 근거	**[성취기준]** [12영Ⅱ04-03] 비교적 다양한 주제에 관해 자신의 의견이나 감정을 쓸 수 있다. [12영Ⅱ04-05] 비교적 다양한 주제에 관해 짧은 에세이를 쓸 수 있다.				
제작 기초 자료	2015 개정 교육과정 고등학교 영어 Ⅱ, 지학사, pp. 94-95				

• Decide which you like more: reading books or watching movies. Then, write a comparison paragraph with your opinion.

· 조건 ·

– 서론, 본론, 결론의 형식을 갖출 것
– 100~120개 단어로 작성할 것

[채점 기준안]

예시 답안	I prefer watching movies because it is more fun, cost-effective, and time-saving. Movies bring us everywhere including far away countries, magic world, and even space! Unlike movies, books may not show us images and motions. I can see a movie at home on the TV or the computer. There are apps where I can watch movies for free which is not the case for books. Lastly, movies save time. It takes shorter time to watch movies than to read books. For example, if I read *Harry Potter*, it takes a few days, but it takes only about 2 hours to watch a *Harry Potter* movie. For these reasons, I would prefer to watch movies rather than to read books.	
채점 요소	채점 기준	
	척도	척도별 수행 특성
과제의 완성도	3	제시된 요건을 모두 충족하여 과제를 완성함
	2	제시된 요건을 일부 충족하여 과제를 완성함
	1	제시된 요건을 전혀 충족하지 못함
내용의 적절성	3	책과 영화를 비교한 구체적인 내용을 작성함
	2	책과 영화를 비교한 대략적인 내용을 작성함
	1	내용의 관련성이 적거나 전개가 다소 미흡함
언어 사용의 정확성	4	어휘와 어법의 사용이 정확함
	3	어휘와 어법의 사용에 약간의 오류가 있음
	2	어휘와 어법의 사용에 다소 오류가 있으나 의미 전달이 가능함
	1	어휘와 어법의 사용에 많은 오류가 있어 의미 전달이 어려움

Tip 1▶ 비교하는 두 가지 대상의 장단점을 각기 적어보고 차이가 나는 지점에 집중하여 내용을 전개하도록 지도한다.

Tip 2▶ 찬성 혹은 반대하는 글쓰기의 지도와 평가 방법 마련을 위해 www.debate.org를 참고할 수 있다.

두 가지 이상의 사물이나 현상을 비교하거나 대조하기, 혹은 어떤 명제에 관해 찬성 혹은 반대하는 자신의 입장을 밝히기 등은 학생들로 하여금 주어진 내용에 대해 깊이 생각하고 관찰하도록 이끈다. [문항 예시 1]은 책이 인터넷보다 낫다는 의견에 대해 찬반 입장을 결정하고 근거를 쓰게 하였다. 학생들은 책과 인터넷의 특징을 잘 생각해보고 둘이 대비되는 지점을 찾고 어느 것이 나은지에 대한 자신의 입장을 밝혀 답안을 작성해야 한다. [문항 예시 2]에서는 독서와 영화 감상 중 어느 것이 나은지 결정하고 둘을 비교하는 글을 쓰도록 하였다. 역시 학생들은 독서와 영화 감상의 공통점과 차이점에 주목하고 자신이 선호하는 것은 어느 쪽인지를 분명히 하여 답안을 작성해야 한다.

비교와 대조를 통해 자신의 입장을 드러내는 논술형 평가를 통해 학생들의 논증력과 사고의 깊이를 평가할 수 있다. 학교급과 학생의 수준에 따라 주제가 달라질 수 있겠으나, "School lunch is better than lunch box," "Social media makes our lives better," "Students should wear school uniforms at school" 등 학생의 생활과 밀접한 주제를 제시하면 학생이 자신의 삶의 문제와 직접적으로 관련된 진정성 있는 글쓰기를 하게 된다. 한편 너무 진부하여 답이 한 방향으로 정해진 것은 주제로 적절하지 않으며 사회적으로 민감한 이슈 역시 다루지 않는 것이 바람직하다.

6) 문학 텍스트에 기반하여 쓰기

[문항 예시 1]

평가 요소	*My name is Yoon*을 읽고 요약문 쓰기				
학교급	중학교	난이도	중	배점	10
출제 의도	그림책을 읽고 내용을 요약한다.				
교육과정상 근거	**[성취기준]** [9영04-05] 자신이나 주변 사람, 일상생활에 관해 짧고 간단한 글을 쓸 수 있다.				
제작 기초 자료	Recorvits, H. (2003). *My name is Yoon*. New York: Macmillan Publishing Group.				

• Summarize *My name is Yoon*. (100~130 words)

····· • 조건 • ·····

– 인물과 배경, 사건의 흐름을 중심으로 쓰시오.
– 목적어를 두 개 가지는 동사를 하나 이상 사용하시오.

Summary: *My name is Yoon*

_____

_____

_____

_____

_____

_____

_____

_____

[채점 기준안]

예시 답안	*My name is Yoon* is a story about a Korean girl who moved to America with her family. Her father asked her to write her name in English but she doesn't like it. She thinks the letters of English alphabet stand alone and do not dance together. At school when the teacher asked her to write her name in English, she wrote CAT and BIRD instead because she couldn't accept the fact that she is in America. One day, a girl in her class gave Yoon a cupcake and they become friends. Eventually, Yoon feels comfortable being in a new environment and begins writing her name in English. She realizes that her name still means shining wisdom even when it is in English.	
채점 요소	채점 기준	
	척도	척도별 수행 특성
과제의 완성도	2	제시된 요건을 충족하여 과제를 완성함
	1	제시된 요건을 모두 충족하지 못함
내용의 적절성	4	이야기의 구성 요소를 모두 포함하여 내용을 요약함
	3	이야기의 구성 요소를 대부분 포함하여 내용을 요약함
	2	이야기의 구성 요소를 일부 포함하여 내용을 요약함
	1	내용의 관련성이 적거나 전개가 다소 미흡함
언어 사용의 정확성	4	어휘와 어법의 사용이 정확함
	3	어휘와 어법의 사용에 약간의 오류가 있음
	2	어휘와 어법의 사용에 다소 오류가 있으나 의미 전달이 가능함
	1	어휘와 어법의 사용에 많은 오류가 있어 의미 전달이 어려움

Tip 1 ▶ 수업 시간 중 책을 읽으며 인물, 배경, 사건 등 이야기의 구성 요소를 찾아보게 한다. 그래픽 조직자를 완성하며 해당 활동을 하면 효과적이다.

Tip 2 ▶ 이야기에 기반하여 쓰기는 이어질 이야기 쓰기, 패러디하기 등으로 확장될 수 있다.

[문항 예시 2]

평가 요소	The Little Prince를 읽고 상징을 파악하여 글쓰기				
학교급	고등학교	난이도	상	배점	10
출제 의도	소설을 읽고 소설 속 상징을 해석하고 자신의 삶과 연관지어 글로 표현할 수 있는지 평가한다.				
교육과정상 근거	**[성취기준]** [12영Ⅱ04-03] 비교적 다양한 주제에 관해 자신의 의견이나 감정을 쓸 수 있다. [12영Ⅱ04-05] 비교적 다양한 주제에 관해 짧은 에세이를 쓸 수 있다.				
제작 기초 자료	2015 개정 교육과정 고등학교 영어 Ⅱ, 지학사, pp. 146-147				

● Read one part of *The Little Prince* and write a critical essay about the symbol of baobabs.
  (120~150개 단어)

· 조건 ·

– 자신이 이해한 baobabs의 상징을 풀어 쓸 것
– 자신의 삶에서 babobabs에 해당하는 것의 예를 포함하여 쓸 것

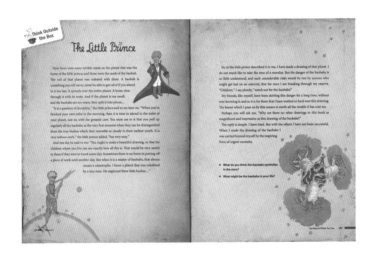

[채점 기준안]

예시 답안	In *The Little Prince*, the little prince pulls out baobabs every morning once the baobabs become distinguishable from the rose bushes. He says you will never get rid of baobabs and you will end up letting them destroy the small planet if you do not attend to them early. Here baobabs symbolize obstacles in life that we should watch out for. Bad habits are not easy to remove. For example, eating sweet things is so sweet that we easily forget about the harm they bring to us. If we do not stop it, we may end up gaining a lot of weight and regret it. Doing exercise and keeping ourselves away from junk food might be the opposite of what baobabs mean. To keep my planet safe and beautiful, I'll have to look around to see if there are any baobabs hidden.	
채점 요소	채점 기준	
	척도	척도별 수행 특성
과제의 완성도	3	제시된 요건을 모두 충족하여 과제를 완성함
	2	제시된 요건을 일부 충족하여 과제를 완성함
	1	제시된 요건을 전혀 충족하지 못함
내용의 적절성	3	소설 속 상징을 자신의 삶과 연관지어 구체적으로 작성함
	2	소설 속 상징을 자신의 삶과 연관지어 대략적으로 작성함
	1	내용의 관련성이 적거나 전개가 다소 미흡함
언어 사용의 정확성	4	어휘와 어법의 사용이 정확함
	3	어휘와 어법의 사용에 약간의 오류가 있음
	2	어휘와 어법의 사용에 다소 오류가 있으나 의미 전달이 가능함
	1	어휘와 어법의 사용에 많은 오류가 있어 의미 전달이 어려움

Tip 1 ▶ 국어 문학에서의 상징과 비유와 관련지어 내용을 이해해보도록 이끌 수 있다.
Tip 2 ▶ 문학 작품을 전체를 다룰 수도 있으나 본 예시와 같이 작품의 일부를 발췌하여 논술형 평가를 실시할 수도 있다.

문학 텍스트에 기반하여 쓰기는 줄거리 요약하기, 이야기의 결말 쓰기, 상징적 요소 해석하기, 비평문 쓰기, 패러디하기 등 다양한 방향으로 확장될 수 있다. 문학 작품을 읽고 생각하도록 이끄는 이러한 활동은 학생들의 문학적 감수성을 기르며 비판적 사고력과 상상력을 키울 수 있는 좋은 방법이 된다. [문항 예시 1]에서는 중학생을 대상으로 다문화 사회에서의 정체성 문제를 다룬 *My name is Yoon*을 읽고 내용을 요약하도록 하였다. 학생들은 이야기의 구성 요소인 인물, 배경, 사건의 시작, 발전, 절정, 결말의 요소를 찾고 이를 중심으로 줄거리를 요약해야 한다. [문항 예시 2]에서는 고등학생을 대상으로 *The Little Prince*의 일부를 읽고 그 속에 나타난 사물의 상징성을 파악하여 비평문을 쓰도록 하였다. 학생

133

들이 조건에 주어진 대로 바오밥이 상징하는 바를 풀어 설명하고 자신의 삶에서 그러한 예시를 찾아 작품에 대한 이해를 삶으로 끌어낼 수 있는지를 평가하는 것이다. 문학 텍스트를 기반으로 한 논술형 평가는 이처럼 학생들의 감상 능력과 창의력을 자극할 수 있는 평가로, 평가의 과정을 통해 학생들의 언어적 성장뿐 아니라 사고와 정서의 성장을 기대할 수 있다.

2.4.6 논술형 평가의 장단점

논술형 평가의 가장 큰 장점은 학생이 사고력과 문제해결력, 창의력 등의 고차원적 사고 능력을 신장시킬 수 있다는 점이다. 논술형 평가에서는 알고 있는 지식을 표현할 뿐 아니라 이를 바탕으로 자신의 관점, 의견, 주장 등을 논리적으로 기술하도록 한다. 그러므로 학생의 입장에서는 평가를 위해 준비하고 평가에 응시하는 과정에서 자신의 생각을 정리하고 정립하는 기회를 가지게 된다. 교사나 동료 학생의 피드백을 통해 자신의 시야를 확장하는 기회를 얻을 수도 있다. 또한 대개의 논술형 평가는 실생활과 관련된 내용을 주제로 하여 학생이 자신과 주변의 이웃, 사회 문제에 대해 고민하고 자신의 삶의 문제를 해결하는 능력을 기를 수 있게 한다.

평가를 계획하고 시행하는 교사에게 논술형 평가는 어떤 이점이 있을까? 학생에게 올바른 평가 문항을 제시하기 위해서는 교사가 먼저 충분한 검토를 거치기 마련이다. 학생들의 어떠한 능력을 평가할지 고민하고 어떠한 내용으로 이를 측정할 것인지 고안하는 과정에서 교사는 새로운 눈으로 문항을 살피게 되고 발문을 정교화 하는 등의 노력을 기울이는 가운데 평가자로서의 자질을 키우게 된다. 또한 학생들의 답안을 통해 학습 성취의 정도와 관련하여 적절한 피드백을 제공하고 이를 향후 수업에 반영함으로써 수업을 성공적으로 이끌 가능성을 높인다. 출제와 채점의 과정에서 동료 교사들과 심도 있는 의견을 교환함으로써 평가자로서의 전문성을 향상시킬 수 있는 점도 교사의 입장에서는 큰 장점이 된다.

이러한 많은 장점에도 논술형 평가가 자주 행해지기 어려운 이유가 있다. 논술형 평가가 필연적으로 가지는 어려움으로 바로 채점이 힘들다는 점이다. 논술형 평가는 컴퓨터를 통해 순식간에 채점이 이뤄지고 통계 처리까지 가능한 객관식 선택형 문항과는 달리 채점 시 시간이 오래 걸리는 비효율적인 측면이 있다. 대개 몇십 명에서 몇백 명에 달하는 많은 학생들을 가르치는 중등 교사의 경우 논술형 평가 답안지가 눈앞에 쌓이기 시작하면 한숨부터 쉬게 된다. 학생의 답안을 하나하나 읽어내는 일이 시간도 오래 걸리고 피로도도 높기 때문이다. 평가자의 주관이 개입될 수 있는 측면도 있다. 평가자에 따라 후하거나 박한 점수를 부여하게 되는 경우들이 발생하지 않도록 하기 위해 평가자들은 채점 기준안을 구체적으로 마련하게 되지만, 그럼에도 예상을 벗어나는 다양한 답안이 있을 수 있기에 교사들은 공정한 평가를 위해 마지막 순간까지 협의를 지속해야 한다. 그러니 논술형 평가의 채점은 얼마나 고달픈가. 이번 장의 2.4.4절 채점 원리에서 채점의 신뢰도를 확보하기 위한 방안을 꼼꼼히 살펴 꾸준한 노력을 이어가야 할 일이다.

시행에서의 어려움이 있겠으나 논술형 평가가 가지는 의미는 여전히 크며, 그 중요도 역시 향후 계속해서 높아질 것이다. 최근 2025년 고교학점제 전면 도입을 준비하며 대학수학능력시험에서 서술형, 논술형 평가의 도입 가능성을 연구하는 대입제도 정책 연구를 진행 중이라는 언론의 보도가 있었다(김정현, 2021). 교육의 변화는 세계의 변화의 반영이다. 지식과 문해력뿐 아니라, 창의성, 비판적 사고력, 문제해결력, 정보 활용 능력, 소통 능력 등 다양한 역량이 전 생애에 걸쳐 점점 더 중시될 것이다. 이러한 역량을 키우도록 유도하는 평가가 바로 논술형 평가이다. 어찌 보면 교실에서 이뤄지는 수업은 논술형 평가를 자신 있게 완성할 수 있는 능력을 갖추기 위함이라고 해도 과언이 아니리라 본다.

3 장

서답형 평가
문항 활용의 실제

이번 장에서는 서답형 평가 문항의 활용에 중점을 두고자 한다. 제2장에서 살펴본 네 가지 서답형 평가 문항 유형의 특징을 염두에 두고 이들이 실제 학교 현장에서 어떻게 활용되고 있는지 알아보자. 이를 위해 평가를 크게 총괄평가와 과정 중심 수행평가로 구분하고, 각각과 관련된 서답형 평가 문항 예시를 중학교와 고등학교의 경우로 나누어 제시하고자 한다. 최근 교육 현장에서 주목받고 있는 과정 중심 평가에 관해 먼저 논하고, 지필평가의 전형적인 유형으로서 유구한 역사를 갖는 총괄평가의 개념을 이어서 간단히 알아보도록 하자.

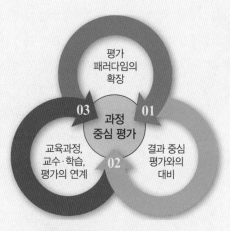

그림 3-1 과정 중심 평가의 의미
(한국교육과정평가원, 2017)

최근 학교에서 평가의 가장 도드라진 변화는 과정 중심 평가로의 움직임이다. 과정 중심 평가는 교육과정의 성취기준에 기반한 평가 계획에 따라 교수학습 과정에서의 학생의 변화와 성장에 대한 자료를 다각도로 수집하여 피드백을 제공하는 평가를 말한다(한국교육과정평가원, 2017). **그림 3-1** 에 표현한 세 가지 내용에서 과정 중심 평가의 의미를 이해해볼 수 있다. 첫째, 과정 중심 평가는 평가 패러다임의 확장이다. 과거에는 평가를 교수학습과 분리하여 보았던 데 반해 과정 중심 평가는 학생의 학습 과정을 평가에 포함시키고 동시에 평가를 학습의 도구로 활용하고자 한다. 둘째, 과정 중심 평가는 학생이 무엇을 알고 있는지를 평가하던 과거의 결과 중심의 평가와는 달리 학생의 문제 해결 과정 그 자체를 중시한다. 문제 해결 과정에서 학생이 갖는 질문과 그에 대한 답을 구하는 탐색의 과정을 모두 평가에 포함하고자 하는 것이다. 셋째, 교육과정, 교수학습, 평가 상호 간의 연계를 추구하게 된다. 교육과정이 교수학습으로 구현되고 평가는 교수학습과 유리되지 않으며, 평가 결과를 바탕으로 학생에게 피드백이 제공되어 이후의 학습에 반영되게끔 하는 것이 과정 중심 평가가 가지는 본연의 의미라 하겠다. 평가의 목적이 지식 습득의 여부를 확인하는 데에서 그치는 것이 아니라 지식을 활용한 문제 해결의 과정과 그 결과, 그리고 정의적 측면에서의 학생의 성장을 확인하는 데에 있다는 면에서 과정 중심 평가는 현재의 역량 중심 교육과정과도 일맥상통한다. 요컨대, 과정 중심 평가는 이 시대가 지향하는 평가에 대한 근본적인 인식의 변화를 의미하는 것이라 볼 수 있다.

독자들이 쉽게 짐작할 수 있듯 과정 중심 평가에서는 평가의 방법 측면에서는 지필평가보다는 수행평가가, 평가 문항의 유형이라는 측면에서는 선다형 평가 문항보다는 서답형 평가 문항이 보다 중심적인 역할을 하게 된다. 중간, 기말고사 등으로 치러지는 지필평가는 학습 활동이 종료되는 시점에서 행해지고 교수학습과 평가를 시기적으로 분리하여 시행한다는 측면에서 결과 중심적 성격이 강하다. 그에 비해 수행평가는 평가 시기 면에서 교수학습과 평가의 통합을 지향하게 되며, 지속적이고 종합적인 방식의 평가를 시행한다는 측면에서 과정 중심 평가와 맥을 같이 한다. 또한 평가 문항의 형식을 보자면 객관성과 일관성, 공정성을 강조하는 선다형 평가 문항보다는 전문성, 타당성, 적합성에 더욱 관심을 두게 되는 서답형 평가 문항이 과정 중심 평가와 더욱 잘 부합한다(이상기 외, 2017). 현재 대부분의 시도교육청에서는 수행평가의 비율을 40% 이상으로 할 것, 서술형과 논술형 평가의 비율을 20~40% 이상으로 할 것 등과 같은 구체적인 지침을 제공하고 있으며, 이때 그 비율이 과거에 비해 증가되어 온 것이 사실이다. 과정 중심 평가가 학교 현장에서 중요한 지위를 점하게 되었음을 알 수 있는 대목으로, 향후에도 동일한 방향으로의 변화가 지속될 것이라 예상해 볼 수 있을 것이다.

한편, 과정 중심 평가로의 전환을 꾀하는 변화의 바람이 불고는 있으나, 학습의 결과를 확인하고 내신을 산출하기 위한 총괄평가로서의 지필평가도 교육 현장에서 여전히 중요한 역할을 하고 있다. 이때 지필평가의 경우 평가 시간의 제한과 선다형 문항과의 적정 비율 구성 등을 이유로 선다형에 비하여 서답형 문항이 점하는 비율이 상대적으로 낮게 나타나곤 한다. 그러나 이것이 평가 맥락에서 서답형 문항이 가지는 가치가 상대적으로 낮다는 의미가 될 수는 없다. 학생의 고등 정신 능력의 측정에 더욱 적합할 것이기에 채점 측면에서의 어려움에도 불구하고 각급 학교에서의 총괄평가는 물론, 국가수준 학업성취도 평가 등을 비롯한 각종의 시험에서 서답형 평가 문항은 이미 중요한 위치를 점하고 있다.

이번 장에서는 주로 중, 고등학교에서 실제로 출제되었거나 출제될 수 있는 문항을 중심으로 서답형 평가 문항 활용의 실제를 알아보고자 한다. 3.1절에서는 총괄평가로서의 서답형 평가 문항 활용 예시를 살핀다. 이어지는 3.2절에서는 중학교에서의 과정 중심 수행평가의 예시를, 3.3절에서는 고등학교에서의 과정 중심 수행평가의 예시를 상세히 알아본다. 평가의 성격과 평가 시행의 특성 등의 이유로 총괄평가는 완성형, 단답형, 서술형 평가 문항을 중심으로, 과정 중심 수행평가는 주로 서술형, 논술형 평가 문항을 중심으로 내용을 구성하였다. 본 장을 읽은 독자는 평가의 전후 맥락, 평가 문항의 실제, 결과 활용 방안 등 평가와 관련한 전반적인 과정을 적절한 예시를 통해 짚어보며 학교 현장에서의 서답형 평가에 대한 감각을 기를 수 있을 것이다.

3.1 활용 예시 1 중학교 및 고등학교 총괄평가

이번 절에서는 학교 현장에서 내신 성적 산출을 위해 정기적으로 실시하는 총괄평가에서 서답형 평가 문항이 어떠한 방식으로 활용되는지 그 예시를 살펴본다. 대개 총괄평가는 일정 기간의 수업 활동이 끝난 후 학생들의 학업성취도를 종합적으로 평가하여 교수학습 목표의 달성 여부 및 교수학습의 효과를 확인하고, 이를 바탕으로 향후 수업을 계획하는 데 활용된다. 현재 중고등학교에서는 총괄평가를 지필평가의 형태로 실시하는 것이 일반적이다.

총괄평가는 출제 범위가 넓기 때문에 교수학습 과정에서 다룬 모든 내용을 평가 문항에 포함시키기가 곤란할 수 있다. 수업 중 실시하는 형성평가 또는 학기 중 수시로 실시하는 수행평가와는 다르게 총괄평가에서는 상위 수준의 목표 달성에 초점을 두고 학습 단원의 주요한 수업 목표를 대표할 수 있는 문항을 선정해야 한다. 또한 한정된 시험 시간 안에 선다형 문항과 서답형 문항을 모두 풀어야 하므로 응답에 많은 시간이 필요한 논술형 문항을 총괄평가에 포함하여 실시하는 데에는 한계가 있을 수 있다. 이로 인해 총괄평가에 서답형 문항을 출제할 때에는 주로 완성형, 단답형, 서술형 문항 유형을 활용한다.

총괄평가를 출제할 때에는 교육과정상의 성취기준을 먼저 확인하고 실제 수업의 학습 목표를 확인한 후 학습 내용을 근거로 문항을 제작한다. 이번 절에서는 이러한 출제 원리를 적용하여 교육과정, 수업, 평가, 환류로 이어지는 4단계 체계에 따라 평가 예시를 소개하고자 한다. 중학교와 고등학교 단위에서 총괄평가 문항을 제작할 때 활용 가능한 완성형, 단답형, 서술형 유형의 예시를 하나씩 살펴보도록 하자.

3.1.1 중학교 총괄평가 서답형 평가 문항 예시

평가 예시 1 간단한 실용문 쓰기

이번 문항에서는 응집성과 통일성을 갖춘 글을 쓰는 데 필요한 접속사에 관해 교과서의 읽기, 문법, 쓰기 활동을 연계하여 지도하고, 맥락에 맞는 접속사를 형태, 의미, 기능적으로 올바르게 사용할 수 있는 능력을 평가한다.

교육과정	수업	평가	환류
[9영03-06] 일상생활이나 친숙한 일반적 주제의 글을 읽고 필자의 의도나 목적을 추론할 수 있다. [9영03-04] 일상생활이나 친숙한 일반적 주제의 글을 읽고 줄거리, 주제, 요지를 파악할 수 있다. [9영04-02] 일상생활에 관한 자신의 의견이나 감정을 표현하는 문장을 쓸 수 있다.	'however, …'를 포함하고 있는 찬성과 반대에 관한 글을 읽고, 'however, …'의 형태, 의미, 기능을 파악하게 한다.	완성형: 'however, …'를 형태, 의미, 기능에 맞게 사용하여, 찬성과 반대 의견을 제시하는 글을 완성할 수 있다.	다양한 종류의 텍스트에 등장하는 'however, …'의 기능을 이해했는지 확인하고, 다양한 접속사를 활용하여 자신의 의견과 생각을 표현할 수 있도록 수준에 맞게 지도한다.

1) 교육과정

과목	중학교 영어 3	영역	읽기, 쓰기, 문법
교육과정상 근거	<table><tr><td>읽기</td></tr></table>〈성취기준〉 [9영03-06] 일상생활이나 친숙한 일반적 주제의 글을 읽고 필자의 의도나 목적을 추론할 수 있다. [9영03-04] 일상생활이나 친숙한 일반적 주제의 글을 읽고 줄거리, 주제, 요지를 파악할 수 있다. 〈교수학습 방법 및 유의 사항〉 상황, 문맥, 화제에 대한 배경지식을 활용하여 낱말, 어구, 문장의 의미를 이해하도록 지도한다. 다양한 읽기 전략을 활용하여 글의 주제와 요지를 찾아낼 수 있도록 지도한다. 〈평가 방법 및 유의 사항〉 어휘 평가는 맥락 속에서 단어의 의미를 파악하는 능력을 중심으로 평가한다. 쓰기 〈성취기준〉 [9영04-02] 일상생활에 관한 자신의 의견이나 감정을 표현하는 문장을 쓸 수 있다. 〈교수학습 방법 및 유의 사항〉 응집성과 통일성을 갖춘 글을 쓸 수 있도록 지도한다.		
평가 요소	간단한 서식, 이메일, 메모 등을 작성하기		

2) 수업

학습 목표	• 속담을 바라보는 다양한 시각에 관한 글을 읽고, 줄거리, 주제, 세부 정보를 파악할 수 있다. • 주어진 표현을 사용하여 의견을 제시하는 글을 완성할 수 있다.
수업 의도	• Language in Use에 있는 'however'와 연계하여 설명하고, 문맥 속에서의 쓰임을 이해하게 한다. • 응집성과 통일성을 갖춘 글을 쓸 수 있도록 지도한다.
수업 자료 예시	

Look before you leap:
Check what is in front of you before making a decision.

I totally agree. We should always be careful before we decide to do something. Then we'll be happy with the results of our decisions. However, if we don't take time to think things over, we may regret it. Also, we'll make mistakes if we do something without giving it a second thought. As a result, it will take us more time to fix.

Posted by Suzi Kang

I don't agree. Opportunities don't come often. If there is a chance, we should grab it. Or, it will be too late. Last year, I was asked to be the captain of the school hockey team. However, I took too much time to decide, so another friend became the captain. Now, I regret it. As the saying goes, "Strike while the iron is hot."

Posted by Brian Pearson

'However'는 '그러나'라는 의미이며, 'On the other hand'로 바꿔 쓸 수 있습니다.

Q2 What could happen if you do something without giving it a second thought?

leap   regret   give it a second thought 다시 생각해 보다   opportunity   captain

102 Lesson 6

(2015 개정 교육과정 중학교 영어 3, 지학사, pp. 101-106)

However, ...

B **Match and Say** 'However'를 넣어 내용이 어울리는 문장끼리 연결해 봅시다.

1. Some say you can't teach an old dog new tricks. • • opposites attract.

2. Some say birds of a feather flock together. However, • age is just a number.

3. Some say you shouldn't judge a book by its cover. • • clothes make the man.

Self-check	☺	☹
• I can use 'It is/was ~ that ... .'	☐	☐
• I can use 'However, ...'	☐	☐

Grammar Builder ☺ p.164 ☺ p.165

Let's Write

Your Opinions

Ready 주어진 표현을 사용하여 표를 완성한 후, 질문에 답해 봅시다.

Two heads are better than one.	
Agree	Disagree
• get _____ from others • complete the work _____	• get _____ with too much information • spend too much _____ before making a decision

Q: Which do you think is helpful when completing the work?

A: I think having ☐ many different ☐ my own ideas is more helpful when completing the work.

time
quickly
confused
great ideas

Write 위의 내용을 바탕으로 자신의 의견을 써 봅시다.

❝ There is a saying that "Two heads are better than one." It means that when you complete the work, it's helpful to have the advice or opinion of others. People who agree with this saying say that first, you can _____.
Second, you can _____. However, those who disagree say that first, you can _____.
Second, you can _____.
In my opinion, it is _____ ideas that are more helpful when completing the work. How about you?

Present 친구들 앞에서 자신의 의견을 발표해 봅시다.

Peer Review	☺	☹
• 속담에 관한 자신의 의견을 잘 썼나요?	☐	☐
• 'It is ~ that ... .'과 'However, ...' 표현을 이해하고 잘 사용하였나요?	☐	☐

수업 자료
예시

3) 평가

평가 과제	간단한 실용문 쓰기	문항 유형	완성형
평가 의도	• 찬성과 반대 의견을 제시하는 글을 완성할 수 있다. • 'however, ...'의 쓰임을 이해하고 바르게 사용할 수 있다.		

평가 문항 예시	다음은 "Two heads are better than one."이라는 속담에 대한 의견이다. 빈칸에 적절한 말을 넣어 완성하시오. [2점]
	
	   There is a saying that "Two heads are better than one." It means that when you complete the work, it's helpful to have the advice or opinion of others. People who agree with this saying say that first, you can get great ideas from others. Second, you can complete the work quickly. _____, those who disagree say that first, you can get confused with too much information. Second, you can spend too much time before making a decision.
	   In my opinion, it is many ideas that are more helpful when completing the work. How about you?
	
	(2015 개정 교육과정 중학교 영어3, 지학사, p. 106)		

모범 답안	However, But, On the other hand, In contrast, On the contrary		
채점 기준표	• '그러나,' '반면에'와 같이 앞 문장의 내용과 대조를 나타내는 의미가 없는 경우 0점 • '그러나,' '반면에'와 같이 앞 문장의 내용과 대조를 나타내는 의미가 있지만 접속부사가 아닌 경우(예: although) 1점 감점 • 철자 오류의 경우 0.5점 감점		

4) 환류

'however, ...'가 '대조'의 논리 구조로 전개되는 글에서 응집성과 통일성의 강화에 중요한 역할을 한다는 것을 설명하고, 해당 접속사가 쓰인 다양한 지문을 추가로 제시한다. 나아가 'however, ...'와 유사한 의미를 가진 연결사 및 기타 다양한 연결사들의 형태, 의미, 기능에 대한 학습으로 내용을 확장해 일상생활이나 친숙한 일반적 주제에 관한 글의 문맥 속에서 다양한 연결사를 올바르게 사용할 수 있도록 지도하고 평가한다.

이번 문항에서는 주변의 대상이나 상황을 묘사하는 데 필요한 표현을 교과서의 읽기와 문법 활동을 연계하여 지도하고, 목표 구문을 형태, 의미, 기능적으로 올바르게 사용하여 일상생활에 관한 그림을 묘사할 수 있는 능력을 평가한다.

교육과정	수업	평가	환류
[9영03-04] 일상생활이나 친숙한 일반적 주제의 글을 읽고 줄거리, 주제, 요지를 파악할 수 있다. [9영04-01] 일상생활에 관한 주변의 대상이나 상황을 묘사하는 문장을 쓸 수 있다. [9영04-03] 일상생활에 관한 그림, 사진, 또는 도표 등을 설명하는 문장을 쓸 수 있다.	'... (her) -ing ∼'를 포함하고 있는 이야기를 읽고,' '... (her) -ing ∼'의 형태, 의미, 기능을 파악하게 한다.	완성형: '... (her) -ing ∼'의 형태, 의미, 기능에 맞게 사용하여 그림을 묘사하는 글을 완성할 수 있다.	'... (her) -ing ∼'를 사용하여 일상생활에 관한 주변의 대상이나 상황을 묘사할 수 있는지 확인하고, '... (her) -ed ∼'의 형태, 의미, 기능을 수준에 맞게 지도한다.

1) 교육과정

과목	중학교 영어 3	영역	읽기, 쓰기, 문법
교육과정상 근거	읽기 〈성취기준〉 [9영03-04] 일상생활이나 친숙한 일반적 주제의 글을 읽고 줄거리, 주제, 요지를 파악할 수 있다. 〈교수학습 방법 및 유의 사항〉 상황, 문맥, 화제에 대한 배경지식을 활용하여 낱말, 어구, 문장의 의미를 이해하도록 지도한다. 다양한 읽기 전략을 활용하여 글의 주제와 요지를 찾아낼 수 있도록 지도한다. 〈평가 방법 및 유의 사항〉 어휘 평가는 맥락 속에서 단어의 의미를 파악하는 능력을 중심으로 평가한다. 쓰기 〈성취기준〉 [9영04-01] 일상생활에 관한 주변의 대상이나 상황을 묘사하는 문장을 쓸 수 있다. [9영04-03] 일상생활에 관한 그림, 사진, 또는 도표 등을 설명하는 문장을 쓸 수 있다. 〈평가 방법 및 유의 사항〉 쓰기 평가는 학습자 수준과 과업에 따라 정확성과 유창성을 추구하는 채점 기준을 적절히 적용할 수 있다.		
평가 요소	일상생활에 관한 그림 묘사하기		

2) 수업

학습 목표	• 식탁 공화국의 친구들이 자신의 생각을 주장하는 대화를 읽고 줄거리, 주제, 세부 정보를 파악할 수 있다. • '... (her) -ing ~' 구문을 설명하고, 문맥 속에서 쓰임을 이해하게 한다.
수업 의도	• 그림을 보고 '... (her) -ing ~' 구문을 활용하여, 그림 속 사람들을 묘사하는 단어를 고르거나 문장을 쓰게 한다. • 현재분사(V-ing) 뒤에 목적어나 수식어구가 올 경우 현재분사구는 명사를 뒤에서 수식한다.
수업 자료 예시	

(2015 개정 교육과정 중학교 영어3, 지학사, pp. 33–38, 152–153)

... (her) -ing ~

B **Find and Write** 두 그림에서 서로 다른 부분을 찾고, 문장을 완성해 봅시다.

- There is a boy reading a book on the bench.
- There is _____.
- There is _____ on the street.

- There are two boys _____ _____.
- There is a man watering the flowers.
- _____ on the street.

... (her) -ing ~

B 다음 그림을 보고, 그림 속 사람들을 묘사하는 문장을 써 봅시다.

e.g. A man is reading a newspaper. He is my dad.
→ The man reading a newspaper is my dad.

1. Two girls are talking excitedly. They are my friends.

→ _____

2. A woman is listening to music. She is my teacher.

→ _____

... (her) -ing ~

B 설명을 읽고, 알맞은 단어를 골라 공원에 있는 사람들을 묘사해 봅시다.

> They met the girl sitting under a huge tree. (그들은 큰 나무 밑에 앉아 있는 여자아이를 만났다.)
> The boy wearing a big hat is Andrew. (큰 모자를 쓰고 있는 남자아이는 Andrew이다.)
>
> • sitting under a huge tree와 wearing a big hat은 바로 앞에 오는 대상의 행동이나 상태를 설명해 준다.

1. The girl (walking / walked) a dog is Suji.

2. The boy (dancing / danced) on the stage is Taejun.

3. The girl (having / had) lunch on the grass is Julie.

수업 자료
예시

146

3) 평가

평가 과제	그림 묘사하기	문항 유형	완성형
평가 의도		• 그림을 묘사하는 글을 완성할 수 있다. • '… (her) -ing ~'의 쓰임을 이해하고 바르게 사용할 수 있다.	

평가 문항 예시	다음은 그림을 묘사한 내용이다. 적절한 단어를 넣어 완성하시오. [2점] I saw a family in the park yesterday. A grandpa was teaching his grandson how to ride a bike. The child looked nervous. It was hot and both of them were in short pants. The grandpa held the bike from behind to help the child. Near them was a lady _____ a camera in her hands. She looked like a grandma. She was taking pictures of her husband and grandson. (2019년 국가수준 학업성취도 평가, 중학교, 34번)
모범 답안	holding
채점 기준표	• '잡다'라는 의미가 없는 경우 0점 • '잡다'라는 의미가 있지만 '-ing' 형태가 아닌 경우(예: hold, held) 1점 감점 • 철자 오류의 경우 0.5점 감점

4) 환류

추가 지문과 활동을 제시하여 다양한 맥락에서 목표 구문인 '… (her) -ing ~'의 형태, 의미, 기능에 대한 학습을 강화한다. 나아가 '… (her) -ed ~'에 대한 학습으로 내용을 확장하여 일상생활이나 친숙한 일반적 주제에 관한 문맥 속에서 이를 올바르게 사용할 수 있도록 지도하고 평가한다.

평가예시 3 **지칭 추론하기**

　이번 문항에서는 작은 아이디어로 다른 사람들에게 큰 도움을 준 선행 사례를 소개하는 글을 읽고, 글의 앞뒤 맥락을 통해 지시어가 가리키는 바를 정확하게 추론할 수 있는지 평가한다.

교육과정	수업	평가	환류
[9영03-09] 일상생활이나 친숙한 일반적 주제의 글을 읽고 문맥을 통해 낱말, 어구 또는 문장의 함축적 의미를 추론할 수 있다.	선행 사례를 소개하는 글을 읽고, 줄거리, 주제, 세부 정보를 파악할 수 있다.	단답형: 지시어가 가리키고 있는 핵심 의미를 추론할 수 있다.	지시어의 기능을 설명하고 다양한 맥락에서 활용되는 예를 보여준다. 연습을 통해 학생 스스로 지시어와 지칭 대상과의 논리적 관계를 정확하게 파악하도록 지도한다.

1) 교육과정

과목	중학교 영어 2	영역	읽기
교육과정상 근거	읽기 〈성취기준〉 [9영03-09] 일상생활이나 친숙한 일반적 주제의 글을 읽고 문맥을 통해 낱말, 어구 또는 문장의 함축적 의미를 추론할 수 있다. 〈교수학습 방법 및 유의 사항〉 다양한 읽기 전략을 활용하여 글의 주제와 요지를 찾아낼 수 있도록 지도한다. 〈평가 방법 및 유의 사항〉 평가 목적과 대상, 방법에 따라 적절한 길이와 수준의 읽기 자료를 선정한다.		
평가 요소	지시어가 지칭하고 있는 핵심 의미 추론하기		

2) 수업

학습 목표	• 'The Red Arrow Man'에 대한 글을 읽고, 줄거리, 주제, 세부 정보를 파악할 수 있다. • 글을 읽기 전 배경지식을 활용하여 남을 돕고 배려하는 선행에 대한 자신의 생각을 말할 수 있다.
수업 의도	• 실제 사례를 다룬 신문 기사와 본문을 비교하며 읽고 글의 세부 내용을 파악한다. • 'ask ~ to ...,' 'waste one's time ...,' 'thanks to ...' 등 주요 어휘, 어구, 문장 구조를 설명한다.
수업 자료	

The Red Arrow Man

A few years ago, the maps at bus stops in Seoul were very confusing. They didn't have enough information. People had to ask others to explain the maps. "Where is this bus stop on the map? Does this bus go to Gwanghwamun?" Many people often took the wrong bus and wasted their time.

'ask ~ to ...'는 '~에게 ...하도록 요청하다'라는 뜻입니다.

One day, a young man decided to solve this problem. He bought lots of red arrow stickers. Every day he rode his bicycle around the city and stuck the stickers on the bus maps. Nobody asked him to do this. He just wanted to help others. Thanks to his effort, people could understand the maps easily and save time.

(2015 개정 교육과정 중학교 영어2, 지학사, p. 51)

149

3) 평가

평가 과제	지칭 추론하기	문항 유형	단답형
평가 의도	지시어가 지칭하는 핵심 내용을 정확하게 추론할 수 있다.		

평가 문항 예시	다음 글을 읽고, 밑줄 친 ⓐ, ⓑ가 의미하는 것을 우리말로 쓰시오. [4점] 　A few years ago, the maps at bus stops in Seoul were very confusing. They didn't have enough information. People had to ask others to explain the maps. "Where is this bus stop on the map? Does this bus go to Gwanghwamun?" Many people often took the wrong bus and wasted their time. 　One day, a young man decided to solve ⓐthis problem. He bought lots of red arrow stickers. Every day he rode his bicycle around the city and stuck the stickers on the bus maps. Nobody asked him to do ⓑthis. He just wanted to help others. Thanks to his effort, people could understand the maps easily and save time. ⓐ → _____ ⓑ → _____
모범 답안	ⓐ → 버스 정류장의 지도에 충분한 정보가 없음 ⓑ → 버스 지도에 빨간 스티커를 붙이는 일
채점 기준표	• ⓐ, ⓑ에 대해 각각 2점을 부여함 • ⓐ의 답안을 구성하는 핵심어인 버스 정류장, 지도, 충분, 정보를 모두 활용하여 맥락에 맞게 문장을 구성한 경우 2점 부여 • ⓐ가 지칭하는 바를 대략 설명하였으나 핵심어 중 일부가 누락된 경우, 또는 의미 전달은 가능하지만 설명이 충분하지 않은 경우 1점 부여(예시: 지도에 정보가 충분하지 않음, 버스 지도가 불편함) • ⓑ의 답안을 구성하는 핵심어인 버스, 지도, 빨간 스티커, 붙이기를 모두 활용하여 맥락에 맞게 문장을 구성한 경우 2점 부여 • ⓑ가 지칭하는 바를 대략 설명하였으나 핵심어 중 일부가 누락된 경우, 또는 의미 전달은 가능하지만 설명이 충분하지 않은 경우 1점 부여(예시: 지도에 스티커를 붙임, 빨간 스티커를 붙임)

4) 환류

　평가 문항을 통해 지시어의 쓰임과 역할을 설명한다. 지시어를 활용하면 단어나 구절을 반복하여 문장이 단조로워지는 것을 방지할 수 있음을 이해하도록 한다. 올바른 지칭 추론을 위해서는 앞 문장을 주의 깊게 살피는 것이 중요하며, 특히 앞 문장의 주어나 목적어의 성별, 단수와 복수의 쓰임 등을 파악하도록 지도한다. 다양한 읽기 사례를 제공하여 스스로 지칭 추론의 원리를 깨닫도록 지도한다.

평가예시 4 문장 순서 배열하기

평가에 앞서 과학 실험 과정을 설명하는 글을 읽고 실험 과정과 결과, 실험에 적용된 과학적 원리를 이해하도록 지도한다. 평가 문항에서는 글의 논리적 전개를 위해 필요한 단서들을 찾아 각 문장의 알맞은 순서를 판단하는 능력을 평가한다.

교육과정	수업	평가	환류
[9영03-02] 일상생활이나 친숙한 일반적 대상이나 주제에 관한 글을 읽고 세부 정보를 파악할 수 있다. [9영03-07] 일상생활이나 친숙한 일반적 주제의 글을 읽고 일이나 사건의 순서, 전후 관계를 추론할 수 있다.	압력을 이용한 과학 마술에 대한 글을 읽고, 실험의 절차와 원리를 이해할 수 있다.	단답형: 과학 원리를 설명하는 글에서 문장의 논리적 관계를 파악하여 순서에 맞게 배열할 수 있다.	문장 간 논리적 관계를 파악하기 위해 접속사, 연결어, 대명사 등의 단서를 찾아서 내용 이해에 적용하는 전략을 지도한다.

1) 교육과정

과목	중학교 영어 2	영역	읽기
교육과정상 근거	\<성취기준\>		

과목	중학교 영어 2	영역	읽기
교육과정상 근거	**읽기** 〈성취기준〉 [9영03-02] 일상생활이나 친숙한 일반적 대상이나 주제에 관한 글을 읽고 세부 정보를 파악할 수 있다. [9영03-07] 일상생활이나 친숙한 일반적 주제의 글을 읽고 일이나 사건의 순서, 전후 관계를 추론할 수 있다. 〈교수학습 방법 및 유의 사항〉 흥미를 유발하고 학습 효과를 높일 수 있도록 다양한 시각 자료를 활용하여 지도한다. 〈평가 방법 및 유의 사항〉 평가의 목적과 학습자의 수준에 따라 사실적 이해 능력과 추론적 이해 능력을 측정하는 문항의 비중을 적절히 조절한다.		
평가 요소	• 맥락에 맞게 문장 순서 배열하기		

2) 수업

학습 목표	• 'The Amazing Rising Water'를 읽고, 주제 및 세부 정보를 찾을 수 있다. • 과학 원리를 다루는 글이 보여주는 논리적 특징을 이해할 수 있다.
수업 의도	• 압력을 이용한 마술의 절차와 과학적 원리에 대한 글을 읽고, 문장 간 논리적인 순서를 파악한다. • 글에서 제시한 내용에 따라 해당 실험을 직접 시연해본다.
수업 자료	

The Amazing Rising Water

Ken   Hello, everyone. Today, I'm going to show you something amazing. Here's a dish with water in it. Now, I'll put a candle in the middle of the dish. Next, I'll light the candle and cover it with a glass. "Abracadabra!"

5 Jina   Look at the water! How come it rose into the glass?

Ken   Air expands when it gets hot and creates higher pressure. When it gets cold, air contracts and creates lower pressure.

10 When the flame burnt out, the air inside the glass cooled down. As the air cooled down, the air pressure dropped. So the air outside the glass was at a higher pressure. It pushed

15 the water into the glass.

(2015 개정 교육과정 중학교 영어2, 지학사, p. 116)

3) 평가

평가 과제	문장 순서 배열하기	문항 유형	단답형
평가 의도	문장 간 논리적 관계를 파악하여 문장 순서를 바르게 배열할 수 있다.		

평가 문항 예시	다음 글을 읽고, 물음에 답하시오. [3점]
	
	Ken Hello, everyone. Today, I'm going to show you something amazing. Here's a dish with water in it. Now, I'll put a candle in the middle of the dish. Next, I'll light the candle and cover it with a glass. "Abracadabra!"
	Jina Look at the water! How come ⓐit rose into the glass?
	Ken Air expands when it gets hot and creates higher pressure. When it gets cold, air contracts and creates lower pressure. (A)When the flame burnt out, the air inside the glass cooled down. (B)So the air outside the glass was at a higher pressure. It pushed the water into the glass. (C)As the air cooled down, the air pressure dropped.
	
	(1) 윗글의 밑줄 친 ⓐ가 가리키는 것을 윗글에서 찾아 쓰시오. [1점]
	    ⓐ → _____
	(2) 윗글의 (A), (B), (C)가 자연스러운 대화가 되도록 바르게 배열하시오. [2점]
	    _____ – _____ – _____

모범 답안	(1) the water (2) (A) – (C) – (B)
채점 기준표	(1) the water / water 모두 정답으로 인정 (1) 철자 오류 시 0점 처리 (2) 유사 정답 없음

4) 환류

문장 순서 배열하기 평가를 위해서는 글을 읽을 때 전후 맥락을 추론하면서 논리적 흐름을 이해하는 연습이 필요하다. 또한 주어진 글의 바로 다음에 이어질 첫 문장을 찾는 것이 중요하다. 접속사와 지시어에 근거하여 문장 간 연결 관계를 찾고, 문장 배열 후 앞뒤 문장 간의 연결이 논리적으로 맞는지 스스로 확인하도록 지도한다.

평가 예시 5 **내용 일치 혹은 불일치 파악하기**

이번 문항은 하나의 본문과 또다른 요약문을 동시에 읽고 글의 세부 내용을 바르게 이해하였는지 여부를 판단하는 것이 목표이다. 내용 일치 혹은 불일치 파악하기 문항에서는 본문을 토대로 재구성된 지문에서 본문과 일치하지 않는 부분을 찾아 바르게 고칠 수 있어야 한다. 이러한 유형에서는 글에 진술된 세부 내용에 대한 객관적 이해 능력을 필요로 한다.

교육과정	수업	평가	환류
[9영03-02] 일상생활이나 친숙한 일반적 대상이나 주제에 관한 글을 읽고 세부 정보를 파악할 수 있다. [9영03-08] 일상생활이나 친숙한 일반적 주제의 글을 읽고 일이나 사건의 원인과 결과를 추론할 수 있다.	Richard의 발명 아이디어 이야기를 읽고, 주제 및 세부 내용을 파악할 수 있다.	단답형: 발명 과정을 요약한 연구 노트의 내용 중 잘못된 부분을 찾아 바르게 고칠 수 있다.	글의 세부 내용을 빠짐없이 이해하는지를 파악하기 위해 본문과 제시된 지문을 하나씩 비교하며 일치 여부를 판단하도록 지도한다.

1) 교육과정

과목	중학교 영어 3	영역	읽기
교육과정상 근거	\<읽기\> 〈성취기준〉 [9영03-02] 일상생활이나 친숙한 일반적 대상이나 주제에 관한 글을 읽고 세부 정보를 파악할 수 있다. [9영03-08] 일상생활이나 친숙한 일반적 주제의 글을 읽고 일이나 사건의 원인과 결과를 추론할 수 있다. 〈교수학습 방법 및 유의 사항〉 상향식 읽기 전략과 하향식 읽기 전략을 적절히 사용하도록 지도한다. 〈평가 방법 및 유의 사항〉 세부 정보 이해, 중심 내용 이해, 추론적 이해 등 다른 수준의 이해 능력을 측정할 수 있도록 다양한 과업 제시를 통해 평가한다.		
평가 요소	본문을 요약한 내용 중 잘못된 부분을 찾아 바르게 고치기		

2) 수업

학습 목표	• Richard의 발명 이야기를 읽고, 주제 및 세부 내용을 파악할 수 있다. • 문맥을 활용하여 주요 낱말과 어구의 의미를 이해하고 활용할 수 있다.
수업 의도	• 발명 과정에 대한 내용을 영어로 요약할 수 있다. • 주인공의 발명 아이디어가 자신과 주변 사람들의 삶에 어떠한 영향을 끼쳤는지 설명할 수 있다.
수업 자료	My name is Richard Turere. I live in Kenya in the southern part of Nairobi National Park. The southern part of the park does not have a fence, so wild animals like lions move out of the park freely. They kill the animals that farmers are raising. As a result, farmers try to kill the lions because they want to protect their animals. One morning, I woke up and saw our cow lying on the ground. It was dead, and I felt so bad. At first, I thought I couldn't do anything because I was only eleven. Then I realized I shouldn't ignore the problem. I really wanted to help the people in my town in the same situation. My first idea was to use fire. I thought lions were afraid of it. Sadly, it didn't work. Instead, the fire helped the lions to better watch the cows move. Then I had another idea. It was to use a scarecrow. But the lions were very clever. The first day, they were turned away. On the second day, they jumped in and killed more animals. One night, I was walking around the cows with a light, and the lions didn't come. I discovered that lions were afraid of a moving light. So I came up with an idea. I decided to invent lights that move electronically. Because I like machines, I could find what I needed to make the lights. I found an old car battery, a small device from a motorcycle, a switch, and a broken electronic light. (2015 개정 교육과정 중학교 영어3, 지학사, pp. 17−18)

3) 평가

평가 과제	내용 일치 혹은 불일치 파악하기	문항 유형	단답형
평가 의도	본문을 요약한 연구 노트 중 잘못된 부분을 찾아 바르게 고칠 수 있다.		

<table>
<tr><td rowspan="2">평가 문항
예시</td><td colspan="3">다음 글을 읽고, Richard의 연구 노트 중 <u>잘못된</u> 부분 두 군데를 찾아 바르게 고치시오. [4점]</td></tr>
<tr><td colspan="3">

In my town in Kenya, wild animals like lions come and kill animals that farmers are raising. One morning, I woke up and saw our cow lying on the ground. It was dead, and I felt so bad. I realized I shouldn't ignore the problem. I really wanted to help the people in my town in the same situation.

My first idea was to use fire. I thought lions were afraid of it. Sadly, it didn't work. Instead, the fire helped the lions to better watch the cows move. Then I had another idea. It was to use a scarecrow. But the lions were very clever. The first day, they were turned away. On the second day, they jumped in and killed more animals.

One night, I was walking around the cows with a light, and the lions didn't come. I discovered that lions were afraid of a moving light. So I came up with an idea. I decided to invent lights that move electronically. Because I like machines, I could find what I needed to make the lights. I found an old car battery, a small device from a motorcycle, a switch, and a broken electronic light.

I finally made what I called "lion lights." I have set up lights at seven homes in my community and haven't heard anyone complain about lions.

<*Richard's note* >

1st idea	What	to use fire
	How did it go?	The fire helped the lions to better watch the cows move.
2nd idea	What	to use a lion light
	How did it go?	The first day, the lions were turned away. But on the second day, they jumped in and killed more animals.
3rd idea	What	to invent lights that move slowly
	How did it go?	I haven't heard anyone complain about lions.

(1) _____ ➡ _____

(2) _____ ➡ _____

</td></tr>
</table>

156

모범 답안	(1) lion light → scarecrow (2) slowly → electronically
채점 기준표	• 철자 오류 0점 처리 • 유사 정답 없음

4) 환류

내용 일치 혹은 불일치 파악하기 문항을 통해 글의 세부 내용을 빠짐없이 이해하였는지를 평가한다. 본문에 제시된 요약문은 주로 본문의 내용 순서대로 배열되므로 글을 순차적으로 읽으면서 하나씩 일치 여부를 점검하도록 지도한다. 또한 본문과 비교하여 문장에서 언급하는 대상을 바꾸어 진술하거나, 긍정과 부정의 표현이 바뀌는 부분이 있는지 유의하며 글을 읽도록 지도한다.

평가예시6 요지 및 주제 파악하기

이번 문항에서는 친숙한 일반적 주제를 다루는 실용문의 대표적 유형 중 하나인 편지글을 읽고, 핵심어를 찾아 글의 요지와 주제를 파악하는 능력을 평가한다. 편지글의 형식과 내용, 구성 방식을 지도하여 편지글의 장르적 특징을 깨닫게 되면, 글쓴이가 전달하고자 하는 바를 빠르고 정확하게 이해할 수 있다.

교육과정	수업	평가	환류
[9영03-02] 일상생활이나 친숙한 일반적 대상이나 주제에 관한 글을 읽고 세부 정보를 파악할 수 있다. [9영03-04] 일상생활이나 친숙한 일반적 주제의 글을 읽고 줄거리, 주제, 요지를 파악할 수 있다.	먼 곳에 사는 펜팔 친구와 주고받은 편지글을 읽고 글의 형식, 중심 내용, 세부 내용을 파악한다.	단답형: 편지글을 읽고 핵심어를 찾아 글쓴이가 전달하고자 하는 바를 요약할 수 있다.	편지글의 경우 첫인사, 쓸 내용, 끝인사의 삼단 구조로 이루어짐을 설명하고, 요지와 주제를 파악하기 위해서는 쓸 내용을 중점적으로 읽고 핵심어를 찾도록 지도한다.

1) 교육과정

과목	중학교 영어 2	영역	읽기
교육과정상 근거	읽기 〈성취기준〉 [9영03-02] 일상생활이나 친숙한 일반적 대상이나 주제에 관한 글을 읽고 세부 정보를 파악할 수 있다. [9영03-04] 일상생활이나 친숙한 일반적 주제의 글을 읽고 줄거리, 주제, 요지를 파악할 수 있다. 〈교수학습 방법 및 유의 사항〉 다양한 장르(시, 소설, 기행문, 설명문 등)의 읽기 자료를 활용하여 지도한다. 〈평가 방법 및 유의 사항〉 세부 정보 이해, 중심 내용 이해, 추론적 이해 등 다른 수준의 이해 능력을 측정할 수 있도록 다양한 과업 제시를 통해 평가한다.		
평가 요소	편지글을 읽고 중심 내용을 묻는 질문에 답하기		

2) 수업

학습 목표	• 멀리 사는 친구와 주고받은 편지글을 읽고 글쓴이가 전달하고자 하는 소식이 무엇인지 파악할 수 있다. • 편지글의 형식을 이해하고, 실제로 친구에게 자신의 근황을 소개하는 안부 편지를 쓸 수 있다.
수업 의도	• 편지글을 쓸 때 첫인사, 쓸 내용, 끝인사로 내용을 구성함을 설명하고, 쓸 내용 부분의 전개 방식을 스스로 분석해보게 한다. • 실제로 친구에게 편지를 쓸 때 개요를 작성하여 글의 완성도를 높이도록 한다.

수업 자료

Dear Junho,

   In Sydney, it's fall in March. You talked about your changes in your email. Now, it's time to talk about my new changes. These days, I'm into 3D printing. I printed two things with a 3D printer.
5 One is a model of my dream car. If the traffic is heavy, it will change into a flying car. The other is a special cup for my grandfather. He can't hold his cup well because he's sick. My special cup has three handles, so it is easy to hold. My grandfather is very happy.

   By the way, I want to try your cupcakes some day, Junho.
10 Take care.

'If ..., ~ will ... .'은 '만약 … 한다면, …할 것이다.'라는 뜻입니다.

Best wishes,
Eric

(2015 개정 교육과정 중학교 영어2, 지학사, p. 19)

3) 평가

평가 과제	요지 및 주제 파악하기	문항 유형	단답형
평가 의도	편지글을 읽고 핵심어를 찾아 주어진 질문에 답할 수 있다.		

평가 문항 예시	다음 글을 읽고, 물음에 답하시오. [3점] Dear Junho, In Sydney, it's fall in March. You talked about your changes in your email. Now, it's time to talk about my new changes. These days, I'm into 3D printing. I printed two things with a 3D printer. One is a model of my dream car. If the traffic is heavy, it will change into a flying car. The other is a special cup for my grandfather. He can't hold his cup well because he's sick. My special cup has three handles, so it is easy to hold. My grandfather is very happy. By the way, I want to try your cupcakes some day, Junho. Take care. Best wishes, Eric (1) What is Eric interested in these days? [1점] ㅡㅡㅡㅡㅡㅡㅡㅡㅡㅡ (2) Write two things Eric made recently. [2점] ㅡㅡㅡㅡㅡㅡㅡ, ㅡㅡㅡㅡㅡㅡㅡㅡ

모범 답안	(1) 3D printing 또는 3D printer (2) a model of his dream car, a special cup for his grandfather

채점 기준표	• (1) 3D printing, 3D printer 또는 making things with a 3D printer 등 3D 프린터를 지칭하는 용어가 정확하게 사용되었으면 유사 정답으로 인정 • (2) car, grandfather 앞에 쓰인 수식어 his/my/the가 있는 경우 유사 정답으로 인정 • (2) 빈칸 당 1점 부여 • 철자 오류 시 0점 처리

4) 환류

  편지글은 여러 가지 실용문 중 형식이 일정하고 글을 쓴 목적이 분명하여 요지, 주제 찾기 연습에 용이하다. 이번 문항은 편지글을 읽고 질문에 답하는 형식인데, 두 개의 질문 모두 글의 요지와 주제를 다루고 있다. 따라서 정확한 답을 찾기 위해서는 편지글의 중심 소재와 핵심어를 파악할 수 있어야 한다. 학생들에게 다양한 편지글을 제시하여 글쓴이가 편지에서 전달하고자 하는 중심 내용을 찾고 핵심어를 활용하여 영어로 요약해 보도록 충분한 연습 기회를 제공한다.

3.1.2 고등학교 총괄평가 서답형 평가 문항 예시

평가 예시 1 글 요약하기

이번 문항에서는 대학수학능력시험의 간접 쓰기 문항인 '문단 요약하기' 유형을 지도하고, 주어진 글을 간단하게 요약하는 능력을 평가한다.

교육과정	수업	평가	환류
[10영03-02] 친숙한 일반적 주제에 관한 글을 읽고 주제 및 요지를 파악할 수 있다. [10영03-03] 친숙한 일반적 주제에 관한 글을 읽고 내용의 논리적 관계를 파악할 수 있다. [10영03-04] 친숙한 일반적 주제에 관한 글을 읽고 필자의 의도나 글의 목적을 파악할 수 있다. [10영04-02] 일상생활이나 친숙한 일반적 주제에 관하여 듣거나 읽고 간단하게 요약할 수 있다.	친숙한 일반적 주제에 관한 글을 읽고, 주제 및 요지, 논리적인 관계를 파악하고, 간단하게 요약할 수 있게 한다.	완성형: 친숙한 일반적 주제에 관한 글을 읽고, 글의 내용을 간단하게 요약하는 글을 완성할 수 있다.	일상생활이나 친숙한 일반적 주제에 관한 글을 읽고 간단하게 요약할 수 있는지 확인하고 수준에 맞게 지도한다.

1) 교육과정

과목	고등학교 영어	영역	읽기, 쓰기
교육과정상 근거			

과목	고등학교 영어	영역	읽기, 쓰기
교육과정상 근거	**읽기** 〈성취기준〉 [10영03-02] 친숙한 일반적 주제에 관한 글을 읽고 주제 및 요지를 파악할 수 있다. [10영03-03] 친숙한 일반적 주제에 관한 글을 읽고 내용의 논리적 관계를 파악할 수 있다. [10영03-04] 친숙한 일반적 주제에 관한 글을 읽고 필자의 의도나 글의 목적을 파악할 수 있다. **쓰기** 〈성취기준〉 [10영04-02] 일상생활이나 친숙한 일반적 주제에 관하여 듣거나 읽고 간단하게 요약할 수 있다. 〈교수학습 방법 및 유의 사항〉 학생들의 오류에 대하여 상황에 따라 적절한 피드백을 제공함으로써 가급적 스스로 오류를 수정할 수 있도록 지도한다. 〈평가 방법 및 유의 사항〉 교육과정의 어휘 수준을 넘지 않도록 하며 적절한 수준의 언어 형식을 사용하여 쓸 수 있도록 한다.		
평가 요소	일상생활이나 친숙한 일반적 주제에 관한 글 요약하기		

2) 수업

학습 목표	• 심리학에 관한 글을 읽고, 주제 및 요지, 논리적인 관계를 파악할 수 있다.
수업 의도	• 응집성과 통일성을 갖춘 글을 쓸 수 있도록 지도한다. • 글의 주제 및 요지를 간단하게 요약할 수 있도록 지도한다.
수업 자료	다음 글의 내용을 한 문장으로 요약하고자 한다. 빈칸 (A), (B)에 들어갈 말로 가장 적절한 것은? In one study, researchers asked pairs of strangers to sit down in a room and chat. In half of the rooms, a cell phone was placed on a nearby table; in the other half, no phone was present. After the conversations had ended, the researchers asked the participants what they thought of each other. Here's what they learned: when a cell phone was present in the room, the participants reported the quality of their relationship was worse than those who'd talked in a cell phone-free room. The pairs who talked in the rooms with cell phones thought their partners showed less empathy. Think of all the times you've sat down to have lunch with a friend and set your phone on the table. You might have felt good about yourself because you didn't pick it up to check your messages, but your unchecked messages were still hurting your connection with the person sitting across from you. * empathy: 공감 ⬇ The presence of a cell phone ____(A)____ the connection between people involved in conversations, even when the phone is being ____(B)____. (A)　　　　　(B) ① weakens　……　answered ② weakens　……　ignored ③ renews　……　answered ④ maintains　……　ignored ⑤ maintains　……　updated (2021년 3월 고1 전국연합학력평가, 40번)

3) 평가

평가 과제	글 요약하기	문항 유형	완성형
평가 의도	일상생활이나 친숙한 일반적 주제에 관한 글을 읽고 간단하게 요약할 수 있다.		

평가 문항 예시	글의 내용을 한 문장으로 요약하고자 한다. 빈칸 (A), (B)에 들어갈 말을 글에서 찾아 각각 한 단어로 적으시오. [4점] Sound and light travel in waves. An analogy often given for sound is that of throwing a small stone onto the surface of a still pond. Waves radiate outwards from the point of impact, just as sound waves radiate from the sound source. This is due to a disturbance in the air around us. If two sticks collide together, you will get a sound. As the sticks approach each other, the air immediately in front of them is compressed and energy builds up. When the point of impact occurs, this energy is released as sound waves. If you try the same experiment with two heavy stones, exactly the same thing occurs, but you get a different sound due to the density and surface of the stones, and as they have likely displaced more air, a louder sound. ↓ Sound radiates in waves from the sound source because of a physical _____(A)_____ in the atmosphere, which is created by the _____(B)_____ of two different objects. <div align="right">(2021년 6월 고1 전국연합학력평가, 38번)</div>
모범 답안	(A) disturbance (B) impact
채점 기준표	철자 오류의 경우 0.5점 감점

4) 환류

친숙한 일반적 주제에 관한 글을 다양하게 제시하고 묘사, 예시, 논증 등 글의 전개 방식에 따른 담화 구조를 분석하는 활동으로 확장한다. 이를 통해 학생이 효과적으로 주제 및 요지, 논리적 관계, 글의 의도를 파악하고 간단하게 요약할 수 있도록 지도하고 평가한다.

평가예시 2 **어법 및 어휘 적절성 파악하기**

이번 문항에서는 대학수학능력시험의 '어법 정확성 파악하기'와 '어휘 적절성 파악하기' 유형을 지도하고, 주어진 글의 맥락 속에서 목표 어휘를 형태, 의미, 기능적으로 올바르게 사용하는 능력을 평가한다.

교육과정	수업	평가	환류
[10영03-02] 친숙한 일반적 주제에 관한 글을 읽고 주제 및 요지를 파악할 수 있다. [10영04-03] 일상생활이나 친숙한 일반적 주제에 관해 자신의 의견이나 감정을 쓸 수 있다.	친숙한 일반적 주제에 관한 글을 읽고 주제 및 요지를 파악 파악하게 한다. 이때 맥락 속에서 적절한 수준의 언어 형식과 어휘를 함께 지도한다.	완성형: 친숙한 일반적 주제에 관한 글을 읽고, 맥락에 적절한 어휘를 활용하여 글을 완성할 수 있다.	친숙한 일반적 주제에 관한 글을 읽고 주제 및 요지를 파악할 수 있는지 확인하고, 맥락 속에서 적절한 언어 형식과 어휘를 수준에 맞게 지도한다.

1) 교육과정

과목	고등학교 영어	영역	읽기, 문법, 어휘
교육과정상 근거			

읽기
〈성취기준〉
[10영03-02] 친숙한 일반적 주제에 관한 글을 읽고 주제 및 요지를 파악할 수 있다.
〈교수학습 방법 및 유의 사항〉
어휘에 대한 평가는 맥락 속에서 단어의 의미 이해 능력을 중심으로 평가한다.

쓰기
〈성취기준〉
[10영04-03] 일상생활이나 친숙한 일반적 주제에 관해 자신의 의견이나 감정을 쓸 수 있다.
〈교수학습 방법 및 유의 사항〉
학생들의 오류에 대하여 상황에 따라 적절한 피드백을 제공함으로써 가급적 스스로 오류를 수정할 수 있도록 지도한다.
〈평가 방법 및 유의 사항〉
교육과정의 어휘 수준을 넘지 않도록 하며 적절한 수준의 언어 형식을 사용하여 쓸 수 있도록 한다.

평가 요소	제시된 그림, 도표를 설명하는 글쓰기

2) 수업

학습 목표	• 어법의 정확성과 어휘의 적절성을 판단하면서 친숙한 일반적 주제에 관한 글을 읽고 주제 및 요지를 파악할 수 있다.
수업 의도	• 상황, 문맥, 화제에 대한 배경지식을 활용하여 낱말, 어구, 문장의 의미와 형태를 이해하도록 지도한다.
수업 자료	다음 글의 밑줄 친 부분 중, 어법상 틀린 것은? [3점] There have been occasions ① in which you have observed a smile and you could sense it was not genuine. The most obvious way of identifying a genuine smile from an insincere ② one is that a fake smile primarily only affects the lower half of the face, mainly with the mouth alone. The eyes don't really get involved. Take the opportunity to look in themirror and manufacture a smile ③ using the lower half your face only. When you do this, judge ④ how happy your face really looks—is it genuine? A genuine smile will impact on the muscles and wrinkles around the eyes and less noticeably,the skin between the eyebrow and upper eyelid ⑤ are lowered slightly with true enjoyment. The genuine smile can impact on the entire face. (2021년 6월 고1 전국연합학력평가, 29번) 다음 글의 밑줄 친 부분 중, 문맥상 낱말의 쓰임이 적절하지 않은 것은? [3점] Detailed study over the past two or three decades is showing that the complex forms of natural systems are essential to their functioning. The attempt to ① straighten rivers and give them regular cross-sections is perhaps the most disastrous example of this form-and-function relationship. The natural river has a very ② irregular form: it curves a lot, spills across floodplains, and leaks into wetlands, giving it an ever-changing and incredibly complex shoreline. This allows the river to ③ prevent variations in water level and speed. Pushing the river into tidy geometry ④ destroys functional capacity and results in disasters like the Mississippi floods of 1927 and 1993 and, more recently, the unnatural disaster of Hurricane Katrina. A $50 billion plan to "let the river loose" in Louisiana recognizes that the ⑤ controlled Mississippi is washing away twentyfour square miles of that state annually. * geometry: 기하학 ** capacity: 수용능력 (2021년 6월 고1 전국연합학력평가, 30번)

3) 평가

평가 과제	어휘 적절성 파악하기	문항 유형	완성형
평가 의도	글의 흐름에 맞는 어휘를 선택하고, 적절하게 변형하여 글을 완성할 수 있다.		
평가 문항 예시	각 빈칸 (1)~(4)에 들어갈 말로 가장 적절한 것을 〈보기〉에서 찾아 한 단어로 적으시오. (단, 필요에 따라 형태 변형 가능)[6점] Due to technological innovations, music can now be experienced by more people, for more of the time than ever before. Mass availability has given individuals unheard-of control over their own sound-environment. However, it has also confronted them with the simultaneous (1)_____ of countless genres of music, in which they have to orient themselves. People start filtering out and (2)_____ their digital libraries like they used to do with their physical music collections. However, there (3)_____ the difference that the choice lies in their own hands. Without being restricted to the limited collection of music-distributors, nor being guided by the local radio program as a 'preselector' of the latest hits, the individual actively has to choose and determine his or her musical preferences. The search for the right song is thus associated with (4)_____ effort. ─────〈보기〉───── organize, remind, consider, limit, curious, be, similar, available (2021년 6월 고1 전국연합학력평가, 33번)		
모범 답안	(1) availability (2) organizing (3) is (4) considerable		
채점 기준표	• 빈칸 당 1.5점 • 빈칸에 의미상 적절한 단어를 선택하였으나, 형태를 적절하게 변형하지 못한 경우(예: organize, was) 각 1점 감점 • 철자 오류의 경우 0.5점 감점		

4) 환류

친숙한 일반적 주제에 관한 글을 활용하여 맥락 속에서 어휘와 문법을 지도하며, 학생들의 오류에 대하여 수준에 맞는 적절한 피드백을 제공함으로써 적절한 수준의 언어 형식을 사용하여 쓸 수 있도록 지도하고 평가한다.

어휘의 쓰임 파악하기

이번 문항에서는 과거에 존재하지 않았던 새롭고 독특한 직업에 대한 글을 읽고, 글에 등장하는 새로운 어휘의 의미와 쓰임을 이해하였는지 평가한다.

교육과정	수업	평가	환류
[10영03-01] 친숙한 일반적 주제에 관한 글을 읽고 세부 정보를 파악할 수 있다. [10영04-01] 일상생활이나 친숙한 일반적 주제에 관하여 듣거나 읽고 세부 정보를 기록할 수 있다.	이색 직업을 소개하는 글을 읽고 자신의 직업과 관련한 미래의 계획을 세워본다.	단답형: 글의 맥락을 파악하여 제시된 어휘의 유의어, 반의어를 찾을 수 있다.	새로운 어휘를 지도할 때 지문에 쓰인 예문을 통해 학생 스스로 의미를 추론하게 한다. 또한 유의어, 반의어를 함께 제시하면 어휘의 쓰임에 대한 이해를 도울 수 있다.

1) 교육과정

과목	고등학교 영어	영역	읽기
교육과정상 근거			
평가 요소	새로운 어휘의 의미 파악 및 문맥 안에서 유의어 및 반의어 찾기		

교육과정상 근거:

읽기

〈성취기준〉
[10영03-01] 친숙한 일반적 주제에 관한 글을 읽고 세부 정보를 파악할 수 있다.
〈교수학습 방법 및 유의 사항〉
문맥을 통하여 낱말의 의미와 글의 내용을 유추하도록 지도한다.
〈평가 방법 및 유의 사항〉
어휘에 대한 평가는 맥락 속에서 단어의 의미 이해 능력을 중심으로 평가한다.

쓰기

〈성취기준〉
[10영04-01] 일상생활이나 친숙한 일반적 주제에 관하여 듣거나 읽고 세부 정보를 기록할 수 있다.
〈교수학습 방법 및 유의 사항〉
학생들의 오류에 대하여 상황에 따라 적절한 피드백을 제공함으로써 가급적 스스로 오류를 수정할 수 있도록 지도한다.

2) 수업

학습 목표	• 여러 가지 독특한 직업에 대한 소개를 읽고 글의 내용을 이해할 수 있다. • 글의 주제에 대한 배경지식을 활성화하고 읽기 전략을 학습한다.
수업 의도	• 본문의 문장을 반복하여 읽으며 새롭게 제시된 어휘 및 숙어의 의미를 추론할 수 있도록 하고, 다양한 예문을 제시하여 어휘의 쓰임에 익숙해지도록 지도한다. • 학습한 표현을 활용하여 자신이 희망하는 미래 직업에 대해 소개하는 글을 쓰도록 한다.
수업 자료	# Unusual Jobs That Didn't Exist Many Years Ago There are jobs nowadays that didn't exist in the early 1990s, like social media manager and app developer. Some of them are quite unique and may even seem strange to you. Below are a handful of these unusual jobs. Have a look at them and see how 5 some people make a peculiar living. **One More Step** Find words in the first paragraph that have similar meanings to the following words. (1) strange – _____ (2) unusual – _____ ### Professional Dog Food Taster Dog owners who take a small bite of their pet's dog food, out of curiosity, are considered normal. But can you imagine a person who eats dog food for a living? Professional dog 10 food tasters are such people. Dog food tasters, as their name suggests, taste dog food to make sure it meets a premium brand's quality standards. Their job is to evaluate its quality in terms of taste, as well as smell, and write reports about it. They also try to think up new ideas 15 on how to make quality food that dogs would really like. Don't worry. Most dog food tasters spit out the dog food instead of swallowing it. **Pay Attention** L12 Their job is to evaluate its quality in terms of taste, **as well as** smell, and write reports about it. **Q** Why do dog food tasters taste dog food? (2015 개정 교육과정 고등학교 영어, 지학사, p. 123)

3) 평가

평가 과제	어휘의 쓰임 파악하기	문항 유형	단답형
평가 의도	제시된 어휘의 의미를 파악하고 본문에서 유의어와 반의어를 찾아 쓸 수 있다.		
평가 문항 예시	다음 글을 읽고, 물음에 답하시오. [4점] There are jobs nowadays that didn't exist in the early 1990s, like social media manager and app developer. Some of them may seem strange to you. Below are a handful of these unusual jobs. Have a look at them and see how some people make a ⓐ peculiar living. Dog owners who take a small bite of their pet's dog food, out of curiosity, are considered normal. But can you imagine a person who eats dog food for a living? Professional dog food tasters are such people. Dog food tasters, as their name suggests, taste dog food to make sure it meets a premium brand's quality standards. Their job is to evaluate its quality in terms of taste, as well as smell, and write reports about it. They also try to think up new ideas on how to make quality food that dogs would really like. Don't worry. Most dog food tasters don't ⓑ swallow the dog food. They spit it out after tasting. (1) 밑줄 친 ⓐ와 유사한 의미를 가진 말을 본문에서 찾아 한 단어로 쓰시오. [2점] 　　답: _____ (2) 밑줄 친 ⓑ와 반대되는 의미를 가진 말을 본문에서 찾아 한 단어로 쓰시오. [2점] 　　답: _____
모범 답안	(1) unusual 또는 strange (2) spit
채점 기준표	• (2)에 spit out을 쓴 경우 1점 부여 • 철자 오류 0점 처리

4) 환류

어휘의 쓰임에 대해 평가할 때 선택형 문항에서는 일반적으로 주어진 어휘가 문맥과 어울리는지를 추론하는 능력을 평가한다. 이를 서답형 문항으로 변형하면 어휘의 의미를 알고 있는지를 확인할 수 있을 뿐만 아니라 유의어 및 반의어를 활용할 수 있는지를 평가할 수 있다. 해당 어휘가 사용된 추가 읽기 자료를 제시하여 다양한 맥락에 따라 어휘가 어떻게 쓰이는지 스스로 생각해 볼 수 있도록 학습 기회를 제공한다.

평가예시4 세부 내용 파악하기

이번 문항에서는 화성에 대한 다양한 내용을 다루는 글을 읽고, 본문에서 언급하고 있는 구체적인 정보와 수치를 이해하였는지 세부 내용을 파악하는 능력을 평가한다.

교육과정	수업	평가	환류
[10영03–01] 친숙한 일반적 주제에 관한 글을 읽고 세부 정보를 파악할 수 있다. [10영04–01] 일상생활이나 친숙한 일반적 주제에 관하여 듣거나 읽고 세부 정보를 기록할 수 있다.	화성에 관한 구체적이고 흥미로운 이야기를 읽고 새롭게 알게 된 사실에 대해 항목별로 정리해본다.	단답형: 세부 사항을 묻는 질문에 대해 본문에서 정확한 정보를 찾아 구체적으로 답할 수 있다.	질문의 의도를 면밀하게 파악하여 본문에서 제시하는 많은 정보 중 필요한 부분을 정확하게 찾아내는 연습을 시킨다.

1) 교육과정

과목	고등학교 영어	영역	읽기
교육과정상 근거	읽기 〈성취기준〉 [10영03–01] 친숙한 일반적 주제에 관한 글을 읽고 세부 정보를 파악할 수 있다. 〈교수학습 방법 및 유의 사항〉 친숙한 일반적 주제에 관한 다양한 글을 읽고 글의 세부 정보, 중심 내용, 논리적인 관계를 이해하도록 지도한다. 〈평가 방법 및 유의 사항〉 단편적인 언어 지식보다는 전체 글의 이해 정도를 측정하는 평가를 한다. 쓰기 〈성취기준〉 [10영04–01] 일상생활이나 친숙한 일반적 주제에 관하여 듣거나 읽고 세부 정보를 기록할 수 있다. 〈교수학습 방법 및 유의 사항〉 자기 주도적 학습이 가능하도록 다양한 쓰기 전략을 지도한다.		
평가 요소	질문을 통해 글의 세부 내용 파악하기		

2) 수업

학습 목표	• 화성의 기후, 대기, 시간, 중력 등 다양한 사실에 대해 읽고 구체적인 정보를 파악할 수 있다. • 지구와 화성을 비교하여 설명할 수 있다.
수업 의도	• 글을 읽기 전 지구와 화성에 대한 배경지식을 활성화하여 읽기 활동에 몰입할 수 있도록 유도한다. • 훑어 읽기와 자세히 읽기와 같은 읽기 전략을 적용하여 글의 중심 내용과 세부 내용을 효율적으로 파악하게 한다.
수업 자료	

Mars' Time

On Mars, you'll get extra time in the day to do the things you want to do—like sleep in! Mars rotates at almost exactly the same speed as Earth, making its days just 37 minutes longer than our own. But that's nothing compared to the extra time you'll get in a year: the Martian year is far longer, lasting 687 Earth days. That means seasons on Mars are about twice as long as they are on Earth. For example, in one year you can enjoy about seven months of spring, six months of summer, a little more than five months of fall, and only about four months of winter. 10

Mars' Gravity

You don't have to struggle to lose weight on Mars. It has a gravity that's only 37.5% of Earth's, which means that if you weighed 60 kilograms, you would weigh only about 23 kilograms on Mars. However, that is not completely good news because the reduced gravity would be a serious problem for your skeletal system. Normally, our muscles and bones have to work to stand up against the force of Earth's gravity. But due to the reduced gravity on Mars, our muscles would quickly shrink. In experiments, rats sent to space lost a third of their muscle mass in their legs within a few days.

♀ **Pay Attention**
L1 It has a gravity that's only 37.5% of Earth's, **which** means that … .

★ **Highlight**
Highlight all the instances of *that* and compare their meanings.

(2015 개정 교육과정 고등학교 영어, 지학사, pp. 144–147)

3) 평가

평가 과제	세부 내용 파악하기	문항 유형	단답형
평가 의도	글의 세부 내용에 관한 질문에 답할 수 있다.		

평가 문항 예시	다음 글을 읽고, 물음에 답하시오. [4점] On Mars, you'll get extra time in the day to do the things you want to do—like sleep in! Mars rotates at almost exactly the same speed as Earth, making its days just 37 minutes longer than our own. But that's nothing compared to the extra time you'll get in a year: the Martian year is far longer, lasting 687 Earth days. That means seasons on Mars are about twice as long as they are on Earth. For example, in one year you can enjoy about seven months of spring, six months of summer, a little more than five months of fall, and only about four months of winter. You don't have to struggle to lose weight on Mars. It has a gravity that's only 37.5% of Earth's, which means that if you weighed 60 kilograms, you would weigh only about 23 kilograms on Mars. However, that is not completely good news because the reduced gravity would be a serious problem for your skeletal system. Normally, our muscles and bones have to work to stand up against the force of Earth's gravity. But due to the reduced gravity on Mars, our muscles would quickly shrink. In experiments, rats sent to space lost a third of their muscle mass in their legs within a few days. (1) How many days are there in a year on Mars? [2점] _____ (2) How strong is the gravity on Mars? [2점] _____

모범 답안	(1) (It is) 687 Earth days. (2) (It is) 37.5% of Earth's gravity.
채점 기준표	• 문두에 It is를 쓰지 않고 구 형태로 적어도 정답으로 인정 • 687, 37.5 등 단위를 쓰지 않고 수치만 적은 경우 답안 정보가 충분하지 않으므로 각 1점씩 감점

4) 환류

객관적인 사실을 전달하는 설명문의 경우 글에서 제공하는 정보의 양이 많기 때문에 체계적인 읽기 전략이 부족하다면 세부 내용을 정확하게 파악하는 것이 쉽지 않다. 질문이 주어진 경우 질문에 사용된 언어 표현이 본문의 어느 문장과 일치하는지 찾고, 그 부분에서 필요한 정보를 발췌하여 정답으로 작성한다. 질문과 자신의 답을 번갈아 읽어보고 답변이 충분한 정보를 포함하고 있는지 확인하는 습관을 기르도록 한다.

평가예시 5 어법 정확성 판단하기

이번 문항에서는 자신의 추억을 기술한 에세이 읽기를 통해 과거의 경험을 묘사하는데 필요한 어휘와 어법을 익히고, 해당 표현의 형태와 의미를 기능적으로 사용할 수 있는지 평가한다.

교육과정	수업	평가	환류
[10영04–03] 일상생활이나 친숙한 일반적 주제에 관해 자신의 의견이나 감정을 쓸 수 있다.	과거의 경험에 대한 개인적인 감상을 적은 글을 읽고 글쓴이의 심경과 글의 요지를 파악한다.	단답형: 문장을 읽고 어법의 사용이 정확한지 판단하여 잘못된 부분을 바르게 고칠 수 있다.	어법의 정확성을 판단할 때에는 단편적인 문법 지식에 의존하지 않고 문맥을 고려하여 쓰임이 올바른지 확인하도록 지도한다.

1) 교육과정

과목	고등학교 영어 I	영역	읽기
교육과정상 근거	쓰기 〈성취기준〉 [10영04–03] 일상생활이나 친숙한 일반적 주제에 관해 자신의 의견이나 감정을 쓸 수 있다. 〈교수학습 방법 및 유의 사항〉 학생들의 오류에 대하여 상황에 따라 적절한 피드백을 제공함으로써 가급적 스스로 오류를 수정할 수 있도록 지도한다. 〈평가 방법 및 유의 사항〉 교육과정의 어휘 수준을 넘지 않도록 하며 적절한 수준의 언어 형식을 사용하여 쓸 수 있도록 한다.		
평가 요소	어법 정확성 판단하기		

2) 수업

학습 목표	• 음식, 요리와 관련된 어린 시절의 추억을 소개하는 글을 읽고, 주제, 글쓴이의 심경, 구체적인 세부 내용을 파악할 수 있다.
수업 의도	• 〈remember+to 부정사/동명사〉와 같이 과거의 경험을 묘사하는데 필요한 어법을 학습한다. • 글의 내용을 토대로 글쓴이의 현재 직업이 무엇인지 추론하게 한다.
수업 자료	

The Meaning of Cooking

Some of my favorite childhood memories are of spending days with my mom in the kitchen. She baked bread and cookies, and made all kinds of soup. I also remember watching cooking shows with her on TV. I guess my training as a cook began back then. Everything my mom made tasted and looked good, and was often fun to make. I learned a lot from her. On top of that, my mom occasionally invited some of our elderly neighbors to our house and served them food. We ate, talked, played games, and laughed. Many of my childhood memories are of eating and sharing food. For me, this is what cooking is all about: creating experiences and making memories that last far longer than the meals themselves.

(Doug Janousek, *Home Cookin' Illustrated*)

◉ **What does cooking or food mean to you? Fill in each blank and talk with your partner.**

What does cooking mean to you?

It means _____ to me. Food tastes better when I _____ .

[Example] • sharing / share it with others   • beauty / think it is beautiful

(2015 개정 교육과정 고등학교 영어 Ⅰ, 지학사, p. 35)

3) 평가

평가 과제	어법 정확성 파악하기	문항 유형	단답형
평가 의도	〈remember+to 부정사 / 동명사〉 쓰임 판단하기		
평가 문항 예시	밑줄 친 부분 중 어법상 어색한 것을 골라 바르게 고치시오. [2점] Some of my favorite childhood memories <u>are</u> of spending days with my mom in the kitchen. She baked bread and cookies, and made <u>all kinds</u> of soup. I also remember <u>to watch</u> cooking shows with her on TV. I guess my training as a cook began back then. Everything my mom made tasted and looked good, and was often fun to make. I learned a lot from her. On top of that, my mom occasionally invited some of our <u>elderly</u> neighbors to our house and served them food. We ate, talked, played games, and laughed. Many of my childhood memories are of eating and sharing food. For me, this is what cooking is all about: creating experiences and making memories that <u>last</u> far longer than the meals themselves. _____ ➡ _____		
모범 답안	to watch → watching		
채점 기준표	• 틀린 부분은 찾았으나, 바르게 고치지 못한 경우 1점 부여 • 유사 정답 없음 • 철자 오류 시 0점 처리		

4) 환류

　주어진 부분의 어법성을 판단할 때에는 해당 표현에 대한 충분한 이해가 바탕이 되어야 한다. 또한 어법에 대한 단편적 지식만으로 해당 표현이 옳게 쓰였는지를 판단할 수 없는 경우, 그 부분을 포함한 전체 문장 구조를 파악할 수 있어야 한다. 간혹 어법성 판단 문항에서 전체를 읽지 않고 밑줄 친 부분만을 읽고 해결하려는 학생들이 있는데, 어법에 맞는지 정확하게 판단하기 위해서는 앞뒤 문맥을 고려해야 하는 경우가 있으므로 글의 흐름을 파악하고 내용을 이해하는 것이 중요함을 설명한다.

평가예시6 간단한 편지글 쓰기

이번 문항에서는 다른 사람에게 조언할 때 필요한 표현을 교과서의 읽기, 문법, 쓰기 활동과 연계하여 지도하고, 목표 구문을 형태, 의미, 기능적으로 올바르게 사용하여 간단한 편지글을 작성할 수 있는 능력을 평가한다.

교육과정	수업	평가	환류
[10영03-02] 친숙한 일반적 주제에 관한 글을 읽고 주제 및 요지를 파악할 수 있다. [10영04-05] 간단한 서식, 이메일, 메모 등을 작성할 수 있다.	'미래의 나에게서 온 편지'를 읽고 〈제안, 주장, 요구, 명령의 동사+that+주어(+should)+동사원형〉의 형태, 의미, 기능을 파악하게 한다.	서술형: 〈제안, 주장, 요구, 명령의 동사 that+주어(+should)+동사원형〉을 형태, 의미, 기능에 맞게 사용하여, 조언하는 편지글을 완성할 수 있다.	〈제안, 주장, 요구, 명령의 동사+that+주어(+should)+동사원형〉을 사용하여 조언하는 글을 쓸 수 있는지 확인하고, 제안, 주장, 요구, 명령의 동사가 시제 일치의 법칙을 따르는 경우를 수준에 맞게 지도한다.

1) 교육과정

과목	고등학교 영어	영역	읽기, 쓰기, 문법
교육과정상 근거	\[읽기\] 〈성취기준〉 [10영03-02] 친숙한 일반적 주제에 관한 글을 읽고 주제 및 요지를 파악할 수 있다. \[쓰기\] 〈성취기준〉 [10영04-05] 간단한 서식, 이메일, 메모 등을 작성할 수 있다. 〈교수학습 방법 및 유의 사항〉 학생들의 오류에 대하여 상황에 따라 적절한 피드백을 제공함으로써 가급적 스스로 오류를 수정할 수 있도록 지도한다. 〈평가 방법 및 유의 사항〉 교육과정의 어휘 수준을 넘지 않도록 하며 적절한 수준의 언어 형식을 사용하여 쓸 수 있도록 한다.		
평가 요소	• 간단한 서식, 이메일, 메모 등을 작성하기		

2) 수업

학습 목표	• 미래의 나에게서 온 편지를 읽고 이해할 수 있다. • 〈제안, 주장, 요구, 명령의 동사+that+주어(+should)+동사원형〉을 글의 흐름에 맞게 사용할 수 있다. • 편지글의 형식을 이해하고, 미래의 나에게 보내는 편지글을 쓸 수 있다.
수업 의도	• 제안, 주장, 요구, 명령의 동사 뒤에 오는 that 절에는 'should+동사원형' 또는 '동사원형'이 오며, 이때 should는 생략되는 경우가 많음을 학습한다.
수업 자료 예시	# A Letter from Your Future Self **Dear my 17-year-old self,** I know you are now struggling with your new freshman year. You sometimes feel stressed out because you wake up early every morning and 5 take tough classes. You may occasionally feel that you are not important. However, everything will get better. Here are some ways to live more positively through this year. You will have realized by the time you are 27 that the following tips were really important to you. 10 I can remember you are a huge fan of some soccer players and singers. Following their lives is okay if it helps you relax. But you also need to become a fan of yourself. It doesn't mean your favorite celebrities aren't important. But someday you will suddenly feel that 15 focusing on yourself is more important than focusing on them. So I suggest that you keep a healthy life balance. Become a bigger fan of yourself than people on TV or the Internet. **📍 Pay Attention** L7 You **will have realized** by the time you are 27 that the following tips were really important to you. **★ Highlight** Highlight all the pieces of advice. **Q** Why does the writer's 17-year-old self feel stressed out? · **Expressions in Focus** Check √ if you know the following words and expressions. ☐ L2 struggle ☐ L3 freshman ☐ L5 tough ☐ L8 tip ☐ L13 celebrity ☐ L15 focus on ☐ L16 balance (2015 개정 교육과정 고등학교 영어, 지학사, pp. 19-27)

Grammar Study 1

D Compare the following pairs of sentences and find out the differences **between** them.

- I **suggest that** you **should keep** a healthy life balance.
  I **suggest that** you **keep** a healthy life balance.

- My mother **recommended that** my brother **should spend** less time playing computer games.
  My mother **recommended that** my brother **spend** less time playing computer games.

Top Tips

Similar usages with *suggest* and *recommend*: insist, order, advise, propose, etc.

- Based on your findings, complete the sentence with the appropriate expression.

The doctor advised that he _____ less meat and more vegetables.

수업 자료 예시

C Complete your letter to your 30-year-old self using your answers in B.

Dear my 30-year-old future self,

Do you remember when you were 17? At that time, you were a first-year high school student. You were a(n) _____ person and wanted to become a(n) _____ in the future. Also, you were interested in _____ _____.

You enjoyed your high school life, but I remember you felt most stressed out about _____ _____.

You liked _____ to relieve your stress. I suggest that you _____ _____. I really hope that you will have achieved what I want you to achieve when you are 30.

With love,
Your 17-year-old _____

Self-Edit Read your letter and correct any mistakes.

3) 평가

평가 과제	간단한 편지글 쓰기	문항 유형	서술형
평가 의도			

평가 과제	간단한 편지글 쓰기	문항 유형	서술형
평가 의도	• '제안, 주장, 요구, 명령의 동사+that+주어(+should)+동사원형' 구문을 글의 흐름에 맞게 활용할 수 있다.		
평가 문항 예시	다음은 준수가 동생에게 보내는 편지이다. 〈조건〉에 맞게 빈칸에 적절한 문장을 넣어 완성하시오. [4점] • 조건 • • 편지의 흐름에 맞게 'recommend'와 'care about'이라는 단어를 포함하여 문장을 완성할 것 • 4~8개의 단어로 문장을 완성할 것 Dear my brother, I know you are now struggling with your new freshman year. You sometimes feel stressed out because you may occasionally feel that you do not have many friends. Last week, I _____ how many friends you have. Not having many friends doesn't mean anything is wrong. Friends are about quality, not quantity. Do not care about the number of your friends or SNS friends. True friends help you understand and love yourself. They focus on your strengths and try to help you with your problems. So, spend more time with them and be the best friend you can be to them. Love always, Junsu		
모범 답안	• recommended that you (should) not care (too much) about		
채점 기준표	• 'recommend,' 'care about'을 포함하여 '(내가) 너는 걱정하지 않아도 된다고 제안했다.'는 내용을 오류 없이 완성한 경우 4점 • '너는 걱정하지 않아도 된다고 제안했다.'라는 의미를 전달하지만, 시제, 어순과 같은 문법 오류가 있는 경우(예: will recommend you not care about, recommended you care about not) 각 1점 감점 • '너는 걱정하지 않아도 된다고 제안했다.'라는 의미가 없는 경우 0점 • 조건을 충족하지 않은 경우 각 조건에 대해 1점 감점 • 철자 오류의 경우 0.5점 감점		

4) 환류

추가 지문의 제시와 활동을 통해 다양한 맥락에서 목표 구문인 〈제안, 주장, 요구, 명령의 동사+that

+주어(+should)+동사원형)의 형태, 의미, 기능에 대한 학습을 강화한다. 나아가 목표 동사가 '당위성'이 아닌 다른 뜻으로 쓰인 경우, that절의 동사는 시제 일치의 법칙을 따라야 함을 주지시킴으로써 목표 동사를 일상생활이나 친숙한 일반적 주제에 관한 문맥 속에서 올바르게 사용할 수 있도록 지도하고 평가한다.

평가예시7 도표 설명하기

이번 문항에서는 통계 자료를 해석하고 그 결과를 설명할 때 필요한 표현을 교과서 쓰기 활동을 통해 지도하고, 목표 구문을 형태, 의미, 기능적으로 올바르게 사용하여 도표를 설명하는 간단한 글을 완성할 수 있는 능력을 평가한다.

교육과정	수업	평가	환류
[10영03–01] 친숙한 일반적 주제에 관한 글을 읽고 세부 정보를 파악할 수 있다. [10영04–06] 일상생활이나 친숙한 일반적 주제에 관한 그림, 도표 등을 설명하는 글을 쓸 수 있다.	학급 설문 조사에 관한 도표를 읽고, '~ ranked as ...'의 형태, 의미, 기능을 파악하게 한다.	서술형: '~ ranked as ...'를 형태, 의미, 기능에 맞게 사용하여, 도표를 설명하는 글을 완성할 수 있다.	일상생활이나 친숙한 일반적 주제에 관한 다양한 도표와 그래프의 구조와 표현을 이해하고, '~ ranked as ...'를 사용하여 도표를 설명하는 글을 쓸 수 있는지 확인하고 수준에 맞게 지도한다.

1) 교육과정

과목	고등학교 영어	영역	쓰기, 문법
교육과정상 근거	<td colspan="3">**읽기** 〈성취기준〉 [10영03–01] 친숙한 일반적 주제에 관한 글을 읽고 세부 정보를 파악할 수 있다. **쓰기** 〈성취기준〉 [10영04–06] 일상생활이나 친숙한 일반적 주제에 관한 그림, 도표 등을 설명하는 글을 쓸 수 있다. 〈교수학습 방법 및 유의 사항〉 학생들의 오류에 대하여 상황에 따라 적절한 피드백을 제공함으로써 가급적 스스로 오류를 수정할 수 있도록 지도한다. 〈평가 방법 및 유의 사항〉 교육과정의 어휘 수준을 넘지 않도록 하며 적절한 수준의 언어 형식을 사용하여 쓸 수 있도록 한다.</td>		
평가 요소	<td colspan="3">• 제시된 그림, 도표를 설명하는 글쓰기</td>		

2) 수업

학습 목표	• 선호하는 색깔에 관한 도표를 설명하는 문단을 쓸 수 있다.
수업 의도	• 도표에 관한 질문들을 통해 도표를 올바르게 해석할 수 있다. • 도표를 설명하는 글의 구조와 표현을 이해하고 사용할 수 있다.
수업 자료	

Writing Lab — Describing a Pie Chart

A Answer the questions about the pie chart.

1. What is the most preferred color for the class T-shirt?

   ➡ _____ is the most preferred color among the students at _____%.

2. What is the second most preferred color?

   ➡ _____ is ranked as the second most preferred at _____%.

3. What percentage of the students chose purple and green as their preferred color?

   ➡ _____% of the students chose _____, while _____% of the students selected _____ as their preferred color.

4. What colors are the least preferred?

   ➡ The least preferred colors are _____ and _____, at _____% and _____%, respectively.

Preferred Color for Class T-Shirt

17% 31% 9% 6% 14% 23%

35 students of Class 1-1

B Based on A, fill in the blanks and write the introduction and the conclusion of a passage describing the pie chart.

Introduction

This pie chart is about _____.

Thirty-five students of Class 1-1 were asked _____

_____.

Conclusion

Therefore, we can say that the students of Class 1-1 will _____.

Top Tips

Introduction
Describe the chart and say what it is about.

Conclusion
End with a brief summary of the effects of the information in the chart.

(2015 개정 교육과정 고등학교 영어, 지학사, p. 46)

3) 평가

평가 과제	도표 설명하기	문항 유형	서술형
평가 의도	도표를 설명하는 글을 완성할 수 있다.		

<table>
<tr><td rowspan="1">평가 문항
예시</td><td colspan="3">

다음은 희망 도서 설문조사에 관한 글이다. 〈조건〉에 맞게 빈칸에 적절한 문장을 완성하시오.
[4점]

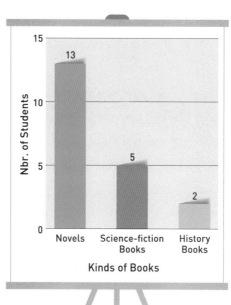

· 조건 ·
• 글의 흐름에 맞게 'science-fiction books,' 'rank,' 'prefer'를 포함하여 문장을 완성할 것
• 9~12개의 단어로 문장을 완성할 것

    This chart is about students' preferred books for our school library. Twenty students were asked what books they wanted for the school library. This chart shows that novels are the most preferred books among the students. The result says that thirteen out of twenty students chose novels. Moving on to the next, _____. Five out of twenty students chose science-fiction books. History books are least preferred among the students. Only two out of twenty students chose history books. Therefore, we can say that the school library should get more novels.

(2015 개정 교육과정 중학교 영어3, 지학사, p. 131)

</td></tr>
</table>

모범 답안	• science-fiction books are ranked as the second most preferred • science-fiction books ranked as the second most preferred
채점 기준표	• '공상 과학 소설이 두 번째로 선호되었다.'라는 의미가 없을 경우 0점 • '공상 과학 소설이 두 번째로 선호되었다.'라는 의미를 전달하지만, 시제, 어순과 같은 문법 오류가 있을 경우(예: is ranked, ranks, the most second) 각 1점 감점 • 조건을 충족하지 않은 경우 각 조건에 대해 1점 감점 • 철자 오류의 경우 0.5점 감점

4) 환류

추가 지문과 활동을 제시함으로써 다양한 맥락에서 목표 구문인 '~ ranked as …'의 형태, 의미, 기능을 학습하도록 한다. 나아가 다양한 도표와 그래프(예: 파이 차트, 선 그래프)의 구조와 관련 표현을 이해할 수 있도록 돕고, 세부 정보를 파악하는 활동으로 수업 내용을 확장한다. 이를 통해 일상생활이나 친숙한 일반적 주제에 관한 도표와 그래프를 올바르게 해석하고 설명하는 글을 쓸 수 있도록 지도하고 평가한다.

3.2 활용 예시 2 중학교 수행평가

이번 장 도입부에서 살펴보았듯이 대부분의 시도교육청에서는 소속 중고등학교의 수행평가 반영 비율을 40% 이상으로 규정하고 있다. 특히 자유학기제와 자유학년제를 시행하는 중학교 1학년의 경우 그 취지에 따라 지필평가를 실시하지 않고 상대 평가에 따른 내신 등급 역시 산출하지 않는다. 대신 수행평가를 통해 학생의 학습 과정과 결과를 교사가 직접 관찰하고, 학생의 개별적인 특성이 드러나도록 학교생활기록부의 과목별 세부능력 및 특기 사항에 그 내용을 기술한다. 그리고 중학교 2, 3학년의 경우에는 학기별 성취도에 따라 학습 결과를 A~E 형태의 절대등급으로 제시하고, 학습 과정에서 교사가 관찰하고 평가한 내용을 중학교 1학년과 마찬가지로 학교생활기록부에 기술한다. 중학교 2, 3학년의 경우 수행평가가 전체 평가영역에서 차지하는 비율이 40% 이상인 경우가 일반적이며, 따라서 학기당 2~4개의 수행평가를 실시하게 된다.

3.2절에서는 서답형 평가 유형으로서 중학교 수준의 과정 중심 수행평가 예시를 살펴보고자 한다. 평가 예시는 총 다섯 가지로 구성되어 제시된다. 우선 자유학년제 상황에서 실시한 자기소개 신문 기사 쓰기 활동과 블렌디드 학습 형태로 진행된 전통시장 방문 경험 말하기 활동을 살펴본다. 이후 스트레스 해소 방법에 관한 실용서 만들기, 교과서 내용과 연계한 독서 비평문과 에세이 쓰기 활동을 차례로 살펴보겠다.

평가 예시 1 자기소개 신문 기사 쓰기

첫 번째 평가 예시인 '자기소개 신문 기사 쓰기' 활동은 중학교 자유학년제 1학년 학생들을 대상으로 실시되었다. 자기소개는 중학교에 입학하여 낯선 환경에서 새로운 관계를 형성해야 하는 1학년 신입생이 반드시 하게되는 일 중 하나이다. 이번 활동은 금성출판사 중학교 1학년 영어 교과서의 1단원 학습 내용을 배경으로 한다. 이 단원에서 학생들은 자신과 친구를 소개하는 내용의 본문('Nice to Meet You')을 읽고, 주어가 3인칭 단수일 때 적절한 동사의 형태에 관한 내용을 핵심 문법으로 학습하였다. 이후 자신을 3인칭으로 객관화하여 생일, 취미, 성격, 특징 등 인물에 대한 구체적인 정보를 신문 기사 형식으로 소개하는 글쓰기 활동을 시행하였다. 평가의 과정에서 학생들이 다양한 표현을 사용하여 자신을 소개할 수 있는지와 주어가 1인칭에서 3인칭으로 바뀌었을 때 현재형 동사를 그에 맞게 활용할 수 있는지를 확인할 수 있었다. 또한 글쓰기를 통해 자신을 객관적으로 바라보고 깊이 있게 들여다보는 시간을 보낼 수 있으므로 이러한 수행평가 활동을 통해 학생들이 자기관리 역량을 기를 수 있을 것으로 기대된다.

교육과정	수업	평가	기록
[9영03-02] 일상생활이나 친숙한 일반적 대상이나 주제에 관한 글을 읽고 세부 정보를 파악할 수 있다. [9영04-01] 일상생활에 관한 주변의 대상이나 상황을 묘사하는 문장을 쓸 수 있다. [9영04-05] 자신이나 주변 사람, 일상생활에 관해 짧고 간단한 글을 쓸 수 있다.	[1차시] 자신과 친구들을 소개하는 글을 읽고 자기소개에 관한 설문지를 작성한다. [2차시] 설문지 내용을 토대로 자기소개 신문 기사를 쓴다.	[과정] 서술형: 자기소개 설문지를 작성할 수 있다. [결과] 논술형: 자기를 객관화하여 소개하는 신문 기사를 쓸 수 있다.	자기소개 설문지를 작성하고 자신을 소개하는 신문 기사를 쓰는 과정에서 관찰된 학생의 의사소통 능력과 태도, 개선 노력, 발전 과정 등을 정성적으로 평가하여 기록한다.

1. 교육과정

다음은 자기소개 신문 기사 쓰기의 수업 및 평가의 근거가 되는 교육과정 성취기준 및 수준별 평가 기준이다. 쓰기에 앞서 읽기 활동이 이뤄지므로 자신과 친구를 소개하는 글을 읽고 정보를 파악하는 데 요구되는 성취기준 [9영03-02]를 근거로 하였다. 신문 기사 작성의 기초자료가 되는 자기소개 설문지 작성 활동은 [9영04-01], 신문 기사 작성 활동은 [9영04-05]를 성취기준으로 설정하였다.

학교급 및 학년	중학교 1학년	영역	읽기/ 쓰기
성취기준 및 평가기준	[9영03-02] 일상생활이나 친숙한 일반적 대상이나 주제에 관한 글을 읽고 세부 정보를 파악할 수 있다.	상	자신과 친구를 소개하는 글을 읽고 세부 정보를 정확히 파악할 수 있다.
		중	자신과 친구를 소개하는 글을 읽고 세부 정보를 전반적으로 파악할 수 있다.
		하	자신과 친구를 소개하는 글을 반복해서 읽고 세부 정보를 부분적으로 파악할 수 있다.

성취기준 및 평가기준	[9영04-01] 일상생활에 관한 주변의 대상이나 상황을 묘사하는 문장을 쓸 수 있다.	상	자신의 성격과 특징을 묘사하는 내용을 다양하고 적절한 어휘와 언어 형식을 사용하여 문장으로 쓸 수 있다.
		중	자신의 성격과 특징을 묘사하는 내용을 주어진 어휘와 언어 형식을 사용하여 문장으로 쓸 수 있다.
		하	자신의 성격과 특징을 묘사하는 내용을 주어진 어휘와 예시문을 참고하여 문장으로 쓸 수 있다.
	[9영04-05] 자신이나 주변 사람, 일상생활에 관해 짧고 간단한 글을 쓸 수 있다.	상	자신의 성격과 특징을 묘사하는 내용에 대해 다양하고 적절한 어휘와 언어 형식을 사용하여 짧고 간단한 글을 쓸 수 있다.
		중	자신의 성격과 특징을 묘사하는 내용에 대해 주어진 어휘와 언어 형식을 사용하여 짧고 간단한 글을 쓸 수 있다.
		하	자신의 성격과 특징을 묘사하는 내용에 대해 주어진 어휘와 예시문을 참고하여 짧고 간단한 글을 쓸 수 있다.
평가요소	자기소개 신문 기사 쓰기		

2. 수업

수업은 2차시에 걸쳐 진행되었다. 1차시에는 교과서 본문을 학습하고 읽기 후 활동을 통해 내용에 대한 이해도를 점검하였다. 그리고 자기소개 신문 기사 쓰기에 활용될 기초자료를 수집하기 위해 서술형 형태로 자기소개 설문지 작성 활동을 하였다. 2차시에는 작성한 설문지를 바탕으로 자신을 3인칭으로 객관화하여 소개하는 신문 기사를 작성하였다.

학습 목표	• 자신을 소개하는 설문지를 작성할 수 있다. • 자신을 3인칭으로 소개하는 신문 기사를 작성할 수 있다.	
수업 의도	• 자신과 친구들을 소개하는 교과서 글을 읽은 후, 자신의 성격과 특징을 중심으로 자기소개에 관한 설문지를 작성할 수 있도록 한다. • 자기소개 신문 기사 쓰기를 통해 자신을 객관화하여 바라보며 3인칭 단수 주어에 적절하도록 동사의 형태를 바르게 쓸 수 있도록 한다.	
차시	교수학습 활동	평가 계획
1차시	• 교과서의 읽기 후 활동을 통해 내용을 복습하고 정리한다. • 수행평가의 진행방식을 안내한다. • 자기소개 설문지를 작성하게 한다.	[과정] • 자기소개 설문지를 작성한다.
2차시	• 신문 기사 장르의 특징에 관해 알아본다. • 자기소개 설문지의 내용을 바탕으로 신문 기사를 작성하고, 이때 1인칭 주어를 3인칭 주어로 바꾸고 동사도 그에 맞게 바꿔 쓰도록 한다. • 교사는 학생이 작성한 신문 기사의 내용과 언어 형식에 대해 개별 피드백과 전체 피드백을 제공한다.	[결과] • 자기소개 신문 기사를 작성한다.
수업 중 유의 사항	• 한글 이름을 영문으로 쓰는 법을 모르는 학생들을 위해 네이버에서 제공하는 언어변환기를 활용할 수 있다. https://dict.naver.com/name-to-roman/translation/?where=name • 실제 신문 기사를 예시로 활용하여 학생들이 신문 기사의 장르적 특징을 발견하도록 한다. • 학급 전시회를 통해 서로의 신문 기사를 읽어보고 생각을 공유해보는 기회를 가지면 환류 효과를 높일 수 있다.	

3. 평가

[과정]

평가 과제	자기소개 설문지 작성하기			
평가 의도	자신의 특징과 경험에 대한 자기소개 설문지를 작성해보고, 설문지 내용을 1인칭 주어와 동사를 사용하여 문장으로 쓸 수 있는지 평가한다.			
수행평가 과제	평가 요소	평가 방법		
		평가 유형	평가 주체	평가 방식
설문지 완성	• 자신에 대한 정보 작성하기 • 주어와 동사의 수 일치 규칙에 맞게 문장 쓰기	서술	교사평가	개별 수행

[과정 활동지 예시: 자기소개 설문지]

Tell Us About You!		예시
1. What is your name?	이름	My name is ○○○. I am ○○○.
2. When is your birthday? (When were you born?)	생일	My birthday is February 2nd. I was born on August 24th. December 2nd is my birthday.
3. What do you like? (How do you spend your free time?)	좋아하는 일	I like playing badminton. I like drawing pictures.
4. What are you good at?	잘하는 것	I am good at math.
5. What is your favorite movie? What is your favorite subject? Who is your favorite movie star(singer, player, etc.)?	좋아하는 것 3가지 이상 (물건, 과목, 유명인, 방송, 음식, 책, 영화 등)	My favorite TV show is *Running Man*. My favorite subject is music. I like BTS so much. My favorite thing is a new soccer ball.
6. What is special about you?	자신의 특별한 점	I lived in a foreign country before. My nickname is ○○○. I am a big fan of BTS. I was born in Busan. I have three cats.

□ 채점 기준표

채점 요소	채점 기준		
	수준	수준별 수행 특성	
내용	상	주어진 질문에 대한 답을 구체적인 내용으로 충실히 작성하였다.	
	중	주어진 질문에 대한 답을 대략적인 내용으로 간단히 작성하였다.	
	하	작성한 내용이 주어진 질문과 다소 거리가 있거나 불충분하게 작성하였다.	
언어 형식	상	주어와 동사의 호응이 맞는 완전한 문장으로 작성하였다.	
	중	주어와 동사의 호응이 부분적으로 맞는 문장으로 작성하였다.	
	하	단어나 어구로 작성하였거나 주어와 동사의 호응이 맞지 않는 문장으로 작성하였다.	

[결과]

평가 과제	자기소개 신문 기사 작성하기			
평가 의도	• 작성한 설문지 내용과 정보를 바탕으로 자기소개 신문 기사의 형태로 표현할 수 있는지 평가한다. • 1인칭 주어에서 3인칭 주어로 바꾸고 그에 맞게 동사의 형태를 변형하여 쓸 수 있는지 평가한다. • 학생들이 자신을 객관화하여 바라보는 경험을 통해 자기관리 역량을 기를 수 있도록 지도한다.			

수행평가 과제	평가 요소	평가 방법		
		평가 유형	평가 주체	평가 방식
신문 기사 쓰기	• 신문 기사 내용 구성하기 • 3인칭 주어와 동사 호응을 고려하여 문장 쓰기	논술	교사평가	개별 수행

□ 채점 기준표

채점 요소	채점 기준	
	수준	수준별 수행 특성
내용	상	자기를 소개하는 구체적인 내용으로 신문 기사를 충실히 작성하였다.
	중	자기를 소개하는 대략적인 내용으로 신문 기사를 작성하였다.
	하	자기소개 내용이 다소 모호하거나 신문 기사를 일부만 작성하였다.

언어 형식	상	3인칭 주어와 동사의 호응이 맞는 완전한 문장으로 작성하였다.
	중	3인칭 주어와 동사의 호응이 부분적으로 맞는 문장으로 작성하였다.
	하	단어나 어구로 작성하였거나 3인칭 주어나 동사 사용에 있어 오류가 빈번한 문장으로 작성하였다.

4. 기록

과목별 세부능력 및 특기사항 기록(예시)

자기소개 신문 기사 쓰기 활동에서 자기소개 설문지를 작성하고 신문 기사의 형식에 맞게 한 단락의 글을 쓸 수 있음. 다양하고 풍부한 표현을 사용하여 자신의 성격과 특징을 설명할 수 있으며, 인칭에 따른 주어와 현재형 동사의 일치를 잘 이해하고 유의미한 맥락 속에서 유창하게 활용할 수 있음

▣ 학생 답안 예시

□ 학생 답안 1

과정	결과

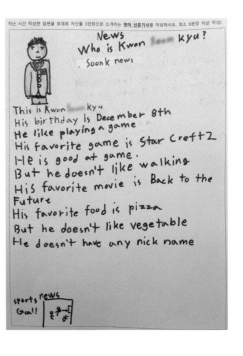

교사 피드백	**[내용 측면]** 자기소개 설문 작성 시 주어진 질문에 대해 자신의 이야기를 문장으로 잘 표현하였음. 신문 기사 작성에서는 자신의 여러 가지 특징에 대해 구체적으로 표현을 하였고, 대조적인 내용이 제시되는 부분에 but을 사용하여 자연스럽게 글의 흐름이 진행됨. 자신의 특징에 대해 다른 친구들과 차별되는 독특하고 재미있는 이야기 소재가 없을지 조금 더 생각해보도록 조언함 **[언어 형식 측면]** 문장 작성에 오류가 거의 없으며 자기소개 설문지에서 쓴 1인칭 주어의 문장들을 신문 기사로 바꾸어 쓸 때 3인칭 주어 he, his favorite food 등으로 주어를 알맞게 변환하였으며 동사 형태도 적절히 변화시킨 점, 부정문을 정확히 쓴 점을 짚어서 칭찬함. "He like ~." → "He likes ~."로 쓰도록 지도함. 또한 하나의 문단을 이루려면 문장이 끝난 지점에서 줄바꿈 하지 말고 이어 써야 한다고 조언함
채점 결과 및 근거	전체적으로 "상" 수준의 성취를 보인다고 할 수 있다. **[과정]** **내용:** 주어진 질문에 대한 답을 구체적인 내용으로 충실히 작성하였으므로 "상" 수준에 해당한다. **언어 형식:** 주어와 동사 간의 호응에 오류가 없는 완전한 문장으로 답안을 작성하였으므로 "상" 수준에 해당한다. **[결과]** **내용:** 자기를 소개하는 구체적인 내용으로 신문 기사를 충실히 작성하였으므로 "상" 수준에 해당한다. 자신의 이름, 생일, 좋아하는 것, 좋아하지 않는 것, 가장 좋아하는 영화와 음식 등 자신에 대한 구체적인 여러 가지 정보를 소개하였다. **언어 형식:** 3인칭 주어와 동사의 수 일치 규칙에 맞게 완전한 문장의 형태로 작성하였으므로 "상" 수준에 해당한다고 볼 수 있다. "He like playing a game."에서 동사의 형태에 오류가 있으나, 다른 모든 문장에서 3인칭 단수 주어에 따른 동사의 형태 변화가 정확하였으며, 부정문도 올바르게 작성하였다.
과목별 세부능력 및 특기사항 기재 예시	자기소개 신문 기사 쓰기 활동에서 자신에 관한 설문지의 질문에 충실히 대답할 수 있음. 자신을 객관화하여 3인칭 주어로 바꿔 쓸 수 있으며 그것에 맞게 동사의 형태를 변형하고 어법을 잘 지켜 신문 기사를 작성함. 특정 접속사를 사용하여 맥락에 맞는 자연스러운 글을 쓸 수 있음. 사전을 찾아보고 교사에게 질문하는 등 적극적인 태도를 보였으며 신문 기사를 작성하는 전 과정에 즐겁게 참여하고 몰두하는 모습을 보임

□ 학생 답안 2

과정	결과
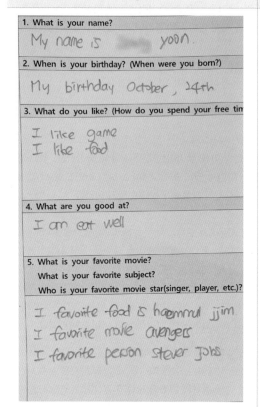	

교사 피드백	**[내용 측면]** 자기소개 설문지의 거의 모든 질문에 자신에 관한 내용을 충실히 답하려고 노력한 점, 신문 기사를 열심히 쓰고 페이지를 정성스럽게 꾸민 점을 칭찬함. 다만 전체적으로 어떤 내용을 먼저 소개하고 나중에 소개할지, 어떤 순서로 내용의 흐름을 만들지에 대해 생각할 필요가 있음을 조언함
	[언어 형식 측면] 문장에서 동사를 빠뜨린 경우가 있어 "My birthday <u>is</u> October 24th."와 같이 주어와 동사의 구조를 갖추도록 지도함. he(그는), his(그의), him(그를) 등 대명사의 격 변화를 정확히 이해하고 사용할 수 있도록 지도함. "He favorite movie *Avengers*."에서 동사가 필요하므로, "<u>His</u> favorite movie <u>is</u> *Avengers*."와 같이 쓰도록 지도함. 'is'는 be동사(~이다)이며, "He is eat very well."은 동사가 두 개 쓰인 이유로 틀린 문장이어서 "He <u>eats</u> very well."로 고쳐 써야함을 지도함. 문장을 하나씩 점검하며 생각하는 과정도 필요하지만 기본이 되는 쉬운 문장 여러 개를 반복해서 말해보고 써 보는 과정을 통해 더욱 쉽게 문장의 구조를 익힐 수 있음을 조언함

채점 결과 및 근거	전체적으로 "중" 수준의 성취를 보인다고 할 수 있다. [과정] **내용:** 자신의 이름, 잘하는 것, 좋아하는 것 등 주어진 질문에 충실한 내용으로 답하였으나 6번 질문에 대해 답을 하지 않아 "중" 수준에 해당한다고 할 수 있다. **언어 형식:** 문장으로 작성하고자 노력하였으나 대명사의 격 변화 오류와 동사 누락 등의 오류가 발생하여 "중" 수준에 해당한다고 할 수 있다. [결과] **내용:** 자기를 소개하는 대략적인 내용으로 신문 기사를 작성하였으므로 "중" 수준에 해당한다고 볼 수 있다. 자신의 이름, 좋아하는 과목과 음식, 좋아하는 사람, 생일 등을 소개하였으나 내용을 짜임새 있게 조직하였다고 보기 어렵고 순서 없이 나열한 측면이 강하여 자기소개로서의 완성도가 높다고 보기 어렵다. **언어 형식:** 3인칭 주어나 동사 사용에서 오류가 빈번하게 발생하였으므로 "하" 수준에 해당한다고 볼 수 있다. 주어와 동사의 호응이 맞는 문장을 일부 작성하였으나 동사를 빠뜨린 문장, is와 eat 두 개의 동사를 붙여서 쓴 경우 등 문장 구조를 완전히 습득하지 못했다는 것이 여러 문장에서 관찰된다. 주어를 대명사의 격에 관계없이 모두 He로 시작하여 대명사의 격변화를 습득하지 못한 측면도 보인다. 또한 전체적으로 문장이 단순히 나열되어 글의 완결성이 다소 부족한 편이다.
과목별 세부능력 및 특기사항 기재 예시	자기소개 신문 기사 쓰기 활동에 매우 즐겁게 참여하고 자신에 관한 다양한 특징과 정보를 포함하여 신문 기사를 작성함. 문장을 작성할 때 간혹 동사를 누락시키는 경우와 주어의 인칭 변화에 따른 동사의 변화에 오류가 관찰되나 연습을 통해 정확하게 쓸 수 있게 됨. 활동지 작성 시 최선을 다하며 긍정적인 자세로 수업에 참여하였고 학습 과정에서 계속하여 발전하는 모습을 보임

평가 예시 2 전통시장에 다녀온 경험 발표하기

이번에 살펴볼 예시는 원격수업과 대면수업이 혼합된 블렌디드 형태의 수업에서 시행된 과정 중심 평가 사례이다. 최근 코로나19의 확산으로 인해 전통적인 방식의 대면수업이 어려워지면서 원격수업이 학교 교육 현장에 전면적으로 도입되었다. 원격수업 시행 초기에는 우려도 있었지만 오히려 상황에 맞는 유연한 형태의 수업이 가능할 수 있음을 확인하게 되는 계기가 되기도 하였다.

이번 활동은 금성출판사 중학교 1학년 영어 교과서에 2단원에 수록된 'Markets Around Us'의 내용을 기반으로 제작되었다. 2단원 본문인 'At the Traditional Market'은 전통시장을 주제로 한 학생들의 대화문 형식으로 구성되었다. 읽기 활동 후, 학생은 자신이 다녀온 전통시장을 조사하고, 전통시장에 대한 자신의 생각과 경험을 글로 표현하였다. 이후 작성한 글을 활용하여 말하기 활동으로의 확장을 시도하였다. 실제 수업과 평가는 총 3차시에 걸쳐 진행되었다. 원격수업에서 전통시장에 대해 자신의 경험을 떠올려보고 관련 자료를 수집하였다. 이후 글쓰기와 말하기 활동을 위한 연습을 차례로 진행하였다. 활동 전체에 걸쳐 학습 과정과 결과에 대한 평가가 이뤄졌다. 아래의 수행평가 예시는 2.4.5절 1)의 [문항 예시 1]과 동일한 평가지를 활용하되, 중학교 교실 환경에 맞게 조정하여 실행한 사례이다.

교육과정	수업	평가	기록
[9영04-05] 자신이나 주변 사람, 일상생활에 관해 짧고 간단한 글을 쓸 수 있다. [9영02-01] 주변의 사람, 사물, 또는 장소를 묘사할 수 있다.	[1차시] 자신이 전통시장에 다녀온 경험과 그 시장에 관한 정보를 수집하고 정리한다. [2차시] 전통시장에 다녀온 경험을 한 편의 글로 쓴다. [3차시] 원고를 토대로 발표한다.	[과정] 서술형: 전통시장에 관한 정보를 조사하여 정리할 수 있다. 논술형: 자신이 전통시장에 다녀온 경험을 쓸 수 있다. [결과] 논술형: 자신이 전통시장에 다녀온 경험을 말할 수 있다.	전통시장에 다녀온 경험을 소개하는 글쓰기 활동과 말하기 활동에서 나타난 학생의 의사소통 능력과 태도, 적극성, 발전 과정 등을 정성적으로 평가하여 기록한다.

1. 교육과정

'전통시장에 다녀온 경험 발표하기' 수업과 평가의 근거가 되는 교육과정 성취기준 및 수준별 평가기준은 다음과 같다. 자신이 다녀온 전통시장에 관한 정보를 수집하고 자신의 경험을 한 편의 글로 표현하는 활동은 성취기준 [9영04-05]를 근거로 하였다. 이어서 전통시장을 묘사하고 자신의 경험을 말하는 활동은 성취기준 [9영02-01]을 근거로 하였다.

학교급 및 학년	중학교 1학년	영역	쓰기/ 말하기
성취기준 및 평가기준	[9영04-05] 자신이나 주변 사람, 일상생활에 관해 짧고 간단한 글을 쓸 수 있다.	상	자신이 전통시장에 다녀온 경험을 다양하고 적절한 어휘와 언어 형식을 활용하여 짧고 간단한 글로 쓸 수 있다.
		중	자신이 전통시장에 다녀온 경험을 주어진 어휘와 언어 형식을 활용하여 짧고 간단한 글로 쓸 수 있다.
		하	자신이 전통시장에 다녀온 경험을 주어진 어휘와 예시문을 참고하여 짧고 간단한 글로 쓸 수 있다.
	[9영02-01] 주변의 사람, 사물, 또는 장소를 묘사할 수 있다.	상	자신이 다녀온 전통시장을 다양하고 적절한 어휘와 언어 형식을 활용하여 묘사할 수 있다.
		중	자신이 다녀온 전통시장을 주어진 어휘와 언어 형식을 활용하여 묘사할 수 있다.
		하	자신이 다녀온 전통시장을 주어진 어휘와 언어 형식, 예시문을 참고하여 간단히 묘사할 수 있다.
평가요소	전통시장에 다녀온 경험 소개하기		

2. 수업

수업은 3차시에 걸쳐 원격수업과 대면수업이 혼합된 블렌디드 수업 형태로 진행되었다. 원격으로 실시된 1차시 수업에서는 질의응답 및 온라인 퀴즈를 통해 이전 차시 학습 내용을 복습하였다. 그리고 자신이 다녀온 전통시장에 대한 정보를 수집하고, 이를 활용하여 전통시장에 대한 자신의 생각과 경험을 글로 적도록 하였다. 2차시에는 1차시에 쓴 초안을 바탕으로 논술형 평가에 해당하는 한 단락 글쓰기를 실시하였다. 3차시에는 학생들이 작성한 내용을 발표하고 공유하는 시간을 가졌다.

학습 목표	• 자신이 다녀온 장소에 대해 설명할 수 있다. • 자신이 한 일에 대해 과거형 동사를 사용하여 글을 쓸 수 있다. • 메모를 토대로 자신의 경험에 대해 말할 수 있다.	
수업 의도	• 학생들이 각자 자신이 다녀온 전통시장과 관련된 경험을 한 단락의 글로 쓰고 이를 토대로 학급 전체를 대상으로 말하기 활동을 하도록 한다. • 이전 차시에서 전통시장에 온 두 친구의 대화가 중심이 된 교과서 본문을 읽었으며 과거시제를 학습했으므로 학생들이 자신이 경험한 일에 대해 과거형 동사(was/were, did, went, saw, bought, sold, had 등)를 사용하여 표현할 수 있는지 점검한다.	
차시	교수학습 활동	평가 계획
1차시	• 1차시는 원격수업으로 진행하였다. 이전 차시에서 학습한 교과서 본문 내용을 질의 응답을 통해 복습한다. 또한 동사의 과거형을 묻는 온라인 퀴즈를 통해 학생들이 과거형 동사를 복습하게 한다. • 수행평가의 진행방식을 안내한다. • 자신이 다녀온 전통시장에 대한 정보를 검색하고 온라인 문서에 정리하도록 한다. 교사는 실시간으로 진행 정도를 확인하고 개별 피드백을 제공한다. • 전통시장에 다녀온 자신의 경험을 한 단락으로 간략히 적어보도록 한다.	[과정1] 학생들이 전통시장에 관한 정보를 검색하고 온라인 공유 문서에 문장의 형태로 내용을 정리하게 한다. 교사는 실시간으로 수행 정도를 확인한다. 또한 조사한 내용에 자신의 경험을 더하여 다음 차시에 수행할 논술형 글쓰기의 초안을 쓴다.

[시장 소개하기 표현 예시]

1. 위치 말하기

☞ OOO is located in △△△. (locate: 위치시키다)
OOO은 △△△에 위치해 있다.

☞ OOO is in △△△.
OOO은 △△△에 있다.

☞ You can find OOO in △△△. (find: 찾다)
당신은 △△△에서 OOO를 찾을 수 있다.

2. 유명한 것 말하기

☞ OOO is famous for △△△. (famous: 유명한)
OOO은 △△△로 유명하다.

☞ OOO is well known for △△△. (well known: 잘 알려진)
OOO은 △△△로 잘 알려져 있다.

2차시	• 온라인 수업 중 작성한 글쓰기 내용을 토대로, 전통시장에 다녀온 자신의 경험을 기술하는 논술형 평가를 실시한다. • 교사는 학생들의 글을 빠르게 읽고 개별 피드백과 전체 피드백을 제공한다. 또한 학생들이 원고를 수정하고 발표 준비를 하도록 지도한다.	[과정2] • 전통시장에 다녀온 자신의 경험을 바탕으로 한 단락의 글을 쓰는 논술형 평가를 실시한다.
3차시	• 발표를 시작하기 전, 효과적으로 내용 전달을 위해서는 발표자의 자세, 시선 처리, 말하는 속도가 중요함을 강조한다. • 학생들이 한 명씩 교실 앞으로 나와 학급 전체를 대상으로 큰 소리로 말하기를 수행한다. • 교사는 학생들에게 전반적인 피드백(잘한 점, 공통된 오류, 발전 가능성 등)을 제공한다.	[결과] • 작성한 글을 바탕으로 전통시장에 다녀온 자신의 경험에 대해 반 전체를 대상으로 발표한다.
수업 중 유의 사항	• 작문 연습 시 영어사전 이용을 독려한다. • 자신의 경험에 대해 발표할 때 학생들이 자신감을 가지고 크게 말할 수 있도록 유도한다.	

3. 평가

[과정]

평가 과제	전통시장에 관한 자료 수집 및 자신의 경험 쓰기			
평가 의도	전통시장에 다녀온 경험 쓰기의 과정으로 학생들이 '전통시장에 관한 정보를 찾고 자신이 다녀온 전통시장에 대한 경험을 중심으로 개요를 작성하도록 한다. 본 평가를 통해 학생들이 자신이나 주변 사람, 일상생활에 관해 짧고 간단한 글을 쓸 수 있는지 평가한다.			
수행평가 과제	평가 요소	평가 방법		
		평가 유형	평가 주체	평가 방식
정보 수집하기	• 전통시장의 위치, 특징 등 관련 정보를 수집하여 정리하기	서술	교사평가	개별 수행
자신의 경험 쓰기	• 전통시장에 다녀온 자신의 경험 쓰기 • 조동사 및 과거형 동사 활용하여 문장 쓰기	논술	교사평가	개별 수행

□ 채점 기준표

채점 요소	채점 기준	
	수준	수준별 수행 특성
과제 완성 (정보 수집하기)	상	전통시장의 위치와 특징에 대한 풍부한 정보를 수집하고 문장으로 정리하였다.
	중	전통시장의 위치와 특징에 대한 간단한 정보를 수집하고 간단한 문장으로 정리하였다.
	하	전통시장의 위치와 특징에 대한 정보를 부분적으로 수집하고 단어나 어구로 간략히 정리하였다.
내용의 적절성 (자신의 경험 쓰기)	상	전통시장에 다녀온 자신의 경험을 구체적인 내용으로 작성하였다.
	중	전통시장에 다녀온 자신의 경험을 대략적인 내용으로 작성하였다.
	하	전통시장에 다녀온 자신의 경험을 부분적으로 작성하였다.
언어 사용의 정확성 (자신의 경험 쓰기)	상	주어진 언어 형식을 문장 속에서 모두 정확하게 사용하여 글을 완성하였다.
	중	주어진 언어 형식을 문장 속에서 대부분 정확하게 사용하여 글을 완성하였다.
	하	주어진 언어 형식의 사용에 다소 오류가 있다.
평가 유의 사항	원격수업에서 평가가 이뤄지는 경우 평가 전 스마트 기기, 인터넷 연결, 사용 중인 화상회의 프로그램의 상태를 확인한다.	

[결과]

평가 과제	전통시장에 다녀온 경험 말하기			
평가 의도	• 학생들이 전통시장에 다녀온 자신의 경험을 바탕으로 학급 전체를 대상으로 말하기를 수행하며, 교사는 학생이 주변의 사물이나 장소를 묘사할 수 있는지를 자세히 관찰하여 성취기준을 달성했는지 평가한다. • 영어로 발표하는 경험을 통해 학생들이 영어에 대한 흥미와 자신감을 갖도록 유도한다.			
수행평가 과제	평가 요소	평가 방법		
		평가 유형	평가 주체	평가 방식
자신의 경험 말하기	• 전통시장에 다녀온 경험 말하기	논술	교사평가	개별 수행

□ 채점 기준표

채점 요소	채점 기준	
	수준	수준별 수행 특성
□ 전통시장에 관한 다양하고 정확한 정보를 전달함	상	채점 요소 4개를 모두 만족하였다.
□ 전통시장에 다녀온 자신의 경험을 구체적으로 말함 □ 정확한 영어 표현을 사용함	중	채점 요소 2~3개를 만족하였다.
□ 적절한 발음과 속도로 자신 있게 발표함	하	채점 요소 1개 이하를 만족하였다.
평가 유의 사항	즉각적인 채점이 어려운 경우를 대비하여 녹음이나 녹화를 하는 방법을 고려할 수 있다.	

4. 기록

과목별 세부능력 및 특기사항 기록(예시)

전통시장에 대한 자신의 경험을 소개하기 위해 원격수업 시간에 전통시장에 대한 자료를 조사하고 1차 원고를 작성함. 전통시장에 관한 정보와 자신이 전통시장에서 물건을 구매해본 경험을 유기적으로 연결하여 한 단락의 글을 완성할 수 있음. 언어 형식 측면에서 조동사와 과거형 동사를 맥락에 맞게 정확히 사용할 수 있음. 발표 시 자연스럽게 청중을 바라보며 자신감 있게 발표함

학생부 기재 유의사항	원격수업 상황에서는 교사가 학생들이 과업을 수행하는 모습을 직접 관찰할 수 있는 경우에만 해당 평가 내용을 학생부에 기재할 수 있다.

▣ 학생 답안 예시
□ 학생 답안 1

〈과정 1〉

1. Which traditional market are you going to introduce? *   / 0

Gwangmyeong Market

개별 피드백 추가

---

2. Where is the traditional market located? *   / 0

Gwangmyeong Market is in Gwangmyeong

개별 피드백

Good job!
"_____ is located in _____."
"You can find _____ in _____."
등의 표현도 활용할 수 있단다. 문장 마지막에는 마침표!

3. What is special about the traditional market?(2가지 이상)(오늘 배운 표현 외에도 한영
사전을 활용하여 작문 가능) *   / 0

first, we can buy many thing at there, for example i can buy marine products, tteokkbokki, Chinese pancake and
twinsted bread
second, it has huge plastic roof
lastly, it is very big and it has long history

개별 피드백

Great job~!

"It has "a" huge plastic roof."
"It has "a" long history."

전통시장 소개하기 글을 50-70 단어로 쓰세요. (수행평가 1차 draft) *

This is Gwangmyeong Market
Gwangmyeong Market is in Gwangmyeong.
Gwangmyeong Market is huge and it has very long history.
It was built in 1970.
We can buy many things at there, for example i can buy marine produts, Chinese pancake, Tteokbokki and
Twisted bread.
Gwangmyeong Market was burned in 1996.
Gwangmyeong Market is famous for Kalguksu.
Lastly, Gwangmyeong Market has plastic roof

교사 피드백 1	[내용 측면] 시장에 관한 정보를 자세히 조사하고 자신이 경험한 내용을 잘 표현한 점을 칭찬함 [언어 형식 측면] 조동사와 과거형 동사를 문장에서 용법에 맞게 정확하게 사용하였음을 칭찬함. 학생이 쓴 글 중에서 반복되는 말인 Gwangmyeong Market을 대명사 it으로 바꿔 쓸 수 있음을 짚어주고, 대명사를 적절히 활용하면 문맥이 매끄럽게 완성될 수 있음을 설명함

Hello, this is Gwang-myeong Market.
Gwang-myeong Market is in Gwang-myeong
Gwang-myeong Market has long histo
ry.
Gwang-myeong Market was burned in
the past.
Gwang-myeong Market is huge and long
I can buy marine produts and Tteok
bokki. and fish cake.
It is famous for noodle.
Lastly, it has very huge and long roof
In a word, Gwang-myeong Market.
is very huge market.

교사 피드백 2	[내용 측면] 1차 원고에서는 시장에 대한 정보가 단순히 나열되었다면, 이번 2차 원고에서는 시장의 위치, 역사, 먹을 거리, 특징 순으로 쓰여 글이 논리적으로 구성되었음을 칭찬함 [언어 형식 측면] 대명사 it의 사용을 더 늘려도 좋다고 다시 한번 설명함. 초반에 Gwangmyeong Market이 연속해서 다섯 번이나 반복되고 있는 부분을 짚어줌. 한 단락의 글을 쓰기 위해 문장마다 새로운 줄에서 시작하기보다는 한 문단으로 보이도록 이어서 쓰는 것이 문단을 쓰는 올바른 방법임을 조언함

〈결과〉	
교사 피드백 3	내용이 재미있었고, 큰소리로 친구들의 반응을 확인하며 말한 점이 특히 좋았음을 칭찬함. 원고에 최대한 의존하지 않고 친구들을 보면서 말한 점도 칭찬함
채점 결과 및 근거	전체적으로 "상" 수준의 성취를 보인다고 할 수 있다. [과정] **과제 완성**: 전통시장의 위치와 특징에 대한 정보를 풍부하게 수집하고 이를 문장으로 정리하였으므로 "상" 수준에 해당한다고 볼 수 있다. **내용의 적절성**: 자신이 다녀온 전통시장에 관한 역사와 시장에서 파는 물건 등을 조사하고 해당 내용을 구체적으로 작성하였으므로 "상" 수준에 해당한다고 볼 수 있다. **언어 사용의 정확성**: 조동사 및 과거형 동사 사용 등 주어진 언어 형식을 정확하게 사용하였으므로 "상" 수준에 해당한다고 볼 수 있다. [결과] 말하기 과정에서 전통시장에 관한 다양하고 정확한 정보를 전달하였고 전통시장에 다녀온 자신의 경험을 구체적으로 발표하였다. 언어적으로 비교적 정확한 영어 표현을 사용하였고 적절한 발음과 속도로 자신 있게 발표하였다. 이와 같이 채점 요소 4개를 모두 만족하였기에 "상" 수준에 해당한다고 볼 수 있다.
과목별 세부능력 및 특기사항 기재 예시	전통시장에 다녀온 경험 말하기 활동에서 자신이 다녀온 주변의 전통시장의 정보(예: 위치, 역사, 규모, 파는 물건)에 관한 자료를 조사하고 조사한 내용을 차근차근 정리함. 조사한 정보와 자신의 경험을 더하여 전통시장에 다녀온 경험을 한 편의 글로 완성하였으며, 조동사와 과거형 동사를 사용하여 정확한 문장을 구사함. 작성한 글을 학급 전체를 대상으로 발표하였으며, 발표 시 내용을 충분히 숙지하여 원고를 거의 보지 않고 자신 있게 큰 소리로 말함

〈과정 1〉

1. Which traditional market are you going to introduce? *   / 0

Gukje Market

개별 피드백 추가

---

2. Where is the traditional market located? *   / 0

It is located in Busan

> 개별 피드백   ✎   🗑
>
> "You can find _____ in _____."
> "_____ is in_____."
> 등 표현도 활용할 수 있단다. 문장 마지막에는 마침표 찍기!

---

3. What is special about the traditional market?(2가지 이상)(오늘 배운 표현 외에도 한영 사전을 활용하여 작문 가능) *   / 0

1.It is famous because of the Korean War
2. It is famous for see food
3. It has a long history.

> 개별 피드백   ✎   🗑
>
> Good job!
> 2. see => sea

전통시장 소개하기 글을 50-70 단어로 쓰세요. (수행평가 1차 draft) *

Hello, I'm hong seungwoo! I visit Gukje market with my parents. We will buy kingcrab and we will eat it. I'm allergic to crustaceans, so I've never eaten kingcrab before, so I will eat it for the first time. Gukje market is famous because of the Korean War and it is famous for seafood. I'm going to buy kingcrab so I'm really happy~! Our kingcrab will be great

| 교사 피드백 1 | [내용 측면] 국제시장에서 사려는 것과 먹어보려는 것을 잘 표현했다는 반응을 보여줌. 어려운 어휘도 사전을 참조하여 사용해 보려고 시도한 점, 내용을 풍성하게 제시하려고 노력한 점을 격려함. 시장의 위치, 시장의 특징을 조금 더 보충하면 좋을 것이라 조언함 |
| | [언어 형식 측면] "see food → seafood" 등 어휘를 수정하도록 지도함. 사람의 이름은 대문자로 시작한다는 점과 문장 부호 사용에 대해 알려줌 |

〈과정 2〉

> There is a traditional market in Busan. It is Gukje market. It is very famous because of the Korean War. It is very big. It has long history. It is famous for seafood, so I visit Gukje market to buy some seafood. We visit fish store. It has very many fish in a tank. We order two fish and eat them. They are very delicious. And we buy Busan fish cake to make tteokbokki. Gukje market is really good place. I will visit Gukje market next year. and our tteokbokki will be great

| 교사 피드백 2 | [내용 측면] 전체적으로 1차 원고보다 많이 발전했고, 글의 구성에서 시장의 위치와 전체적인 특징을 먼저 쓴 점도 좋았으며 마지막 부분에서 나중에 다시 한번 가보고 싶다는 기대감을 표현하며 글을 마무리한 점이 참신하였다고 칭찬함 |
| | [언어 형식 측면] 지나간 일, 경험한 일을 쓸 때는 과거형 동사를 사용하여야 함을 짚어줌(visit–visited, order–ordered, eat–ate, are–were, buy–bought) |

	〈결과〉
교사 피드백 3	재미있고 짜임새 있는 내용의 발표를 듣고 친구들이 관심을 가졌음을 알려줌. 표정이나 제스처도 말하기의 중요한 부분임을 알려주고 다음 발표 시에는 목소리를 조금 더 크게 해보도록 격려함
채점 결과 및 근거	전체적으로 "중" 수준의 성취를 보인다고 할 수 있다. [과정] **과제 완성**: 전통시장의 위치와 역사 등에 대한 정보를 수집하고 어구나 문장으로 정리하였으므로 "상" 수준에 해당한다고 볼 수 있다. **내용의 적절성**: 시장에서 물건을 사는 과정을 포함하여 전통시장에 다녀온 자신의 경험을 구체적인 내용으로 작성하였으므로 "상" 수준에 해당한다고 볼 수 있다. **언어 사용의 정확성**: 조동사를 정확하게 사용하였으나 자신의 지난 경험을 묘사할 때 과거형 동사의 사용 측면에서 다소 일관성이 부족하여 "중" 수준에 해당한다고 볼 수 있다. [결과] 말하기 과정에서 전통시장에 관한 다양한 정보와 자신의 경험을 비교적 정확한 영어를 사용하여 구체적이고 정확하게 발표하였다. 그러나 발표 시 목소리가 작아 적절한 발음과 속도로 자신 있게 발표하였다고 판단하기는 어려웠다. 따라서 채점 요소 3개를 만족하였기에 "중" 수준에 해당한다고 볼 수 있다.
과목별 세부능력 및 특기사항 기재 예시	자신이 다녀온 전통시장을 소개하며 시장의 위치와 특산품 등을 언급하고 자신과 가족이 시장에서 물건을 구입한 과정을 상세히 소개함. 미래를 나타내는 조동사를 적절히 사용할 수 있으며, 동사의 과거형을 연습하여 상황에 맞게 적절히 사용할 수 있음. 발표 시 자세는 좋으나 목소리가 작고 수줍음이 많은 편이어서 더욱 큰 소리로 자신 있게 발표할 수 있도록 지도함

□ 학생 답안 3

〈과정 1〉

1. Which traditional market are you going to introduce? * / 0

Jidong Market

개별 피드백 추가

---

2. Where is the traditional market located? * / 0

You can find Jidong Market in Paldalgu, Suwon.

> 개별 피드백 ✏️ 🗑️
>
> *잘했어!*
> *be located in _____*
> *You can find _____ in _____*
> *등 표현도 활용할 수 있어.*

---

3. What is special about the traditional market?(2가지 이상)(오늘 배운 표현 외에도 한영 / 0
사전을 활용하여 작문 가능) *

Jidong Market has a long history.
You should try sundae in Jidong Market.

> 개별 피드백 ✏️ 🗑️
>
> *잘했어!*
> *"~ is famous for ~"*
> *"~ is well known for ~" 등의 표현도 활용해보렴.*

전통시장 소개하기 글을 50-70 단어로 쓰세요. (수행평가 1차 draft) *

Jidong Market is located in Paldalgu, Suwon.
Jidong Market is well known by other names such as Nammun Market and Yeongdong Market.
Jidong Market has a long history.
Jidong Market is famous for Sundae Town.
You should try sundae in Jidong Market.

교사 피드백 1	[내용 측면] 지동시장에 대한 조사를 열심히 했음을 칭찬하고, 과제의 주제가 "자신이 다녀온 전통시장 소개하기"이므로 자신의 경험에 대한 내용도 포함하도록 지도함 [언어 형식 측면] 반복되는 말 Jidong Market은 "it"으로 바꾸어 써서 반복을 피하는 것이 자연스러움을 짚어줌
〈과정 2〉	

I. visited Jidong Market
It is in Paldalgu, suwon'
Jidong Market has a long history
Jidong Market is sundac town in fanou
Jidong Market is sundac thy

교사 피드백 2	[내용 측면] 1차 원고보다 발전했고, 자신의 이야기를 적은 점, 반복을 피하고 it을 사용한 점도 좋았다고 말해줌. 수업 시간에 배운 여러 가지 동사들도 문장을 통해 활용해 보는 연습을 해보도록 지도함 [언어 형식 측면] 마지막 두 문장은, "Jidong Market has a *Sundae* Town. You can try *sundae* there." 정도로 써 보도록 지도함. is는 "~이다"의 의미이며, "~가 있다"는 has라는 점을 알려줌
〈결과〉	
교사 피드백 3	지동시장에 실제로 가 본 자신의 경험을 표현한 문장으로 발표를 시작한 점이 좋았다고 말해줌. 발표할 때 목소리를 크게 하면 훨씬 더 전달이 잘 된다는 점을 알려주고 다음번에는 더 큰 소리로 억양을 살려 말하도록 지도함
채점 결과 및 근거	전체적으로 "하" 수준의 성취를 보인다고 할 수 있다. [과정] **과제 완성:** 전통시장의 위치와 이름, 유명한 음식 등의 정보를 수집하고 문장으로 정리하였으므로 "상" 수준에 해당한다고 볼 수 있다. **내용의 적절성:** 전통시장에 대한 정보는 있으나 자신의 경험에 관한 내용이 거의 드러나지 않아 전통시장에 다녀온 자신의 경험을 부분적으로 작성하였기에 "하" 수준에 해당한다고 볼 수 있다. **언어 사용의 정확성:** 과거형 동사를 사용하여 문장을 정확하게 작성하였으나 조동사를 사용하지 않았고 사용한 동사가 주로 has와 is에 한정되어있으며 그 가운데 비문이 관찰된다. 주어진 언어 형식 사용에 다소 오류가 있으므로 "하" 수준에 해당한다고 볼 수 있다.

208

채점 결과 및 근거	[결과] 말하기 과정에서 전통시장에 관한 정확한 정보를 전달하였으나 전통시장에 다녀온 자신의 경험이 구체적으로 드러나지 않았다. 정확한 영어 표현을 사용하지 않은 경우가 있었으며 발표 시 중간중간 원고 내용을 찾아보느라 휴지가 길어졌기 때문에 적절한 발음과 속도로 자신 있게 발표하였다고 보기 어렵다. 채점 요소 1개 이하를 만족하였기에 "하" 수준에 해당한다고 볼 수 있다.
과목별 세부능력 및 특기사항 기재 예시	전통시장에 다녀온 경험 말하기 활동에서 자신이 다녀온 전통시장에 관한 정보를 정확히 조사하였으며, 기본적인 동사를 활용하여 문장을 쓰고 한 단락의 글을 완성함. 시장의 대표적인 음식을 중심으로 시장을 소개하여 급우들의 흥미를 유발함. 연습 중에 원고를 보는 횟수가 빈번하여 발표 전 원고를 충분히 숙지한 후 크고 자신 있게 말하는 연습을 하였으며 이전보다 발표력이 향상됨

평가예시 3 스트레스 해소 비법책 만들기

이번에 살펴볼 예시는 중학교 1학년 자유학년제 학생들을 대상으로 실시한 프로젝트형 수행평가이다. 본 활동은 금성출판사 중학교 1학년 영어 교과서의 4단원 'You Can Be Confident'의 본문 'Your Body Shapes Your Mind'를 읽고, 감각동사와 접속사 when의 쓰임에 대해 학습한 후 실시되었다. 구체적으로 학생들은 일상생활에서 스트레스를 받는 이유와 스트레스를 해소할 수 있는 자신만의 방법에 관한 비법책을 제작하였다. 학생들은 스트레스를 받는 상황에서 현명하게 대처하는 방법을 고민해보고 이를 한 권의 책으로 표현하는 과정을 통해 성취감을 느낄 수 있으며 영어 의사소통 능력과 더불어 자기 관리 역량을 기를 수 있을 것으로 기대하였다.

교육과정	수업	평가	기록
[9영03-05] 일상생활이나 친숙한 일반적 주제의 글을 읽고 필자의 심정이나 태도를 추론할 수 있다. [9영04-02] 일상생활에 관한 자신의 의견이나 감정을 표현하는 문장을 쓸 수 있다.	[1차시] *Your Body Shapes Your Mind*를 읽고 이해한다. [2차시] 스트레스를 주제로 마인드맵을 작성하고 관련 질문에 답한다. [3차시] 스트레스 해소 비법책을 만든다.	[과정] 서술형: 마인드맵 그리기와 스트레스 해소 Q&A를 작성할 수 있다. [결과] 논술형: 스트레스 해소 비법책을 만들 수 있다.	스트레스에 관한 텍스트를 읽고 스트레스 해소 비법책을 만드는 과정에서 나타난 학생의 의사소통 능력과 대화 의지, 태도, 적극성, 발전 과정 등을 정성적으로 평가하여 기록한다.

1. 교육과정

　다음은 '스트레스 해소 비법책 만들기' 수업과 평가의 근거가 되는 교육과정 성취기준 및 수준별 평가 기준이다. 책 만들기에 앞서 스트레스 상황에서 자신감을 키워주는 체조에 관한 교과서 본문 읽기 활동이 이뤄지므로 [9영03-05]를 성취기준으로 설정하였다. 또한 스트레스의 원인과 대처법에 대한 자신의 생각을 글로 쓰는 활동은 자신의 감정과 의견을 표현하는 문장 쓰기와 관련 있으므로 [9영04-02]를 성취기준으로 하였다.

학교급 및 학년	중학교 1학년	영역	읽기/ 쓰기
성취기준 및 평가기준	[9영03-05] 일상생활이나 친숙한 일반적 주제의 글을 읽고 필자의 심정이나 태도를 추론할 수 있다.	상	스트레스 상황에서 자신감을 키워주는 체조에 관한 글을 읽고, 사실 정보와 맥락 정보를 바탕으로 필자의 상황을 이해하여 심정이나 태도를 정확하게 추론할 수 있다.
		중	스트레스 상황에서 자신감을 키워주는 체조에 관한 글을 읽고, 심정이나 태도를 나타내는 어휘나 어구를 참고하여 필자의 심정이나 태도를 추론할 수 있다.
		하	스트레스 상황에서 자신감을 키워주는 체조에 관한 글을 반복하여 읽고, 심정이나 태도와 관련하여 반복적으로 쓰인 어휘와 어구를 참고하여 필자의 심정이나 태도를 추론할 수 있다.
	[9영04-02] 일상생활에 관한 자신의 의견이나 감정을 표현하는 문장을 쓸 수 있다.	상	일상생활에서의 스트레스에 관한 자신의 의견이나 감정을 적절한 어휘와 언어 형식을 사용하여 문장으로 쓸 수 있다.
		중	일상생활에서의 스트레스에 관한 자신의 의견이나 감정을 주어진 어휘와 언어 형식을 사용하여 문장으로 쓸 수 있다.
		하	일상생활에서의 스트레스에 관한 자신의 의견이나 감정을 주어진 어휘와 예시문을 참고하여 문장으로 쓸 수 있다.
평가요소	스트레스 해소 비법책 만들기		

2. 수업

수업은 3차시에 걸쳐 진행되었다. 1차시에는 교과서 본문을 읽고 내용을 파악하였으며, 2차시에는 스트레스를 주제로 마인드맵과 Q&A를 작성하고 모둠별 토의 활동을 진행하였다. 3차시에는 논술형 평가에 해당하는 미니북 만들기 활동을 수행하였다.

학습 목표	• 스트레스에 관한 글을 읽고 다양한 상황에서의 사람의 감정에 대한 표현을 이해할 수 있다. • 스트레스를 주제로 마인드맵을 완성하고 관련 질문에 대해 답할 수 있다. • 스트레스 해소 비법을 써서 미니북을 완성할 수 있다.	
수업 의도	• 스트레스에 관한 글을 읽고 감각동사, 접속사 등을 중심으로 글의 내용을 이해하고 해당 표현들을 쓰기 활동에서 활용하도록 하였다. • 마인드맵 작성과 Q&A 작성 및 나눔 활동을 통해 스트레스에 대한 다양한 생각을 이끌어내고 스트레스 해소 방법을 고민해보도록 하였다. • 스트레스를 주제로 대화하고 글을 쓰는 활동을 통해 서로의 문제를 공유함으로써 또래 간 공감대를 형성하고 자기 관리 역량을 기를 수 있도록 유도하였다.	
차시	교수학습 활동	평가 계획
1차시	• *Your Body Shapes Your Mind*를 다 함께 소리 내어 읽기, 한 문장씩 릴레이로 읽기 등의 방법으로 읽는다. • 읽기 내용에서 제시한 신체활동을 함께 하고 신체활동 후의 경험을 얘기한다. • 읽기 후 관련 질문에 답하기, 한국어로 해석하기 등의 활동을 통해 충분히 이해하도록 한다. • 감각동사의 사용, 접속사 사용 부분에 주목하도록 유도한다.	
2차시	• 스트레스를 주제로 마인드맵을 작성한다. • 스트레스에 관한 Q&A를 작성한다. • 4인 모둠에서 한 명이 질문을 하고 나머지 세 사람이 답하는 방식으로 질문에 대한 각자의 응답을 공유한다.	[과정] • 스트레스를 주제로 마인드맵과 Q&A를 작성한다.

3차시	• 8쪽 분량으로 미니북의 내용과 그림 배치를 구성하고 제작한다. • 스트레스의 원인과 해결책이 잘 드러나도록 하는 데 주안점을 두도록 유도한다.	[결과] • 스트레스 해소 비법책을 만든다.
수업 중 유의 사항	• 학생들이 급우들의 이야기를 들으며 공감과 경청의 자세를 갖도록 지도한다. • 책 만들기에 앞서 각자의 방식으로 간략한 스토리보드를 작성하도록 한다.	

3. 평가

[과정]

평가 과제	스트레스를 주제로 마인드맵과 Q&A 작성하기			
평가 의도	• 마인드맵 작성을 통해 아이디어를 최대한 끌어내고 구조화할 수 있는지 평가한다. • Q&A 작성을 통해 감각동사와 접속사 when을 사용하여 자신의 감정을 표현할 수 있는지 평가한다.			

수행평가 과제	평가 요소	평가 방법		
		평가 유형	평가 주체	평가 방식
마인드맵 작성하기	• 스트레스를 주제로 아이디어 도출하기	서술	교사평가	개별 수행
Q & A 작성하기	• 상황에 따른 자신의 감정 표현하기 • 감각동사와 접속사 when을 활용한 문장 쓰기	서술	교사평가	개별 수행

[과정 활동지 예시: 마인드맵과 Q&A]

1. **Complete the mind-map.**

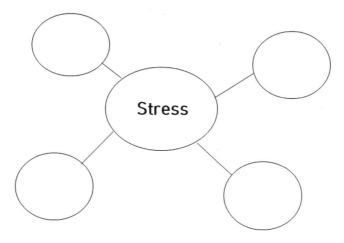

2. **Answer the questions.**

1	<u>스트레스란</u> <u>무엇인가요?</u>	e.g., The word 'stress' reminds me of ~. So I think it is bad (good) for us.
2	내가 겪고 있는 <u>스트레스는?</u>	e.g., I feel stressed when S+V. I am stressed out when S+V. ~ gives me stress.
3	해결 방안을 생각해봅시다! (3가지 이상)	e.g., I think the best way to reduce (relieve, cut down) stress is ~.

□ 채점 기준표

채점 요소	채점 기준	
	수준	척도별 수행 특성
내용	상	스트레스 관련 마인드맵을 충실히 작성하고 관련 질문에 구체적인 내용으로 답하였다.
	중	스트레스 관련 마인드맵을 간단히 작성하고 관련 질문에 간단한 내용으로 답하였다.
	하	스트레스 관련 마인드맵 작성이 빈약하며 관련 질문의 일부에 대해서 간단히 답하였다.
언어 형식	상	Q&A 작성 시 주어진 언어 형식을 사용하여 정확한 문장을 썼다.
	중	Q&A 작성 시 주어진 언어 형식을 부분적으로 사용하여 문장을 썼다.
	하	Q&A 작성 시 주어진 언어 형식을 사용하지 않았거나 다소 오류가 많은 문장을 썼다.

[결과]

평가 과제	스트레스 해소 비법책 만들기			
평가 의도	스트레스 해소 비법책을 구성하는 글을 쓸 수 있는지 평가한다. 또한 해당 평가를 통해 의사소통 역량과 자기관리 역량을 기르도록 한다.			
수행평가 과제	평가 요소	평가 방법		
		평가 유형	평가 주체	평가 방식
스트레스 해소 비법 책 만들기	• 스트레스 해소 비법책 완성하기 • 스트레스의 의미, 원인과 해결 방법으로 내용 구성하기 • 감각동사와 접속사 when을 사용하여 문장 쓰기	논술	교사평가	개별 수행

□ 채점 기준표

채점 요소	채점 기준	
	수준	수준별 수행 특성
과제의 완성도	상	스트레스 해소 비법책을 충실히 작성하여 완성하였다.
	중	스트레스 해소 비법책을 간단히 작성하여 완성하였다.
	하	스트레스 해소 비법책 작성이 다소 미흡하다.
내용의 적절성	상	스트레스의 의미, 원인, 해결 방법을 모두 충실히 썼다.
	중	스트레스의 의미, 원인, 해결 방법을 대략적으로 썼다.
	하	스트레스의 의미, 원인, 해결 방법을 쓰기가 미흡하다.
언어 사용의 정확성	상	감각동사와 접속사 when이 쓰인 문장을 정확히 썼다.
	중	감각동사와 접속사 when이 쓰인 문장에 부분적으로 오류가 있다.
	하	감각동사와 접속사 when이 쓰인 문장 사용이 다소 미흡하다.
평가 유의 사항	• 과제의 완성도에서 그림 등 영어 이외 부분에 대해서는 감점하지 않도록 한다.	

4. 기록

과목별 세부능력 및 특기사항 기록(예시)

  스트레스가 주제인 글을 읽고 관련 질문에 정확하게 답할 수 있음. 스트레스 해소 비법책 만들기 프로젝트를 위해 자신이 생각하는 스트레스의 의미, 발생 원인과 해결 방법에 관한 마인드맵을 작성하고 감각동사를 사용하여 문장으로 표현할 수 있음. 모둠별 토의 활동 시 자신의 의견을 분명히 전달하고 모둠원의 의견을 경청함. 스트레스 해소 비법을 담은 8쪽 미니북을 정성껏 완성하였으며 문장 사용 시 오류가 거의 없음

■ 학생 답안 예시

□ 학생 답안 1

과정

1. Complete the mind-map.

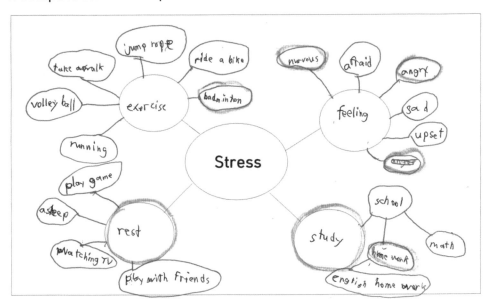

2. Answer the questions.

1	스트레스란 무엇인가요?	e.g., The word 'stress' reminds me of .... So I think it is bad(good) for us. The word 'stress' reminds me of anger and nurvous.
2	내가 겪고 있는 스트레스는?	e.g., I feel stressed when I ...... / I am stressed out when I ... / ... gives me stress. I feel stressed when I doing english home work and solving math problem. When I feel stress I feel angry and nurvous.
3	해결 방안을 생각해봅시다! (3가지 이상)	e.g., I think the best way to reduce stress is ....../ (relieve stress, cut down stress) I think the best way to reduce stress is rest for example play game, sleep, watching TV and play with friends.

216

교사 피드백 1	**[마인드맵]** 스트레스의 원인과 스트레스를 받았을 때의 증상 및 해결책을 적절히 구조화한 점에 대해 칭찬함 **[Q&A]** 내용 측면에서 답안 작성 시 스트레스 해소 방법에 대해 조금 더 구체적으로 생각을 발전시켜보면 좋겠다고 조언함. 접속사 when 사용을 잘했고, feel stressed 등으로 감각동사를 정확히 활용한 점도 잘했다고 칭찬함. nurvous → nervous(형용사) / nervousness(명사) 등 어휘 형태의 오류를 짚어주고 이를 바르게 사용할 수 있도록 지도함

결과		

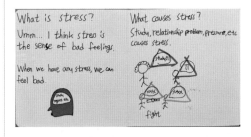

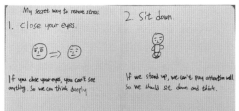

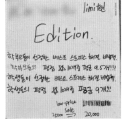

교사 피드백 2	**[내용 측면]** 전체적으로 페이지 구성이 적절하고 자신만의 스트레스 해소 방법을 차근차근 따라갈 수 있도록 제시한 점, 각 단계와 그에 대한 설명이 충실한 점을 칭찬함 **[언어 형식 측면]** "Take a deep breathe." → "Take a deep breath." 등 어휘 사용에서의 오류를 짚어줌

채점 결과 및 근거	전체적으로 "상" 수준의 성취를 보인다고 할 수 있다. [과정] **내용:** 스트레스 관련 마인드맵을 충실히 작성하고 관련 질문에 구체적인 내용으로 답하여 "상" 수준에 해당한다고 볼 수 있다. **언어 형식:** Q&A 작성 시 감각동사를 활용한 자신의 감정 표현 및 접속사 when 의 사용이 정확하며 주어진 언어 형식을 사용하여 정확한 문장을 썼으므로 "상" 수준에 해당한다고 볼 수 있다. [결과] **과제의 완성도:** 스트레스 해소 비법책을 충실히 작성하여 완성하였으므로 "상" 수준에 해당한다고 볼 수 있다. **내용의 적절성:** 스트레스의 의미, 원인, 해결 방법을 모두 충실히 썼으며, 특히 해결 방법에 대해 독자가 차례차례 따라 할 수 있을 정도로 상세히 적었기에 "상" 수준에 해당한다고 볼 수 있다. **언어 사용의 정확성:** 감각동사와 접속사 when이 쓰인 문장을 모두 정확히 썼으므로 "상" 수준에 해당한다고 볼 수 있다.
과목별 세부능력 및 특기사항 기재 예시	자신만의 '스트레스 해소 비법책 만들기' 활동을 위해 마인드맵과 Q&A를 충실히 작성하여 아이디어를 효과적으로 조직함. 수업 시간에 배운 감각동사를 문장 속에서 정확히 사용할 수 있으며 접속사를 활용하여 상황을 구체적으로 표현할 수 있음. 자신만의 스트레스 해소 비법책에서 명상을 통한 스트레스 해소의 방법을 6단계로 나눠 제시하고 각 단계에서의 방법을 그림과 설명을 통해 상세히 제시하여 완성도 높은 책을 만듦

□ 학생 답안 2

과정

1. Complete the mind-map.

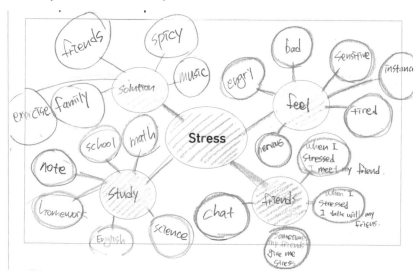

2. Answer the questions.

1	스트레스란 무엇인가요?	e.g., The word 'stress' reminds me of .... So I think it is bad(good) for us. The word 'stress' reminds me of devil. So I think it is bad for us.
2	내가 겪고 있는 스트레스는?	e.g., I feel stressed when I ...... / I am stressed out when I ... / ... gives me stress. I feel stressed when I do homework. I feel stressed when I many hour study. Many kind of subjects give me stress.
3	해결 방안을 생각해봅시다! (3가지 이상)	e.g., I think the best way to reduce stress is ....../ (relieve stress, cut down stress) I think the best way to reduce stress is chat with my friends or listen to music. These way is my feel relax.

교사 피드백 1	[마인드맵] 스트레스를 받았을 때의 자신의 감정을 다양한 형용사로 나타낸 점을 칭찬함 [Q&A] 자신의 스트레스 상황과 해결책을 풍부히 적으려고 노력한 점을 칭찬함. so, when 등의 접속사 사용을 시도한 점과, 감각동사 feel을 정확히 사용한 점을 칭찬함. "~ when I many hour study." → "when I study many hours." 등으로 when 절에서 어순에 맞게 문장을 작성하도록 지도함. "These way is my feel relax." → "I feel relaxed in these ways." 등 문장의 오류를 짚어줌

결과

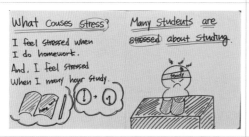

교사 피드백 2	[내용 측면] 친구 때문에 스트레스를 받지만 친구를 만나서 스트레스를 풀 수 있다는 내용이 재미있다는 피드백을 제공함 [언어 형식 측면] 전체적으로 책의 페이지 구성을 충실하게 했고 큼직한 글씨와 삽화로 읽기 좋은 책이 되었음을 칭찬함. "~ when I many hour study." → "when I study many hours." 등으로 when 절 안에서 어순을 지켜 문장을 작성하도록 재차 강조함

채점 결과 및 근거	전체적으로 "상" 수준의 성취를 보인다고 할 수 있다. **[과정]** **내용:** 스트레스 관련 마인드맵을 충실히 작성하고 관련 질문에 구체적인 내용으로 답하여 "상" 수준에 해당한다고 볼 수 있다. **언어 형식:** Q&A 작성 시 감각동사를 활용한 자신의 감정 표현이 정확하였으나 접속사 when의 사용 시 오류가 있어 "중" 수준에 해당한다고 볼 수 있다. **[결과]** **과제의 완성도:** 스트레스 해소 비법책을 충실히 작성하여 매우 완성도가 높으므로 "상" 수준에 해당한다고 볼 수 있다. **내용의 적절성:** 스트레스의 의미, 원인, 해결 방법을 모두 충실히 썼으므로 "상" 수준에 해당한다고 볼 수 있다. **언어 사용의 정확성:** 감각동사 사용이 정확하며 접속사 when이 쓰인 문장은 오류가 한 번 정도 관찰되기도 하나 대부분 정확히 썼으므로 "상" 수준에 해당한다고 볼 수 있다.
과목별 세부능력 및 특기사항 기재 예시	자신만의 스트레스 해소 비법책 만들기 활동의 모든 단계에 즐거운 마음으로 열심히 참여함. 아이디어를 조직하는 단계에서 마인드맵과 Q&A를 충실히 작성하였고 감각동사와 접속사를 문장 속에서 정확히 사용할 수 있음. 자신만의 스트레스 해소 비법책에서 스트레스의 원인과 해결책을 친구와 음악을 중심으로 작성하였고, 특히 친구로 인해 스트레스를 받지만 또한 친구를 만나 해결할 수 있다는 방법을 제시하는 등 또래 간 우정을 중시하는 점이 눈에 띔

1. Complete the mind-map.

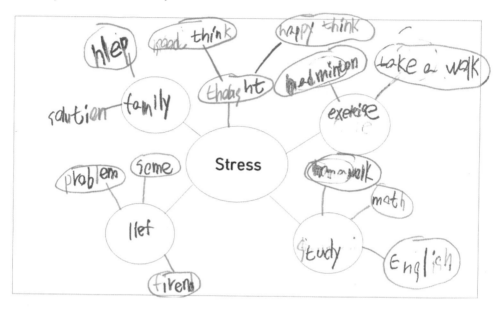

2. Answer the questions.

1	스트레스란 무엇인가요?	e.g., The word 'stress' reminds me of .... So I think it is bad(good) for us. The ''stress'' is life problem
2	내가 겪고 있는 스트레스는?	e.g., I feel stressed when I ...... / I am stressed out when I ... / ... gives me stress. i feel stressed when I homework
3	해결 방안을 생각해봅시다! (3가지 이상)	e.g., I think the best way to reduce stress is ....../ (relieve stress, cut down stress) I think the best way to reduce stress is take a walk i think the best way to reduce stres is i feel refreshed

교사 피드백 1	[마인드맵] 다양한 스트레스의 원인과 해결책을 찾고 단어나 어구로 표현한 점을 칭찬함. life, friend, help 등 단어의 철자를 확인하고 반드시 암기하도록 조언함 [Q&A] 스트레스를 삶의 문제로 파악하고 있다는 점에서 철학적인 사고를 엿볼 수 있었음을 말해줌. 접속사 when을 활용하고자 시도한 점은 좋으나 when 절에는 주어와 동사가 필요하다는 점을 짚어주고, "I feel stressed when I homework." → "I feel stressed when I do homework." 등으로 문장을 고쳐 쓰도록 지도함

결과

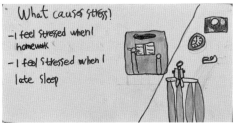

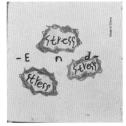

교사 피드백 2	[내용 측면] 스트레스가 '인생의 친구'라는 은유적인 표현이 인상적이었으며, 각 장면을 그림으로 자세히 표현하여 이해를 도운 점에서 책 만들기에 대한 정성을 느낄 수 있었음을 말해줌. 걷고 상상하는 것은 좋은 스트레스 해소 방법이 될 것이라고 공감과 지지를 해줌 [언어 형식 측면] when 다음에는 주어와 동사가 있는 완전한 문장을 쓰면 된다는 점을 다시 강조하고 연습하도록 지도함

채점 결과 및 근거	전체적으로 "중" 수준의 성취를 보인다고 할 수 있다. **[과정]** **내용:** 스트레스 관련 마인드맵을 충실히 작성하고 관련 질문에 구체적인 내용으로 답했으므로 "상" 수준에 해당한다고 볼 수 있다. **언어 형식:** Q&A 작성 시 감각동사를 적절히 사용하였으나 접속사 when의 사용에 오류가 관찰되므로, 주어진 언어 형식을 부분적으로 사용하여 문장을 쓴 것으로 볼 수 있기에 "중" 수준에 해당한다고 할 수 있다. **[결과]** **과제의 완성도:** 스트레스 해소 비법책을 정성을 다해 작성하여 완성하였으므로 "상" 수준에 해당한다고 볼 수 있다. **내용의 적절성:** 스트레스의 의미, 원인, 해결 방법을 대략적으로 썼으므로 "중" 수준에 해당한다고 볼 수 있다. **언어 사용의 정확성:** 감각동사와 접속사 when이 쓰인 문장을 이해할 수 있으나 오류가 일부 있으므로 "중" 수준에 해당한다고 볼 수 있다.
과목별 세부능력 및 특기사항 기재 예시	자신만의 스트레스 해소 비법책 만들기 활동의 모든 단계에 열심히 참여함. 특히 책을 쓰는 단계에서 글의 내용을 그림으로 자세히 묘사한 점이 돋보임. 스트레스가 삶의 한 부분임을 인정하고 그 원인과 해결책을 차분하게 고려하여 작성하는 등 성숙한 사고방식을 엿볼 수 있음. 간혹 철자 오류와 어법 오류가 있으니 그에 주의하고 접속사가 포함된 문장 구조의 사용에서 실수가 발생하지 않도록 지도함

평가 예시 4 비평문 쓰기

이번에 살펴볼 예시는 중학교 3학년을 대상으로 한 과정 중심 수행평가로, 교과서 밖의 소설을 활용하였다. 본 활동은 서사문을 다룬 천재교육(이) 중학교 3학년 교과서 1단원 'What Matters to You?'의 읽기 본문 'A Priceless Gift'에서 출발하였다. 서사문 형식의 문학 작품은 중등 교과서 본문에서 설명문에 비하면 상대적으로 비중이 작은 편이지만 설명문과는 다른 차원에서의 읽기의 즐거움과 감동을 선사한다. 교과서 서사문에서 더 나아가 문학 작품을 읽는 독서 연계 수업을 시도하면 진정성 있는 자료를 접하는 기회가 되어 학생들의 영어 학습의 동기를 크게 높여주기도 한다. 이번 예시에서는 기존의 전래동화를 새로운 관점에서 다시 쓴 패러디 동화를 활용하였다. 학생들은 패러디 동화를 읽고 비판적인 관점에서 동화의 내용과 주제에 대해 생각해 보는 기회를 가졌다. 구체적으로 전래동화 *The Three Little Pigs and the Big Bad Wolf*를 패러디한, Eugene Trivizas(2008)의 *The Three Little Wolves and the Big Bad Pig*를 활용하였다. 수업과 평가의 과정에서 갈등의 해결과 평화에 대해 생각해보는 과정을 통해 학생들의 공동체 역량의 향상을 기대할 수 있었다.

교육과정	수업	평가	기록
[9영03-04] 일상생활이나 친숙한 일반적 주제의 글을 읽고 줄거리, 주제, 요지를 파악할 수 있다. [9영04-05] 자신이나 주변 사람, 일상생활에 관해 짧고 간단한 글을 쓸 수 있다.	[1차시] *The Three Little Wolves and the Big Bad Pig*를 읽고 내용을 이해하고 어휘 타이포그래피를 작성한다. [2차시] 핵심 질문에 답하기 및 비평문 개요 작성하기를 한다. [3차시] 비평문을 쓴다.	[과정1] 서술형: 어휘 타이포그래피를 작성할 수 있다. [과정2] 논술형: 가장 좋은 집은 어느 집인지에 관한 개요를 작성할 수 있다. [결과] 논술형: 가장 좋은 집은 어느 집인지에 관한 질문에 답하며 비평문을 쓸 수 있다.	영어 동화책을 읽고 이야기의 주제에 대한 자신의 의견을 한 편의 글로 작성하는 과정에서 나타난 학생의 의사소통 능력과 정의적 태도, 문제에 대한 개선 노력, 언어적, 정서적 발전 과정 등을 정성적으로 평가하여 기록한다.

1. 교육과정

동화책 읽고 비평문 쓰기의 수업 및 평가의 근거가 되는 교육과정 성취기준과 수준별 평가 기준은 다음과 같다. 우선 동화책을 읽고 내용을 이해하고 어휘 타이포그래피를 만들기, 이야기에 관한 핵심 질문에 답하기를 위해 [9영03-04]의 성취기준을 설정하였다. 다음으로 비평문 개요 작성하기 및 비평문 쓰기는 [9영04-05]의 성취기준을 근거로 하였다.

학교급 및 학년	중학교 3학년	영역	읽기/ 쓰기
성취기준 및 평가기준	[9영03-04] 일상생활이나 친숙한 일반적 주제의 글을 읽고 줄거리, 주제, 요지를 파악할 수 있다.	상	영어 동화책을 읽고, 사실 정보와 맥락 정보를 종합하여 줄거리, 주제, 요지를 정확하게 파악할 수 있다.
		중	영어 동화책을 읽고, 사실 정보를 토대로 줄거리, 주제, 요지를 전반적으로 파악할 수 있다.
		하	영어 동화책을 읽고, 단순한 사실 정보를 토대로 줄거리, 주제, 요지를 부분적으로 파악할 수 있다.

		상	영어 동화책을 읽고 주어진 주제에 관해 다양한 어휘와 언어 형식을 사용하여 짧고 간단한 글을 쓸 수 있다.
성취기준 및 평가기준	[9영04-05] 자신이나 주변 사람, 일상생활에 관해 짧고 간단한 글을 쓸 수 있다.	중	영어 동화책을 읽고 주어진 주제에 관해 주어진 어휘와 언어 형식을 사용하여 짧고 간단한 글을 쓸 수 있다.
		하	영어 동화책을 읽고 주어진 주제에 관해 주어진 어휘와 예시문을 참고하여 짧고 간단한 글을 쓸 수 있다.
평가요소	비평문 쓰기		

2. 수업

수업은 3차시에 걸쳐 진행되었다. 1차시에는 영어 동화책을 읽고 관련 내용을 어휘 타이포그래피로 작성하였다. 2차시에는 이야기를 다시 읽고 핵심 질문에 답을 하는 과정을 통해 자연스럽게 비평문의 개요를 쓰도록 유도하였다. 3차시에는 앞서 작성한 개요를 바탕으로 논술형 평가에 해당하는 비평문 쓰기를 실시하였다.

학습 목표	• 이야기를 읽고 어휘 의미를 파악하여 어휘 타이포그래피를 작성할 수 있다. • 이야기의 주제에 관한 질문에 답하며 비평문을 쓸 수 있다.
수업 의도	• 학생들이 영어 동화를 읽고 어휘 타이포그래피 작성을 통해 어휘를 창의적인 방식으로 표현하며, 이야기의 주제에 관한 질문에 대하여 답을 구하고 자신의 의견을 담아 비평문을 작성할 수 있도록 지도한다. • 전래동화를 패러디한 작품을 읽으며 선과 악에 대한 고정관념에서 벗어나고, 갈등의 해결과 평화 등의 이슈에 대해 생각하는 가운데 비판적 사고력을 키우도록 유도하고자 하였다.

차시	교수학습 활동	평가 계획
1차시	• *The Three Little Wolves and the Big Bad Pig*를 역할 나누어 읽기, 책 읽어주는 영상을 활용하여 읽기, 소리 내지 않고 각자 읽기 등의 방법으로 읽는다. • 수행평가의 진행방식을 안내한다. • Word search, 어휘 타이포그래피 작성하기 등으로 어휘력을 강화한다. • 내용을 구조적으로 이해할 수 있도록 그래픽 조직자를 작성한다.	[과정 1] • 어휘 타이포그래피를 작성한다.

1차시	[어휘 타이포그래피 작성 예시]
2차시	• 학생들이 책을 읽은 경험을 이야기한다. • 내용 이해 질문에 관한 의견을 공유한다. • 비평문 쓰기를 위한 개요를 작성한다. [과정2] • 비평문의 개요를 작성한다. [내용 이해 질문] •Who built the houses and who destroyed them? •When the big bad pig asked to open the door, how did the three little wolves answer? •Why do you think the big bad pig destroyed the three houses? •Why do you think the big bad pig did not destroy the fourth house? •The pig and the wolves' roles are switched in this story. What do you think is the author's intention?
3차시	• 비평문 쓰기를 한다. • 서론–본론–결론을 구성하는 방법을 미리 지도하여 에세이 작성 시 적용할 수 있게 한다. • 교사는 학생들에게 전반적인 피드백(잘한 점, 공통된 오류, 발전 가능성 등)을 제공한다. [결과] • "Which house is the best among the four houses?"의 질문에 답하며 비평문을 쓴다.
수업 중 유의 사항	• 어휘 타이포그래피 작성하기는 미술 교과와 융합한 활동으로, 그림의 완성도를 강조하지는 않도록 한다. 학생들의 어휘에 대한 이해가 잘 표현되었는지가 중요함을 강조한다.

3. 평가

[과정]

평가 과제	어휘 타이포그래피 작성하기 및 비평문 개요 쓰기			
평가 의도	영어 독서를 한 후 읽은 내용에 대해 어구나 문장으로 답할 수 있는지 평가한다. 또한 책의 내용을 학생의 삶의 장면으로 확장하여 주제 관련 이슈에 관한 글쓰기의 첫 단계로 개요를 작성할 수 있는지 평가한다.			

수행평가 과제	평가 요소	평가 방법		
		평가 유형	평가 주체	평가 방식
어휘 타이포그래피	어휘 타이포그래피 작성하기	서술	교사평가	개별 수행
비평문 개요 작성	비평문 쓰기를 위한 개요 작성하기	논술	교사평가	개별 수행

[과정 활동지 예시: 개요 작성]

Essay Outline

☐ Which house do you think is the best among the four houses in *The Three Little Wolves and the Big Bad Pig*? Give three reasons for your opinion.

Title: _____

1. What is your opinion? (1–2문장) e.g., prefer A to B/ A is better than B ...

_____

2. What are the reasons for your opinion? What are the supporting ideas?

Reason 1: _____
+ supporting ideas: _____

_____

Reason 2: _____
+ supporting ideas: _____

_____

Reason 3: _____
+ supporting ideas: _____

_____

3. What is your concluding sentence? (1–2 문장)
   e.g., For these reasons, A is better than B.

_____

_____

♥ You can use transition words.

Introduction

Body: First, First of all, Above all, To begin with, …

　　　　Second, Secondly, In addition, Additionally, Moreover, Besides, …

　　　　Third, Thirdly, Finally, Lastly, …

Conclusion: In conclusion, At last, To sum up, Finally, …

□ 채점 기준표

채점 요소	채점 기준	
	척도	척도별 수행 특성
어휘 타이포그래피	1	어휘의 의미가 잘 드러나도록 어휘 타이포그래피를 작성하였다.
	0	어휘 타이포그래피를 작성하지 않았다.
개요 쓰기	2	개요의 모든 항목을 자신의 의견을 중심으로 충실히 작성하였다.
	1	개요를 일부 항목에 대해 자신의 의견을 중심으로 작성하였다.
평가 유의 사항	• 어휘 타이포그래피는 미술 교과와의 융합 과제로 그림의 완성도 자체는 평가에 반영하지 않으며, 모든 학생이 표현 활동을 통해 영어에 대한 흥미와 자신감을 갖도록 유도한다.	

[결과]

평가 과제	비평문 쓰기			
평가 의도	패러디 동화를 읽고 학생들이 자신의 삶으로 이슈를 가져와 자신의 주변 사람과 일상생활에 관해 짧은 글을 쓸 수 있는지 평가한다.			
수행평가 과제	평가 요소	평가 방법		
		평가 유형	평가 주체	평가 방식
자신의 의견 쓰기	• 문제에 제시된 조건을 충족하여 비평문 쓰기 • 정확한 어법으로 작성하기	논술	교사평가	개별 수행

[결과 활동지 예시: 비평문 쓰기]

주어진 주제에 대한 자신의 의견을 조건에 맞게 쓰시오.

□ 주제: Which house do you think is the best among the four houses in *The Three Little Wolves and the Big Bad Pig*? Give three reasons.

· 조건 ·

1. 세 가지 이유는 책의 내용과 연결지어 쓸 것
2. 서론–본론–결론의 형식을 갖출 것
3. 100~120개 단어로 쓸 것

_____

_____

_____

_____

_____

_____

_____

_____

_____

_____

□ 채점 기준표

채점 요소	채점 기준	
	척도	척도별 수행 특성
과제의 완성도	4	제시된 요건을 모두 충족하여 과제를 완성하였다.
	3	제시된 요건을 대부분 충족하여 과제를 완성하였다.
	2	제시된 요건을 일부 충족하여 과제를 완성하였다.
	1	제시된 요건을 전혀 충족하지 못하였다.
언어 사용의 정확성	3	어휘와 어법의 사용에 오류 없이 매끄러운 문장을 구사하였다.
	2	어휘와 어법 사용에 약간의 오류가 있다.
	1	어휘와 어법의 사용에 많은 오류가 있어 의미 전달이 어렵다.

4. 기록

영어 동화책 'The Three Little Wolves and the Big Bad Pig'를 읽고, 독창적인 아이디어를 발휘하여 어휘 타이포그래피를 작성하였으며, '어느 집이 가장 좋은 집인가?'라는 질문에 대해 평화에 대한 자신의 의견을 이야기 속 내용과 논리적으로 연결하여 완성도 높은 비평문을 작성함

▣ 학생 답안 예시
□ 학생 답안 1

과정

1. What is your opinion? (1-2문장)   e.g.. I prefer A to B/ I think A is the best...
I think a house of flowers is the best house among the houses made by wolves.

2. What are the reasons for your opinion? What are the supporting ideas? (6문장 내외)
Reason 1: For the first, the house was so beautiful to see.
+supporting ideas: It was so weak to sway in the wind, but it was beautiful and smelled good too.
Reason 2: Secondly, the house of flowers changed a big bad pig to a big good pig.
+supporting ideas: The scent of flowers made the pig to destroy the house realize how horrible he had been. And he decided to become a big good pig.
Reason 3: Lastly, it made it possible to get close pig and wolves.
+supporting ideas: The pig was happy with the scent of flowers, and he played games with wolves.
3. What is your closing sentence? (1-2문장)   e.g.. For these reasons, A is better than B.
Finally for these reasons, I think the best house among the houses which were made by wolves is the house of flowers.

교사 피드백 1	[어휘 타이포그래피] 참신한 아이디어로 정성껏 타이포그래피를 작성한 점을 칭찬하고, 불이 붙은 폭탄에서 "blow up"의 의미를 생생하게 전달했다는 점에 대해 긍정적인 피드백을 제공함 [개요 쓰기] 자신의 생각이 잘 드러났으며 그에 대한 근거와 보충 설명도 충실히 제시되었다고 말해줌. 문장들이 자연스러운지 다시 한번 확인하도록 지도함

결과

I think a house of flowers is the best among the houses made by wolves.
For the first, the house was beautiful to see. The house looked very weak to sway in the wind but it was beautiful and smelled good.
Secondly, it changed a big bad pig to a big good pig. The scent of flowers helped the pig realize how terrifying he had been.
Lastly, the house made pig and wolves get close. When the pig tried to destroy the house, the scent of flowers made him become mild. His feeling got better by the scent of flowers and played the games with wolves. They didn't fight anymore.
Finally for these reasons, I think the best house is house of flowers in this story.

교사 피드백 2	[내용 측면] 개요에서 더 발전하여 글의 완성도가 매우 높으며, 이야기의 주제에 근접한 해석을 해냈음을 칭찬해줌 [언어 형식 측면] 관사의 적절한 사용에 대해 조언함
채점 결과 및 근거	과정 3점, 결과 7점 등 총 10점 만점에서, 감점 없이 10점을 부여하는 것이 적절해 보인다. [과정] 어휘 타이포그래피: 어휘의 의미가 잘 드러나도록 어휘 타이포그래피를 작성하였으므로 1점을 부여하였다. 개요 쓰기: 개요의 모든 항목을 자신의 의견을 중심으로 충실히 작성하였으므로 2점을 부여하였다. [결과] 과제의 완성도: 비평문의 주제, 근거, 형식, 분량 등에서 제시된 요건을 모두 충족하여 과제를 완성하였으므로 4점을 부여하였다. 언어 사용의 정확성: 어휘와 어법의 사용에 오류가 거의 없고 매끄러운 문장을 구사하였으므로 3점을 부여하였다.

과목별 세부능력 및 특기사항 기재 예시	동화책을 읽고 비평문을 쓰는 활동 과정에서 어휘 타이포그래피를 참신한 아이디어로 정성껏 작성함. 비평문의 개요를 충실히 작성하고 교사의 피드백을 통해 비평문 작성에서 더욱 완성도 높은 한 편의 글을 작성함. 동화책이 전하는 갈등의 해결과 평화의 메시지를 잘 이해하고 글로 표현함

☐ 학생 답안 2

과정

1. What is your opinion? (1-2문장)　　　　e.g.. I prefer A to B/ I think A is the best...

If I ✳ buy my house, I will buy the concrete house so I think concrete house is the best

2. What are the reasons for your opinion? What are the supporting ideas? (6문장 내외)

Reason I: This house is simple

+supporting ideas: This house is Gray color ~~so it's dye my favorite paint~~ so I can paint this house with my favorite color or best color

Reason 2: This house ~~is~~ look like safe zone

+supporting ideas: becase concrete is so hard ~~so~~ so It protect ✗ me from bad things

Reason 3: This house look friendly anyone

+supporting ideas: It look like nomal house ~~so It look feel~~ so I felt like my honse

3. What is your closing sentence? (1-2문장)　　　　e.g.. For these reasons, A is better than B.

Finally, I have 3 reasons so I think concrete house is my best

교사 피드백 1	[어휘 타이포그래피] 재미있는 아이디어로 타이포그래피를 작성한 점을 칭찬하고, 단단하게 굳은 콘크리트 덩어리 이미지를 통해 어휘의 의미를 생생히 전달하였음을 말해줌 [개요 쓰기] 자신의 생각이 잘 드러났음. 다만 책의 메시지와 조금 더 연결 지어보고 생각해보기를 권함. 문장에서의 철자 오류, 문장 구조 오류 등을 다시 한번 검토하도록 지도함

My best house is concrete house in "The Three Little Wolves and Big Bad Pig" I have 3 reasons First, Concrete house is very simple so I like it because color of concrete is only gray so I can paint this with my favorite color or best color another reason is "Concrete house is so hard" If concrete house is so soft, it will be able to protect me from bad things Finally, concrete house is friendly for me Because My house made of concrete so concrete house look like comfortable house or friendly house so I like concrete house in " the three little wolves and the Big Bad pig"

교사 피드백 2	[내용 측면] 자신의 의견이 분명히 드러났으며 그에 대한 이유를 충실히 썼다는 점을 칭찬함. 이야기 속에서 콘크리트 집이 가진 불리한 점, 그 집이 왜 무너졌는지에 대한 고민을 조금 더 해보면 주제에 근접할 수 있을 것이라 조언함 [언어 형식 측면] 관사 사용, 문장 구조 쓰임 측면에서 어색한 부분을 짚어줌
채점 결과 및 근거	과정 3점, 결과 7점 등 총 10점 만점에서, 과정 3점, 결과 5점으로 8점을 부여하는 것이 적절해 보인다. [과정] **어휘 타이포그래피**: 어휘의 의미가 잘 드러나도록 창의적인 어휘 타이포그래피를 성실히 작성하였으므로 1점을 부여하였다. **개요 쓰기**: 개요의 모든 항목에 대해 자신의 의견을 바탕으로 빠짐없이 작성하였으므로 2점을 부여하였다. [결과] **과제의 완성도**: 비평문의 주제, 형식, 분량 등에서 제시된 요건을 모두 충족하였으나 근거를 책에서 찾지 않고 일반적인 콘크리트 집에 비추어 썼기에 3점을 부여하였다. **언어 사용의 정확성**: 어휘와 어법의 사용에서 의미 전달에는 무리가 없으나 관사 오류, 동사 수 일치, 부정문이 필요한 부분에서 not을 누락하는 등의 오류가 보여 2점을 부여하였다.

과목별 세부능력 및 특기사항 기재 예시	동화책을 읽고 비평문을 쓰는 활동 전 과정에 열심히 참여하고 정성을 다함. 어휘의 의미를 살려 어휘 타이포그래피를 정성껏 작성함. 비평문의 개요를 충실히 작성하고 교사의 피드백을 통해 더욱 완성도 높은 비평문을 작성함. '어느 집이 가장 좋은 집인가?'라는 질문에 대해 동화책이 전하는 갈등의 해결과 평화의 메시지를 직접 연결 짓지는 않았으나 자신이 삶 속에서 생각하는 좋은 집에 대한 의견을 충실히 표현함

□ 학생 답안 3

과정

1. What is your opinion? (1-2문장) 서론   e.g.. I prefer A to B/ I think A is the best...

I like the concrete house.
Which house do I think am the best among the four houses,

2. What are the reasons for your opinion? What are the supporting ideas? (6문장 내외) 본론

Reason 1: The concrete house is cheap.

+supporting ideas: Because, concrete is very cheap.

Reason 2: The concrete house easy to fix.

+supporting ideas: Because, have the hole → Put in the concrete in the hole.

Reason 3: The concrete house is strong build too easy to build.

+supporting ideas:

3. What is your closing sentence? (1-2문장) 결론   e.g.. For these reasons, A is better than B.

I prefer concrete house.

교사 피드백 1	**[어휘 타이포그래피]** 재미있는 아이디어로 타이포그래피를 작성한 점, 그림으로 흔들림을 표현하여 해당 어휘의 의미가 잘 전달된다는 점을 칭찬함
	[개요 쓰기] 자신의 의견과 그에 대한 근거가 잘 드러났으나 보충 설명이 일부 부족함을 말해줌. 이야기의 주제와 연결이 미약함을 짚어줌

결과

Which house do I think am the best among the four house.
I prefer 'the concrete house.',
first, the concrete house is cheap. Because concrete is
very cheap.
Second, The concrete house easy to fix. When make a holl,
Put concrete in the holl.
third, The concrete house easy to build. Concrete is making
everything to easy.
I prefer 'the concrete house.' that that reasons.

교사 피드백 2	**[내용 측면]** 자신의 생각을 잘 표현했고 전체적으로 구조가 잘 갖춰짐을 칭찬함
	[언어 형식 측면] 동사 사용의 오류를 짚어 줌. be 동사의 오류나 누락이 있어 바르게 사용할 수 있도록 지도함
채점 결과 및 근거	과정 3점, 결과 7점 등 총 10점 만점에서, 과정 2점, 결과 3점으로 5점을 부여하는 것이 적절해 보인다. **[과정]** **어휘 타이포그래피:** 어휘의 의미가 잘 드러나도록 어휘 타이포그래피를 열심히 작성하였으므로 1점을 부여하였다. **개요 쓰기:** 개요의 일부 항목을 자신의 의견을 써서 작성하였고 일부 항목은 완성하지 않았기에 1점을 부여하였다. **[결과]** **과제의 완성도:** 비평문의 주제에 맞는 답을 작성하려 노력하였으며 서론, 본론, 결론의 형식을 갖춤. 그러나 근거를 책에서 찾지 않고 일반적인 콘크리트 집에 비추어 썼으며, 글의 분량이 충분하지 않으므로 2점을 부여하였다. **언어 사용의 정확성:** 어휘와 어법의 사용에 많은 오류가 있어 의미 전달이 어려우므로 1점을 부여하였다.

과목별 세부능력 및 특기사항 기재 예시	동화책 읽고 비평문 쓰기 활동 전 과정에 즐겁게 참여하였고, 어휘의 의미를 살려 어휘 타이포그래피를 작성함. 비평문의 개요를 작성하고 교사의 피드백을 반영하여 글을 작성하는 과정에서 점차 발전하는 모습을 보임. '이야기 속의 네 개의 집 가운데 어느 집이 가장 좋은 집인가?'라는 질문에 대해 동화의 주제인 갈등의 해결과 평화의 메시지를 직접 연결 짓지는 않았으나 자신이 삶 속에서 생각하는 좋은 집에 대한 의견을 충실히 표현함. 간혹 동사 오류가 있어 바르게 사용할 수 있도록 지도함

에세이 쓰기

　마지막으로 살펴볼 예시 역시 중학교 3학년을 대상으로 하여 진행한 도서 연계 과정 중심 수행평가이다. 구체적으로 Helen Ricorvits의 *My name is Yoon*을 읽고 관련 이슈에 대한 자신의 생각을 서술형으로 정리한 후, 이를 바탕으로 한 편의 에세이를 쓰는 논술형 평가를 실시하였다. 수업을 통해 다문화 사회에서의 정체성 의미에 대해 생각해보고, 나와 다른 문화적 배경을 가진 사람을 이해하고 어울려 살아가는 데 필요한 소양을 기름으로써 학생들이 공동체 역량을 신장시킬 수 있을 것이라 기대하였다.

교육과정	수업	평가	기록
[9영03-05] 일상생활이나 친숙한 일반적 주제의 글을 읽고 필자의 심정이나 태도를 추론할 수 있다. [9영04-05] 자신이나 주변 사람, 일상생활에 관해 짧고 간단한 글을 쓸 수 있다.	[1차시] *My name is Yoon*을 읽고 그래픽 조직자를 작성한다. [2차시] 작성한 그래픽 조직자를 바탕으로 요약문을 쓴다. [3차시] 주제 관련 이슈에 관한 에세이를 쓴다.	[과정 1] 서술형: 이야기를 읽고 구조화하여 정리할 수 있다. [과정 2] 논술형: 이야기를 읽고 요약문을 쓸 수 있다. [결과] 논술형: 주제 관련 이슈에 관한 자신의 의견을 쓸 수 있다.	*My name is Yoon*의 이야기를 이해하고 짧은 에세이를 쓰는 과정에서 학생의 의사소통 능력과 영어 학습 동기, 자신감 등 정의적 태도, 공감 능력 등 전인적 측면에서의 발달을 관찰하고 기록한다.

1. 교육과정

　동화책 읽고 에세이 쓰기 수업과 평가의 근거가 되는 교육과정 성취기준 및 수준별 평가기준은 다음과 같다. 우선 동화책을 읽고 전체 줄거리를 파악하며 주인공의 심정의 변화를 이해하고 이야기 구조를 파악하는 데에는 [9영03-05]의 성취기준이 적용된다. 또한 이야기 요약하기와 에세이 쓰기는 성취기준 [9영04-05]를 근거로 삼았다.

학교급 및 학년	중학교 3학년	영역	읽기/ 쓰기
성취기준 및 평가기준	[9영03-05] 일상생활이나 친숙한 일반적 주제의 글을 읽고 필자의 심정이나 태도를 추론할 수 있다.	상	이야기를 읽고 사실적인 정보를 종합하여 필자의 심정이나 태도를 추론할 수 있다.
		중	이야기를 읽고 심정이나 태도를 나타내는 어휘나 어구를 참고하여 필자의 심정이나 태도를 추론할 수 있다.
		하	이야기를 반복적으로 읽고 심정이나 태도와 관련하여 반복적으로 쓰인 어휘나 어구를 참고하여 필자의 심정이나 태도를 일부 추론할 수 있다.

성취기준 및 평가기준	[9영04-05] 자신이나 주변 사람, 일상생활에 관해 짧고 간단한 글을 쓸 수 있다.	상	이야기를 읽고 주어진 주제에 관해 적절한 어휘와 언어 형식을 사용하여 짧고 간단하게 쓸 수 있다.
		중	이야기를 읽고 주어진 주제에 관해 주어진 어휘와 언어 형식을 사용하여 짧고 간단하게 쓸 수 있다.
		하	이야기를 읽고 주어진 주제에 관해 주어진 어휘와 예시문을 참고하여 짧고 간단한 글을 쓸 수 있다.
평가요소	다문화 관련 이슈에 대한 자신의 의견 쓰기		

2. 수업

수업은 3차시에 걸쳐 진행되었다. 1차시에는 영어 동화책을 읽은 후 그래픽 조직자를 사용하여 등장인물, 배경, 사건, 결과 등 이야기 문법을 파악하는 활동을 한다. 2차시에는 다시 책을 읽고 핵심 질문에 답을 해보고, 작성한 그래픽 조직자를 바탕으로 전체 내용에 대한 요약문을 쓴다. 3차시에는 동화책 주제와 관련된 질문에 대하여 논술형 평가에 해당하는 에세이 쓰기를 실시한다.

학습 목표	• 이야기를 읽고 이야기 문법 요소를 찾아 그래픽 조직자를 완성할 수 있다. • 다문화 관련 이슈에 관한 자신의 의견을 쓸 수 있다.
수업 의도	• 교과서에 수록된 이야기와 유사한 영어 동화를 읽고 내용을 구조적으로 파악하고 주제에 관한 자신의 의견을 에세이로 작성할 수 있도록 지도하는 것이 본 수업의 목표이다. • 이야기 문법 요소를 파악하여 이야기를 효율적으로 이해하고, 이야기 속의 이슈를 자신의 삶의 장면으로 옮기는 경험을 통해 다문화 사회를 살아가는 사회구성원으로서의 공동체 역량을 기를 수 있도록 한다.

차시	교수 · 학습 활동	평가 계획
1차시	• *My name is Yoon*을 소리 내지 않고 각자 읽기, 책 읽어주는 영상을 활용하여 읽기, 릴레이로 읽기 등의 방식으로 읽는다. • Crossword puzzle, key question에 답하기 등으로 어휘 확장과 내용 이해를 돕는다. • 수행평가의 진행방식을 안내한다. • 내용을 구조적으로 이해하며 그래픽 조직자를 작성한다.	[과정 1] • 그래픽 조직자를 활용하여 학생들이 이야기 구조를 완성하도록 한다.
2차시	• 학생들이 책을 읽은 경험을 이야기한다. • 핵심 질문에 관한 의견을 공유한다. • 1차시에 작성한 그래픽 조직자를 바탕으로 요약문을 쓴다.	[과정 2] • 이야기 구조를 바탕으로 내용을 요약문을 쓴다.

[핵심 질문: 내용 이해 관련]

☐ Yoon이 자신의 이름을 영어로 쓰지 않으려고 했던 이유는 무엇인가요?

☐ Yoon은 한글 '윤'과 영어 'YOON'이 어떻게 다르다고 했나요?

☐ Yoon이 자신의 이름 대신 쓴 말들은 무엇인가요? Yoon은 그 말들에 대해 어떻게 생각했나요?

☐ 이야기 속에서 Yoon을 도와준 사람은 누구인가요? 그 사람은 어떤 방법으로 Yoon의 마음이 편안해지도록 도와주었나요?

☐ 이야기 속에서 가장 인상적인 장면은 무엇인가요? 왜 그렇게 생각했나요? 이 이야기는 해피 엔딩인가요, 혹은 그렇지 않은가요?

[핵심 질문: 학생의 삶 관련]

☐ 여러분은 이사를 가거나 전학을 간 적이 있나요? 새로운 친구를 사귀는 것은 쉬웠나요, 혹은 어려웠나요? 여러분은 예전 집이나 학교를 그리워했었나요? 그렇다면 무엇에 대해 그리움을 느꼈나요?

☐ 누군가가 여러분을 자신과 다르다는 이유로 놀린 적이 있나요? 여러분은 그때 어떤 느낌이 들었나요?

☐ 만약 우리 반에 다른 지역이나 외국에서 전학을 온 친구가 있다면 그 친구를 어떻게 대하는 것이 좋을까요?

3차시	• 에세이 쓰기를 한다. • 서론–본론–결론을 구성하는 방법을 미리 지도하여 에세이 작성 시 적용할 수 있게 한다. • 교사는 학생들에게 전반적인 피드백(잘한 점, 공통된 오류, 발전 가능성 등)을 제공한다.	[결과] • 다문화 관련 이슈에 관한 자신의 의견을 한 편의 에세이로 작성한다.
수업 중 유의 사항	\multicolumn 2 • 핵심 질문을 통해 학생들이 동화책의 내용에 대한 이해를 정확히 하고 각자 생각을 넓힐 수 있도록 유도하되, 쓰기 주제에 대한 직접적인 답을 제공하지는 않는다.	

3. 평가

[과정]

평가 과제	\multicolumn 4 이야기 구조를 파악하여 그래픽 조직자 작성하기 및 요약하기			
평가 의도	\multicolumn 4 • 이야기 글을 읽고 이야기 문법을 파악하여 그래픽 조직자를 작성할 수 있는지 평가한다. • 이야기 글을 읽고 요약문을 쓸 수 있는지 평가한다.			
수행평가 과제	평가 요소	평가 방법		
		평가 유형	평가 주체	평가 방식
그래픽 조직자 작성하기	• 이야기 구조 파악하기	서술	교사평가	개별 수행
요약문 쓰기	• 정확한 어휘와 어법을 활용하여 쓰기	논술	교사평가	개별 수행

□ 채점 기준표

채점 요소	채점 기준	
	척도	척도별 수행 특성
이야기 문법 파악하기	2	이야기 문법 요소를 정확하게 파악하고 활동지를 충실히 작성하였다.
	1	이야기 문법 요소를 부분적으로 파악하고 활동지를 부분적으로 작성하였다.
요약하기	3	이야기의 주인공, 배경, 사건 전개의 주요 내용을 정확히 드러나는 요약문을 작성하였다.
	2	이야기의 주인공, 배경, 사건 전개의 주요 내용이 부분적으로 드러나는 요약문을 작성하였다.
	1	이야기의 주인공, 배경, 사건 전개의 주요 내용이 다소 부족하거나 이야기와 다른 내용으로 요약문을 작성하였다.

평가 유의 사항	• 이야기 문법은 학생들이 최대한 어구나 문장으로 모든 항목을 작성하도록 지도한다.

[결과]

평가 과제	다문화 이슈에 관한 자신의 의견 쓰기		
평가 의도	• 동화책 *My name is Yoon*을 읽고 학생들이 다문화 사회에서의 정체성이라는 이슈를 자신 의 삶으로 가져와 자신의 학교생활과 친구에 관해 짧은 글을 쓸 수 있는지 평가한다.		

수행평가 과제	평가 요소	평가 방법		
		평가 유형	평가 주체	평가 방식
에세이 쓰기	• 문제에 제시된 조건을 충족하여 에세이 쓰기 • 어법과 어휘 측면에서 정확성 갖추어 쓰기	논술	교사평가	개별 수행

[결과 평가 활동지 예시: 에세이 쓰기]

주어진 주제에 대한 자신의 의견을 조건에 맞게 쓰시오.

☐ If you have a new classmate from another country, how would you help him/her?
Give two best ways to help them.

• 조건 •

1. '서론–본론–결론'의 형식을 갖출 것
2. 'so 형용사/부사 that S+V' 구문을 활용한 문장을 하나 이상 쓸 것
3. 100~120개 단어로 쓸 것

□ 채점 기준표

채점 요소	채점 기준	
	척도	척도별 수행 특성
과제의 완성도	4	제시된 요건을 모두 충족하여 과제를 완성하였다.
	3	제시된 요건을 대부분 충족하여 과제를 완성하였다.
	2	제시된 요건을 일부 충족하여 과제를 완성하였다.
	1	제시된 요건을 전혀 충족하지 못했다.
언어 사용의 정확성	3	어휘와 어법의 사용에 오류 없이 매끄러운 문장을 구사하였다.
	2	어휘와 어법 사용에 약간의 오류가 있었다.
	1	어휘와 어법의 사용에 많은 오류가 있어 의미 전달이 어려웠다.

4. 기록

과목별 세부능력 및 특기사항 기록(예시)

다문화 사회에서의 정체성 문제를 다룬 영어 동화책을 읽고, 그래픽 조직자를 활용하여 이야기를 구조화하여 전체 내용을 한 단락으로 요약할 수 있음. 동화책의 주제를 자신의 삶과 연관 지어 외국에서 온 학급 친구가 있으면 어떻게 도와줄 수 있을지에 대한 자신의 의견을 잘 정리하여 정확하고 유창한 영어로 한 편의 에세이를 쓸 수 있음

▣ 학생 답안 예시
□ 학생 답안 1

과정

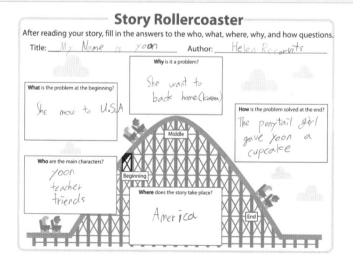

There is a girl whose name is Yoon.
She wanted to go back home when she
went to school. She wrote her name differently
everytime like a cat, a bird and a cupcake
So her teacher didn't know her name
Finally she wrote her name Yoon
and the story ends.

교사 피드백 1	**[그래픽 조직자 작성하기]** 전체적으로 빠짐없이 그래픽 조직자를 작성하려 노력한 점을 칭찬함. 이야기에 등장하는 주요 인물 중에서 처음으로 Yoon에게 영어로 이름을 쓰도록 한 것은 누구였는지, 그 인물은 주요 인물인지 아닌지를 생각해보도록 조언함. 이 이야기에서의 "problem"은, Yoon이 미국에 간 것도 넓게 보아 가능하겠지만, 더 직접적인 문제는 "She had to write her name in English."가 아닐지 생각해보도록 조언함 **[요약문 쓰기]** 간결하게 핵심어들을 잘 찾아 요약했음을 언급해 줌. 다만 요약문으로 전체 이야기를 간단히 전해야 하는데, 상황이 잘 그려지지 않는 부분이 있으므로 읽는 사람의 입장이 되어 내용을 읽어보도록 조언함. 특히 주요 인물, 배경, 사건의 전개에서 빠뜨린 부분이 무엇인지 찾고 보충하도록 지도함. 선생님이 Yoon의 이름을 모른 것은 아니므로 내용에 대한 이해를 다시 해보도록 짚어줌. 아버지나 선생님이 Yoon에게 왜 이름을 영어로 써보라고 하였는지를 생각해보도록 조언함. 영어로 이름을 쓰는 것에 대해 Yoon의 감정이 어떻게 변화했는지를 살펴보고 요약문에 추가해도 좋겠다는 점을 조언함. "She wrote her name differently every time." 등 철자와 띄어쓰기 오류가 있는 부분을 고쳐 쓰도록 지도함

결과

Moving to another country is so difficult that people have
a hard time there. If we have a classmate from another
country, we have to help him or her.
First, we have to be friendly to him or her
If we do that, they will open their
minds to us. Second, we have to talk with them
talking with them make them happy
Third how about giving korean traditional food?
giving
korean food help them calm down in a
new environment finally for These reasons
we can help them calm down in a
new environment

교사 피드백 2	**[내용 측면]** 자신의 의견을 명확히 표현했고 외국에서 온 친구를 도울 방법 세 가지를 제시했으며 전체적으로 구조가 잘 드러나는 것이 장점임을 언급함 **[언어 형식 측면]** 'so 형용사/부사 that ...' 구문이 포함된 문장을 정확하게 사용한 점을 언급함. 동사와 표현에서 약간의 오류가 있으므로 살펴보고 수정할 필요가 있음을 알려줌("Talking with them makes(will make) them happy." "Giving Korean food will help them calm down ~."). 결론 부분에서 "For these reasons, ~" → "This way, ~" 등 일부 표현을 수정하도록 지도함
채점 결과 및 근거	과정 5점, 결과 7점 등 총 12점 만점에서, 과정 3점, 결과 5점을 부여하여 8점을 부여함이 적절해 보인다. **[과정]** **이야기 문법 파악하기:** 이야기 문법 요소를 부분적으로 파악하고 활동지를 부분적으로 작성하였으므로 1점을 부여하였다. **요약하기:** 이야기의 주인공, 배경, 사건 전개의 주요 내용이 부분적으로 드러나는 요약문을 작성하였으므로 2점을 부여하였다. **[결과]** **과제의 완성도:** 주어진 문제에 대한 해결책을 두 가지 이상 제시하고 에세이 형식으로 글을 완성하였다. 또한 'so 형용사/부사 that S+V'의 사용이 정확하고 서론, 본론, 결론의 형식을 갖추었지만 분량 미달이므로 1점을 감점하여 3점을 부여하였다. **언어 사용의 정확성:** 어휘와 어법의 사용에 약간의 오류가 있어 2점을 부여하였다.
과목별 세부능력 및 특기사항 기재 예시	다문화 사회에서의 정체성 문제를 다룬 동화책을 읽고 내용을 구조화하여 파악하고 그래픽 조직자를 완성하였으며, 이를 바탕으로 요약문을 작성함. 학급에 외국에서 온 새로운 친구가 있는 경우 어떻게 도와줄 수 있을지에 대한 자신의 의견 쓰기 활동에서 친구에게 먼저 말을 걸고 한국 음식을 나눔으로써 친구의 마음이 편안해질 수 있도록 도와준다는 등 따뜻한 품성이 드러나는 글을 작성함. 영어 문장 작성 시 간혹 동사의 오류가 보이나 연습을 통해 개선됨

과정

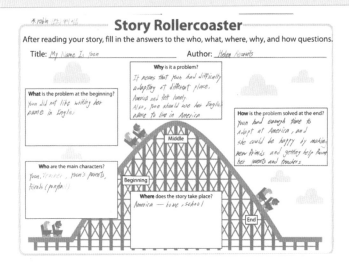

Story Rollercoaster

After reading your story, fill in the answers to the who, what, where, why, and how questions.

Title: _My Name Is Yoon_   Author: _Helen Recorts_

Why is it a problem?
It means that Yoon had difficulty adapting at different place, America and felt lonely. Also, Yoon should use her English name to live in America

What is the problem at the beginning?
Yoon did not like writing her name in English.

How is the problem solved at the end?
Yoon had enough time to adapt at America, and she could be happy by making new friends and getting help from her wants and troubles.

Who are the main characters?
Yoon, Teacher, Yoon's parents, friends (people)

Where does the story take place?
America — home, school

Middle

Beginning

End

Summary: *My Name Is Yoon*

The girl whose name is Yoon came to America from Korea.
She did not like America and her English name
She wrote ~~what she wanted to be~~ like CAT, BIRD, and CUPCAKE instead of
the English name before.
Thanks to the ponytail girl and her teacher, she thought that America
would be a good home and difference might be good.
She also felt the teacher like her.
Now, she writes YOON that still means Shining Wisdom.

교사 피드백 1

[그래픽 조직자 작성하기] 내용을 충실히 작성하였고 주요한 내용을 빠뜨리지 않고 쓴 점을 칭찬함. 'adapt'는 주로 to와 함께 쓴다는 점을 알려줌

[요약문 쓰기] 내용을 전체적으로 정확히 이해했으며 간결하게 잘 작성했다고 칭찬함. 문단으로 작성 시 문장 끝에서 줄 바꿈 하지 않고 이어서 쓰도록 지도함

결과	
	Also, they are so tired that they want to come back to their hometo[...]
	There are / a lot of people experiencing new cultures for various reasons such as move or immigration. Most of them have difficulty adjusting to the new cultures. If I have a new classmate from another country, I will help the classmate in three ways to form a better society.
	First, I will learn the culture of the country my classmate came from. I can understand the classmate and empathize with him though we're from differ[...] areas.
	Second, I will introduce my school to the new classmate. By telling the classmate about my school, I can help him adapt to the school.
	Finally, I will have enough time to talk with the classmate. I can know more about him. Moreover, I can help him by listening to what he's worried abou[...]
교사 피드백 2	**[내용 측면]** 글의 구조가 잘 갖춰져 있으며, 세 가지 해결책을 구체적이고 충실하게 작성했음을 칭찬함. 문화적으로 다른 상황에 처할 때 어떤 어려움을 겪는지 묘사하였고, 이에 대해 공감할만한 해결책을 구체적으로 제시한 점을 장점으로 언급함. 결론 부분에서 Cicero의 말을 인용하여 재미있는 글을 완성하고자 노력하였음을 칭찬함 **[언어 형식 측면]** 'so 형용사/부사 that S+V' 구문을 사용한 문장을 정확히 썼음을 언급함
채점 결과 및 근거	과정 5점, 결과 7점 등 총 12점 만점에서, 감점 없이 12점을 부여함이 적절해 보인다. **[과정]** **이야기 문법 파악하기:** 이야기 문법 요소를 정확히 파악하고 활동지를 충실히 작성하였으므로 2점을 부여하였다. **요약하기:** 이야기의 주인공, 배경, 사건 전개의 주요 내용이 정확히 드러나는 요약문을 작성하여 3점을 부여하였다. **[결과]** **과제의 완성도:** 주어진 문제에 대한 해결책을 두 가지 이상 제시하고 에세이 형식을 갖추었다. 'so 형용사/부사 that S+V'의 사용도 정확하였다. 서론, 본론, 결론의 형식을 갖추었고 조건으로 제시한 분량도 충족하여 4점을 부여하였다. **언어 사용의 정확성:** 어휘와 어법의 사용에 오류가 거의 발견되지 않으며 매끄러운 문장을 구사하였으므로 3점을 부여하였다.

| 과목별 세부능력 및
특기사항 기재 예시 | 다문화 사회에서의 정체성 문제를 다룬 동화책을 읽고 내용을 구조화하여 정확히 파악하고 그래픽 조직자를 충실히 완성하였으며, 그를 바탕으로 요약문을 작성함. 외국에서 온 학급 친구를 도와줄 방법에 대한 자신의 의견 쓰기 활동에서 상대방의 문화를 배우고 학교생활에 대해 충분히 대화를 나누고자 한다는 등 매우 구체적이고 사려 깊은 해결책을 제시함. 영어 문장이 유창할 뿐만 아니라 새로운 어휘를 활용하기 위해 노력하여 전체적으로 글의 완성도가 매우 높음 |

3.3 활용 예시 3 고등학교 수행평가

최근 평가의 추세는 학생들의 성적으로 순위를 가려내는 것에서 학생의 교육 목표 달성 여부를 파악하고 교수학습의 과정을 확인하는 것으로 그 초점이 옮겨가고 있다. 이는 평가 본연의 목적에 부합하는 흐름으로 볼 수 있으며, 대학 입시에서 학교생활기록부의 '교과 세부능력 및 특기사항'을 상당히 비중 있게 평가한다는 점을 고려한다면 고등학교에서 과정 중심 평가를 정교하게 구성하여 실시하고 이를 통해 학생들의 발전 과정을 기록하는 것이 중요하다. 과정 중심 평가는 그 명칭이 의미하는 바 그대로 학습의 결과뿐만 아니라 학생들이 학습 과정에서 무엇을 얼마나 배웠는지를 평가하는 것으로 보통 학교 현장에서는 수행평가의 형태로 구현된다. 평가와 수업 활동이 필연적으로 맞물려 있는 관계인 만큼 평가의 타당성을 높이려면 수업 활동 과정 안에서 학습을 촉진 시킬 수 있는 방향으로 평가가 시행되어야 할 것이다.

이번 절에서는 고등학교의 과정 중심 평가에서 서답형 평가 문항이 어떠한 양상으로 활용될 수 있을지 예시를 통해 살펴볼 것이다. 과정 중심 평가가 학생들의 사고 과정을 살펴보는 것을 목표로 하기에 제2장에서 알아본 서답형 평가 문항 중에서 서술형과 논술형 평가 사례를 중심으로 수업과 평가가 어떠한 방식으로 연결될 수 있는지 살펴보고자 한다. 평가 예시의 구성에 있어 다음과 같이 두 가지 측면을 염두에 두었다. 먼저 다양한 장르의 작문 활동 기회를 제공함으로써 실질적인 의사소통 능력의 향상을 꾀하였으며, 학생들의 진로와 평가 및 학습 내용이 연계될 수 있도록 하였다. 이는 다른 학교급의 학생들에 비해 진로가 상대적으로 구체화 되어있는 고등학생들의 특징을 반영한 것이며, 대학에서 중시하는 전공 적합성의 측면을 고려한 것이다.

평가 예시 1 편지글 쓰기

편지글 쓰기 활동은 고등학교 1학년 학생들을 대상으로 진행된 과정 중심 평가 활동이다. 학생들의 흥미와 관심사, 고민을 공유하고 조언을 주고받는 말하기 활동을 한 후 'A Letter from Your Future Self'라는 제목의 교과서 본문을 학습한다. 주요 언어 기능은 '조언하기'이며 'I recommend/suggest that 주어 (should) 동사원형 ~'이 핵심 표현이다. 본문이 편지글의 형식으로 되어있으므로 학생들은 편지글의 양식을 학습한다. 과정 중심 평가에서 서술형 평가는 말하기 활동을 바탕으로 편지글의 빈칸을 완성하는 방식으로 구현이 되며 논술형 평가는 학생들이 편지글 양식에 맞추어 직접 작문한 내용을 평가하는 것으로 진행이 된다. 여기에서는 평가와 직접 관련된 수업 활동을 '말하기 활동,' '본문 학습,' '작문 활동'의 세 단계로 나누어 소개하고 수업과 평가가 어떠한 방식으로 유기적 관계를 갖게 되는지 살펴보고자 한다.

교육과정	수업	평가	기록
[10영02-03] 일상생활이나 친숙한 일반적 주제에 관해 자신의 의견이나 감정을 표현할 수 있다. [10영03-04] 친숙한 일반적 주제에 관한 글을 읽고 필자의 의도나 글의 목적을 파악할 수 있다. [10영04-05] 간단한 서식, 이메일, 메모 등을 작성할 수 있다.	[1단계] • Worry Card에 각자의 고민을 적어 친구와 공유하고 서로 조언한다. • 조언하는 편지글의 빈칸을 채우고 발표한다. [2단계] A Letter from Your Future Self를 읽고 편지글 형식을 이해한다. [3단계] 30세가 된 미래의 자신에게 편지를 쓴다.	[과정] 서술형: 친구의 고민에 관해 조언하는 편지글의 빈칸을 완성할 수 있다. [결과] 논술형: 30세가 된 미래의 자신에게 편지를 쓸 수 있다.	조언하는 말하기 활동과 편지글 쓰기 활동에서 나타난 각 학생의 의사소통 능력과 태도, 개선 노력, 발전 과정 등을 정성적으로 평가하여 기록한다.

1. 교육과정

다음은 편지글 쓰기 활동 수업 및 평가의 근거가 되는 교육과정 성취기준 및 수준별 평가기준이다. 목표 언어 기능이 '조언하기'인 만큼 말하기 활동 및 평가의 바탕이 될 수 있는 [10영02-03]의 성취기준을 근거로 하였으며 쓰기 장르가 편지글인 것을 고려하여 읽기는 [10영03-04], 쓰기는 [10영04-05]의 성취기준을 설정하였다.

학교급 및 학년	고등학교 1학년	영역	말하기/읽기/쓰기
성취기준 및 평가기준	[10영02-03] 일상생활이나 친숙한 일반적 주제에 관해 자신의 의견이나 감정을 표현할 수 있다.	상	일상생활이나 친숙한 일반적 주제에 관해 다양하고 적절한 어휘와 표현을 활용하여 자신의 의견이나 감정을 정확하게 표현할 수 있다.
		중	일상생활이나 친숙한 일반적 주제에 관해 적절한 어휘와 표현을 활용하여 자신의 의견이나 감정을 대략적으로 표현할 수 있다.
		하	일상생활이나 친숙한 일반적 주제에 관해 주어진 어휘와 예시문을 참고하여 자신의 의견이나 감정을 부분적으로 표현할 수 있다.

성취기준 및 평가기준	[10영03-04] 친숙한 일반적 주제에 관한 글을 읽고 필자의 의도나 글의 목적을 파악할 수 있다.	상	친숙한 일반적 주제에 관한 길고 복잡한 글을 읽고 사실 정보와 맥락 정보를 바탕으로 필자의 의도나 목적을 정확하게 파악할 수 있다.
		중	친숙한 일반적 주제에 관한 글을 읽고 사실 정보와 맥락 정보를 바탕으로 필자의 의도나 목적을 대략적으로 파악할 수 있다.
		하	친숙한 일반적 주제에 관한 짧고 단순한 글을 반복하여 읽고 사실 정보와 맥락 정보를 바탕으로 필자의 의도나 목적을 부분적으로 파악할 수 있다.
	[10영04-05] 간단한 서식, 이메일, 메모 등을 작성할 수 있다.	상	간단한 서식, 이메일, 메모 등을 다양하고 적절한 어휘와 정확한 언어 형식을 활용하여 주어진 상황, 격식, 목적에 맞도록 정확하게 작성할 수 있다.
		중	간단한 서식, 이메일, 메모 등을 비교적 적절한 어휘와 언어 형식을 활용하여 주어진 상황, 격식, 목적에 대체로 맞도록 작성할 수 있다.
		하	간단한 서식, 이메일, 메모 등을 주어진 어휘와 예시문을 참고하여 부분적으로 작성할 수 있다.
평가요소	조언하는 편지쓰기		

2. 수업

본 수업은 2015 개정 교육과정 고등학교 영어 지학사 Lesson 1. Hi, High School! 단원 학습으로 이루어졌다. '조언하기'의 언어 기능을 습득하고 이를 활용하여 편지글을 작성하는 것이 해당 단원 학습의 핵심 목표인 만큼 이를 중심으로 말하기, 읽기, 쓰기 활동을 구상하였으며 각 활동은 교과서에 제시된 활동을 수정, 보완하여 활용하였다. 수업은 학습 및 평가 목표에 초점을 맞추어 크게 세 단계로 나누어 제시하고자 한다. 말하기와 읽기 활동은 직접적인 평가의 대상이 되는 쓰기 활동 결과물을 위한 도움닫기로 설계하였다. 특히 말하기 활동과 연계하여 구성된 편지글의 빈칸을 채우는 유도 작문 활동은 교사의 피드백을 매개로 학생의 후속 쓰기 활동에 도움이 될 수 있도록 하였다. 구체적인 수업 내용은 표를 통해 살펴보도록 하자.

학습 목표	• 친구의 고민을 듣고 적절한 표현을 활용하여 조언할 수 있다. • 30세가 된 미래의 자신에게 조언하는 편지를 쓸 수 있다.
수업 의도	• 고등학교에 막 입학한 학생들의 고민을 공유하고 조언을 주고받으며 공감대를 형성할 수 있도록 한다. • 미래의 자신에게 편지를 쓰며 진로에 관한 생각을 정리해 보는 시간을 가진다. • 편지글의 형식을 학습하고 조언하는 편지를 쓰며 의사소통 능력을 확장할 수 있다. • 'I recommend/suggest that 주어 (should) 동사원형 ~'의 조언하기 표현을 정확하게 활용할 수 있도록 한다.

단계	교수학습 활동	평가 계획
1단계	[조별 말하기 활동] • Worry Card에 각자의 고민을 적어 Worry Box에 넣는다. • Worry Box에 있는 Worry Card를 차례로 뽑아 친구의 고민을 읽고 해결책 두 가지를 제안하되 'I recommend/suggest that ~'의 표현을 활용하여 적절히 조언한다. [편지글 완성하기] • 말하기 활동을 바탕으로 주어진 편지글의 빈칸을 완성한다.	[과정] 아래 항목에 주안점을 두고 정성, 정량 평가한다. 1) 문제해결(고민에 대한 적절한 조언) 과정에서의 의사소통 능력 2) 목표 언어 기능인 '조언하기'를 수행하는 과정에서 목표 구문 사용의 정확성 3) 의사소통 참여 과정에서의 태도 • 평가 결과를 바탕으로 피드백 제공 • 활동 내용을 학교생활기록부에 기록
2단계	[읽기 활동] • 미래의 자신이 현재의 자신에게 어떤 조언을 할 것인지 생각해 본다. • 본문 'A Letter from Your Future Self'를 읽고 본문 내용을 학습한다. • 편지글의 형식을 학습한다.	읽기 내용 및 편지글 형식의 학습이 잘 이루어졌는지 점검하고 이를 바탕으로 쓰기 활동을 준비하도록 한다.
3단계	[쓰기 활동] • 자신의 성격, 흥미, 미래의 진로 등에 관한 질문에 답을 쓴다. • 질문과 답변을 바탕으로 30살이 된 미래의 자신에게 조언하는 편지를 쓴다.	[결과] 아래 항목에 주안점을 두고 정량 평가한다. 1) 편지글의 형식 준수 여부 2) 목표 언어 기능인 '조언하기'를 수행하는 과정에서 목표 구문 사용의 정확성 3) 질문 내용의 충실한 반영 여부 • 평가 결과를 바탕으로 피드백 제공 • 과제 수행 내용을 학교생활기록부에 기록
수업 중 유의 사항	• 말하기 활동에서 모든 학생이 적어도 두 번 이상 목표 구문을 활용하여 조언할 수 있도록 반복한다. • 과정 평가에서의 피드백이 결과 평가의 산출물에 반영될 수 있도록 세심히 지도한다.	

3. 평가

　말하기 및 읽기 활동을 근거로 하여 산출되는 학생들의 편지글을 평가한다. 여기서 말하기와 읽기 단계의 학생 활동은 정량 평가의 비중은 줄이고 학습 과정을 관찰하여 기록하는 것에 초점을 두었다. 정성 평가와 동시에 정량적 평가의 비중이 큰 항목은 최종 결과물인 학생들의 편지글이다. 편지글의 형식에 맞게 적절한 표현을 활용하여 내용을 구성했는지 확인하고 평가한 후 결과에 따라 개인별 피드백을 제공한다.

[과정]

평가 과제	1. 친구의 고민에 적절한 해결책을 제시한다. 2. 친구의 고민에 관해 조언하는 편지글을 완성한다.			
평가 의도	• 말하기 활동 과정에서 학생들의 의사소통 능력 및 문제해결 능력을 관찰, 평가하고자 함 • 말하기 활동을 바탕으로 유도 작문을 하는 과정에서 학습한 목표 구문을 정확하게 활용하는지 평가하고자 함			
수행평가 과제	평가 요소	평가 방법		
		평가 유형	평가 주체	평가 방식
조언하기	• 일상생활의 문제에 관한 해결 방법 제안하기	구술	교사평가	개별 수행
편지글 완성	• 목표 구문을 정확히 활용하여 조언하는 내용의 편지글 완성하기	서술	교사평가	개별 수행

What makes you feel worried today? Fill in the blanks in the [Worry Card].

> [Worry Card]
> **Name:** _____
> Nowadays, I'm worried about _____.
> It's really difficult for me to _____.
>
> (Fold up this paper and put it in the worry box.)
>
> --
>
> What are your solutions to your friend's problem?
> I suggest that _____.
> I recommend that _____.

[과정 활동지 예시 2: 편지글 완성]

Fill in the blanks and write a letter of advice to your friend.

> Dear _____,
> I know you are struggling with _____.
> Sometimes, you feel stressed out because _____
> _____. However, everything will get better. Here are some ways to
> _____. To overcome the problem, first, I suggest that
> _____.
> Second, I recommend that _____.
> I hope my advice will be helpful to you. If you need any help, feel free to ask me. I
> always want to help you as much as I can.
>
> Best wishes,
> your friend _____

□ 채점 기준표

채점 요소	채점 기준		
	척도	척도별 수행 특성	
문제해결 능력 (조언하기)	2	친구의 고민에 부합하는 조언을 적절히 제공하였다.	
	1	친구의 고민에 다소 부합하지 않는 조언을 제공하였다.	
문장 완성력 (편지글 완성)	2	목표 구문을 정확하게 활용하여 편지글을 완성하였다.	
	1	목표 구문을 다소 부정확하게 활용하여 편지글을 완성하였다.	
평가 유의 사항	• 과정 평가의 주안점은 학생의 활동 결과를 점수화하는 것에 있는 것이 아니므로 척도를 세분화하여 제시하기보다는 학생이 활동과 평가에 참여시 학습 목표에 주의를 기울일 수 있을 정도로만 제시한다. • 활동 과정을 면밀하게 관찰하고 의사소통 능력 및 태도 등을 정성적으로 평가한다.		

[결과]

평가 과제	30세가 된 미래의 자신에게 조언하는 편지를 쓴다.			
평가 의도	• 편지글의 형식에 맞추어 적절한 내용을 구성하는 의사소통 능력을 평가하고자 함 • 목표 구문을 언어 기능과 어법에 맞게 활용할 수 있는 능력을 평가하고자 함			
수행평가 과제	평가 요소	평가 방법		
		평가 유형	평가 주체	평가 방식
편지 쓰기	• 편지의 목적에 맞는 내용을 편지글의 형식에 맞추어 쓰기 • 목표 구문을 포함하여 정확한 어휘와 어법 사용하기	논술	교사평가	개별 수행

A letter to your future 30-year-old self

1. How would you describe your personality?

    →

2. What do you want to be in the future?

    →

3. What are you interested in?

    →

4. What are you most stressed out about these days?

    →

5. What do you like to do to relieve your stress?

    →

6. What do you want to suggest to your future 30-year-old self?

    →

Based on the questions above, write a letter to your future 30-year-old self.

• 편지글의 형태를 갖출 것(greeting-body-closing-signature)

• 위 질문의 내용을 모두 포함할 것

• 'I suggest/recommend that ~' 구문을 반드시 활용할 것

_____

_____

_____

_____

_____

_____

_____

□ 채점 기준표

채점 요소	채점 기준	
	척도	척도별 수행 특성
과제의 완성도	4	주어진 질문에 대한 답을 모두 포함하여 편지글을 완성함
	3	주어진 질문에 대한 답을 4~5개 포함하여 편지글을 완성함
	2	주어진 질문에 대한 답을 2~3개 포함하여 편지글을 완성함
	1	주어진 질문에 대한 답을 1개 이하로 포함하여 편지글을 완성함
내용의 적절성	3	고민의 내용과 이에 대한 적절한 조언이 자연스럽게 전개됨
	2	고민의 내용과 이에 대한 적절한 조언이 다소 미흡하게 전개됨
	1	고민의 내용과 이에 대한 조언이 부적절하게 전개됨
언어 사용의 정확성	4	목표 구문 'I recommend/suggest that ~'을 포함하여 어휘와 어법의 사용이 정확함
	3	목표 구문 'I recommend/suggest that ~'을 어법에 맞게 표현하였고 어휘와 어법의 사용이 의미 전달에 지장을 주지 않으나 목표 구문 외의 어법에 약간의 오류가 있음
	2	목표 구문 'I recommend/suggest that ~' 사용에 오류가 있고 어휘와 어법의 사용에 다소 오류가 있으나 의미는 전달됨
	1	어휘와 어법의 사용에 많은 오류가 있어 의미 전달이 어려움

4. 기록

과목별 세부능력 및 특기사항 기록 예시	
	고민 상담 활동에서 친구의 고민에 공감하고 알맞은 표현을 활용하여 조언하는 편지글을 완성함. 30세가 된 자신의 미래를 상상하며 편지글을 작성하였음. 미래에 대한 기대와 고민이 담긴 진솔한 내용의 편지를 적절한 형식과 표현을 갖추어 담아내었으며 훌륭한 의사소통 능력을 보여줌
학생부 기재 유의 사항	• 위 내용을 바탕으로 각 학생의 활동 내용에 따라서 차별화하여 구체적으로 기록한다. • 학생의 산출물에 오류가 있고 즉각적인 수정이 이루어지지 않더라도 개선하고자 하는 노력이 있었다면 학생의 태도와 발전 가능성의 측면에서 기술하도록 한다.

과정

Fill in the blanks and write a letter of advice to your friend.

Dear _mr. r._ ,

I know you are struggling with _your grades and future_ .

Sometimes, you feel stressed out because _of effort that improve your grade for your future._ . However, everything will get better. Here are some ways to _fix your grade problem._ . To overcome the problem,

First, I suggest that _study harder._

Second, I recommend that _ease. your anxiety 적이?_ .

I hope my advice will be helpful to you. If you need any help, feel free to ask me. I always want to help you as much as I can.

Best wishes,

your friend _mr. k._

결과

A letter to your future 30-year-old self

1. How would you describe your personality?
   → emotional and meticulous.

2. What do you want to be in the future?
   → teacher.

3. What are you interested in?
   → literature, game.. philosophy.

4. What are you most stressed out about these days?
   → my grade and future

5. What do you like to do to relieve your stress?
   → gaming, cooking, read literature., watch youtube or anime.

6. What do you want to suggest to your future 30-year-old self?
   → To live happily.

Based on the questions above, write a letter to your future 30-year-old self.

- 편지글의 형태를 갖출 것(greeting-body-closing-signature)
- 위 질문의 내용을 모두 포함할 것
- 'I suggest/recommend that~' 구문을 반드시 활용할 것

> Dear. mr. K.
>
> I know you'd be a teacher now. Do you still have a
> meticulous and sensitive personality? Are you still interested in
> literature, games and philosophy? I expect it will still be
> the same. Are you still stressed about your grades?
> maybe it's a "performance based pay system for teachers"
> now?. To overcome the problem
> First, I suggest that enjoy your hobby
> Second, I recommend that ease your anxiety in class.
> I hope my advice will be helpful to you.
> I always want you to be happy now and in the future.
>
> your fugt mr. K.

교사 피드백	[내용 측면] 답안의 내용 측면을 살펴보면 평가에서 요구하는 조건을 짜임새 있게 조직하였고 어휘도 다양하게 활용하였다. [언어 형식 측면] 학생의 답안은 본 단원의 목표 구문인 'I recommend/suggest that ~'의 활용 시 that절의 주어를 생략하는 오류가 두드러진다. 과정 평가 활동 시 목표 구문에 대한 오류에 주목하도록 하고 지도하였으나 결과 평가 쓰기 활동의 산출물에서도 여전히 오류가 보였다. 다른 종속절의 경우에는 주어가 생략되는 오류가 나타나지 않는 것으로 보아, 절의 구성 요소에 대한 지식이 없는 것은 아니다. 다만 당위성을 나타내는 recommend, suggest 등과 같은 동사는 that절에서 should가 생략된다는 규칙과 명령문의 주어인 you가 생략되는 것을 혼동하여 나타난 오류로 보인다. 이러한 부분에 초점을 맞추어 비교 학습을 진행하고 예시 문장을 통해 집중적으로 지도한다.

점수 및 채점 근거	**[과정]** 위 학생의 [과정] 활동의 평가 점수는 총 4점 중 3점에 해당할 것이다. [과정] 평가의 채점 기준표에 근거했을 때 고민에 대한 적절한 조언을 제공했으므로 문제 해결 능력 부분에서는 2점을 부여할 수 있다. 반면 문장 완성도 측면에서는 목표 구문의 활용이 부정확하므로 1점이 부여된다. **[결과]** 학생의 [결과] 활동의 평가 점수는 총 11점 중 9점을 부여할 수 있을 것이다. [결과]의 채점 기준표에 따라 구체적인 근거를 아래와 같이 제시할 수 있다. **과제의 완성도:** 학생의 편지글은 내용에 포함되어야 할 여섯 가지 질문 중 5번에 해당하는 항목이 다소 미흡하게 전개되었기 때문에 한 가지가 누락된 것으로 간주하여 3점을 부여한다. **내용의 적절성:** 과제로 주어진 조언하는 편지글의 목적에 맞게 고민의 내용 및 이에 관한 적절한 조언이 자연스럽게 연결되어 있다고 볼 수 있으므로 3점을 부여한다. **언어 사용의 정확성:** 목표 구문인 'I recommend/suggest that ~'의 활용에 오류가 있으며 어휘와 어법 활용 능력이 의미 전달에 지장을 주고 있지 않으나 시제 활용에 약간의 오류가 있어 3점을 부여한다.
과목별 세부능력 및 특기사항 기재 예시	친구의 고민을 듣고 상황에 적합한 해결책을 제안하는 말하기 활동에 주도적으로 참여하여 활발한 의사소통 분위기를 조성함. 성적 향상과 진로에 대한 친구의 고민에 대해 공감하고 학습한 표현을 활용하여 해결 방안을 제시하였으며 이를 바탕으로 주어진 편지글 양식의 빈칸을 완성하여 발표함. 일부 표현에서 오류가 발견되었을 때에는 교사의 피드백을 참고하여 다시 연습하는 모습을 보여주었음. 30세가 된 미래의 자신에게 편지를 쓰는 활동에서 자신의 성격, 관심사, 진로 등에 관한 질문에 답하고 이를 바탕으로 진솔한 내용의 편지글을 씀. 편지글의 형식을 잘 갖추었으며 다양한 어휘의 활용과 짜임새 있는 내용을 구성한 점이 칭찬할 만함

□ 학생 답안 2

과정

Fill in the blanks and write a letter of advice to your friend.

Dear _____ ,

I know you are struggling with _____college_____ 뭐? *정의 형태 확인*

Sometimes, you feel stressed out because _____you afraid ~~I~~ won't be able to get to__

__the university you want.__]. However, everything will get better. Here are

some ways to ___go to college you want.___ . To overcome the problem,

First, I suggest that ___practice harder than now.___) 주어?

Second, I recommend that ___listening to a lot of music.___ .
동사형태 확인

I hope my advice will be helpful to you. If you need any help, feel free to ask

me. I always want to help you as much as I can.

Best wishes,

your friend _____

A letter to your future 30-year-old self

1. How would you describe your personality?

→   Brave

2. What do you want to be in the future?

→   I want to be dancer.

3. What are you interested in?

→   I love dancing.

4. What are you most stressed out about these days?

→   I want to work harder but my body won't let me.

5. What do you like to do to relieve your stress?

→   Taking a little break.

6. What do you want to suggest to your future 30-year-old self?

→   Don't put off what you want to do.

Based on the questions above, write a letter to your future 30-year-old self.

- 편지글의 형태를 갖출 것(greeting-body-closing-signature)
- 위 질문의 내용을 모두 포함할 것
- 'I suggest/recommend that~'구문을 반드시 활용할 것

Dear ▨

Hi Ayoung, I'm ayoung, 19 years old.

It's hard right now, but I'll be a better person then, right?

There are two things I want from you.

First, I suggest that don't be afraid to start when you're 30. Second, I recommend that don't put off what you have to do.

I hope my advice will be helpful to you. I believe you've become a good man.

I love you ayoung, Always cheer up.

To me, 30 years old.

교사 피드백	**[내용 측면]** 편지글 쓰기의 산출물을 보면 편지 내용의 바탕이 될 여섯 가지 질문 중 한 가지만 충족시켰으며 결과적으로 편지글의 내용이 비교적 빈약하게 구성되었다. 이러한 점을 고려하여 편지글의 내용을 조금 더 보충해보도록 지도한다. **[언어 형식 측면]** 과정 평가의 편지글 채우기 활동에서 주어나 동사가 생략되거나 동사의 활용에 오류가 보여 목표 구문인 'I recommend/suggest that ∼'을 포함하여 여러 가지 문장의 용례를 통해 스스로 오류를 확인하고 수정할 수 있도록 지도하였다. 하지만 학생의 최종 산출물인 편지글 쓰기평가에서 여전히 주어 생략 현상이 보이며, 부정문으로 쓸 때 not be의 형태로 쓰이는 것을 부자연스럽게 생각한 것으로 추측된다. 또한, 당위성을 표현하는 should가 생략될 수 있는 것을 명령문의 you가 생략되는 것과 혼동했을 가능성이 있다. 따라서 추가적인 예시 문장을 통해 목표 구문과 명령문을 비교하도록 지도한다.
점수 및 채점 근거	**[과정]** 위 학생의 [과정] 활동의 평가 점수는 총 4점 중 3점에 해당할 것이다. [과정] 평가의 채점 기준표에 근거했을 때 고민에 대한 적절한 조언을 제공했으므로 문제 해결 능력 부분에서는 2점을 부여할 수 있다. 반면 문장 완성도 측면에서는 목표 구문의 활용이 부정확하므로 1점이 부여된다. **[결과]** 학생의 [결과] 활동의 평가 점수는 총 11점 중 5점을 부여할 수 있을 것이다. [결과]의 채점 기준표에 따라 구체적인 근거를 아래와 같이 제시할 수 있다. **과제의 완성도:** 학생의 편지글은 내용에 포함되어야 할 여섯 가지 질문 중 한 개만 포함되었으므로 1점이 부여된다. **내용의 적절성:** 고민의 내용이 없고 단순히 조언만 하고 있으므로 평가에서 원하는 기준을 충족하기에 미흡하다. 따라서 1점이 부여된다. **언어 사용의 정확성:** 목표 구문인 'I recommend/suggest that ∼'의 활용에 오류가 있으며 어휘와 어법 활용 능력이 의미 전달에 지장을 주고 있지 않으나 시제 활용에 약간의 오류가 있어 3점을 부여한다.
과목별 세부능력 및 특기사항 기재 예시	편지글 쓰기 준비 과정 중 말하기 활동에서 진로와 학업 스트레스로 고민하는 친구에게 공감하고 격려하였으며 스트레스를 푸는 방법에 대해 조언하였음. 학습한 목표 구문의 활용에 다소 오류가 있으나 의사 전달에 무리가 없는 소통 능력을 보여 주었으며, 교사의 피드백에 따라 반복 연습하며 개선하고자 하는 노력이 칭찬할만함. 30세가 된 미래의 자신에게 편지를 쓰기 위해 자신의 진로와 관심사, 미래의 자신에게 조언할 내용을 생각해보는 시간을 갖고 격려와 조언을 담은 편지글을 완성하였음

평가 예시 2 **사업 계획서 쓰기**

사업 계획서 쓰기 활동은 고등학교 2학년 학생을 대상으로 진행된 과정 중심 평가 활동이다. 교과서 학습이 모두 끝난 후 가상 사업 계획 공모전에 지원하기 위한 사업 계획서를 써 보도록 하였다. 교과서에서 후속 쓰기 과업으로 제시된 활동을 수정하여 활용하였다. 영어를 활용할 수 있는 유의미한 의사소통 맥락을 제공하고 학생들의 창의성을 발현할 수 있도록 하고자 하였다. 서술형 및 논술형 문항이 학생들의 고등 정신 능력 측정에 적합한 평가 문항임을 고려할 때 본 쓰기 활동은 평가의 목적에 걸맞은 활동이라 할 수 있다. 쓰기 준비 활동에서는 사업 계획서 완성에 포함될 내용의 기초를 다지기 위한 개요 작성으로 서술형 쓰기를 한다. 이를 바탕으로 논술형 쓰기 유형으로 사업 아이디어를 소개하는 글을 작성한다.

교육과정	수업	평가	환류
[12영 II 03-04] 다양한 주제에 관한 글을 읽고 필자의 의도나 글의 목적을 파악할 수 있다. [12영 II 04-01] 비교적 다양한 주제에 관하여 듣거나 읽고 세부 정보를 기록할 수 있다. [12영 II 04-07] 비교적 다양한 주제에 관해 비교·대조하는 글을 쓸 수 있다.	[1단계] • 사업 계획 공모전의 공지사항을 읽고 무엇에 관한 정보인지 분류한다. • 소개할 사업 아이템에 대한 구상을 위해 브레인스토밍을 한다. • 주어진 질문에 답하며 사업 계획서의 내용을 구상한다. [2단계] • 이전 시간에 준비한 내용을 바탕으로 사업 계획서를 작성한다.	[과정] 서술형: 사업 계획서의 개요를 위한 질문에 답할 수 있다. [결과] 논술형: 개요를 바탕으로 사업 계획서를 쓸 수 있다.	학생의 창의성과 과업 완성의 충실도, 의사소통 능력의 측면을 고려하여 관찰하고 기록한다.

1. 교육과정

사업 계획서 쓰기 활동 평가의 기준이 되는 교육과정 성취기준 및 평가기준은 다음과 같다. 사업 계획서 공모전에 대한 안내문을 읽고 각 세부 정보의 성격을 범주화하고 글의 목적에 대해 파악해야 한다는 점에서 [12영 II 03-04]를 읽기 활동의 근거로 설정하였다. 쓰기 활동의 주제가 사업 계획서인 만큼 다양하고 창의적인 내용의 결과물이 나올 것으로 예상되지만 사업 아이디어 혹은 상품의 세부 사항을 비교 대조하여 설명하는 형식이 전반적인 틀이 될 것이므로 [12영 II 04-01]과 [12영 II 04-07]의 쓰기 성취기준을 평가의 준거로 정하였다.

학교급 및 학년	고등학교 2학년	영역		읽기/쓰기
성취기준 및 평가기준	[12영II03–04] 다양한 주제에 관한 글을 읽고 필자의 의도나 글의 목적을 파악할 수 있다.	상		다양한 주제에 관한 길고 복잡한 글을 읽고 사실 정보와 맥락 정보를 바탕으로 필자의 의도나 목적을 정확하게 파악할 수 있다.
		중		다양한 주제에 관한 비교적 긴 글을 읽고 사실 정보와 맥락 정보를 바탕으로 필자의 의도나 목적을 대략적으로 파악할 수 있다.
		하		다양한 주제에 관한 짧고 단순한 글을 반복하여 읽고 사실 정보와 맥락 정보를 바탕으로 필자의 의도나 목적을 부분적으로 파악할 수 있다.
	[12영II04–01] 비교적 다양한 주제에 관하여 듣거나 읽고 세부 정보를 기록할 수 있다.	상		비교적 다양한 주제에 관하여 길고 복잡한 글을 듣거나 읽고 다양하고 적절한 어휘와 정확한 언어 형식을 활용하여 세부 정보를 정확하게 기록할 수 있다.
		중		비교적 다양한 주제에 관하여 비교적 긴 글을 듣거나 읽고 적절한 어휘와 언어 형식을 활용하여 세부 정보를 대략적으로 기록할 수 있다.
		하		비교적 다양한 주제에 관하여 짧고 단순한 글을 반복하여 듣거나 읽고 주어진 어휘와 예시문을 참고하여 세부 정보를 부분적으로 기록할 수 있다.
	[12영II04–07] 비교적 다양한 주제에 관해 비교·대조하는 글을 쓸 수 있다.	상		비교적 다양한 주제에 관한 비교·대조하는 글을 다양하고 적절한 어휘와 정확한 언어 형식을 활용하여 정확하게 쓸 수 있다.
		중		비교적 다양한 주제에 관한 비교·대조하는 글을 적절한 어휘와 언어 형식을 활용하여 대략적으로 쓸 수 있다.
		하		비교적 다양한 주제에 관한 비교·대조하는 글을 주어진 어휘와 예시문을 참고하여 부분적으로 쓸 수 있다.
평가요소	사업 계획서 쓰기			

2. 수업

평가를 위한 수업은 2015 개정 교육과정 고등학교 영어Ⅱ 지학사 Lesson 2. Money for a Good Cause 단원 학습의 마지막 부분인 쓰기 활동으로 이루어졌다. 학생들은 'Money and Its Many Meanings'라는 제목의 읽기 텍스트를 읽고 돈이 가지고 있는 다양한 가치와 의미에 관한 사례를 학습한다. 읽기 활동을 통해 학습한 다양한 표현과 배경지식을 바탕으로 쓰기 활동을 진행한다. 평가와 직접적으로 관계된 쓰기 수업은 두 단계로 이루어지며, 구체적인 내용은 다음과 같다.

학습 목표	• 사업 계획서 공모전의 안내문을 읽고 세부 정보를 분류할 수 있다. • 사업 계획서의 개요를 작성할 수 있다. • 개요를 바탕으로 사업 아이디어를 소개하는 설명문을 쓸 수 있다.	
수업 의도	• 사업 아이디어를 계획해보면서 창의성을 기른다. • 글의 목적에 알맞은 세부 정보를 파악하고 개요를 작성하는 능력을 기른다. • 본인의 생각을 구체적으로 설명하는 의사소통 능력을 기른다. • 사업 계획을 본인의 진로와 관련지어 구상해본다.	
단계	교수 · 학습 활동	평가 계획
1단계	[쓰기 준비 활동] • 교과서 쓰기 활동에 제시된 가상 사업 계획서 공모전의 공지사항을 읽고 세부 정보가 어떤 범주에 속하는지 확인하여 빈칸을 채워 넣는다. • 공지사항에 있는 심사 기준을 고려하여 사업 계획안에 포함되어야 할 내용에 관해 이야기해본다. • 자신의 진로와 관련된 사업 아이디어에 대해 브레인스토밍 활동을 한다. • 주어진 질문에 답변을 쓰며 사업 계획의 개요를 작성한다.	[과정] 아래 항목에 주안점을 두고 정성, 정량 평가한다. 1) 자료에 제시된 세부 정보 범주 파악의 정확성 2) 사고의 창의성 3) 질문의 내용 파악 및 문장 활용의 정확성 • 평가 결과를 바탕으로 피드백 제공 • 활동 내용을 학교생활기록부에 기록

5th Annual Student Business Plan Competition

- _____ : May 14th

- _____ : CLA Foundation is proud to announce the 5th Annual Student Business Plan Competition for start-ups with cash prizes totaling 5,000,000 won.

- _____ : Judges will evaluate each business plan based on the following: 1) Thoroughness and quality of the plan;   2) Effective use and impact of the prize money;   3) Contribution to promoting general welfare;   4) Probability of successful launch.

- _____ : Participants must be high school students. All businesses must have ideas in the start-up phase.

- _____ : Cash prizes of 1,000,000 won will be given to each winning team.

- _____ : Anne Pearson (annepearson@sbpc.org, (02) 277-13○○)

Description	Contact Information	Entry Deadline
Eligibility	Judging Criteria	Awards & Prizes

(2015 개정 교육과정 고등학교 영어 II, 지학사, p. 50)

2단계	[사업 계획서 쓰기] • 이전 시간에 완성한 개요를 바탕으로 사업 계획서를 작성한다.	[결과] 아래 항목에 주안점을 두고 정성, 정량 평가한다. 1) 사업 계획 설명의 논리성 2) 세부 정보의 충분한 제공 여부 3) 어휘 및 문장 활용의 다양성 및 정확성 • 평가 결과를 바탕으로 피드백 제공 • 과제 수행 내용을 학교생활기록부에 기록
수업 중 유의 사항		• 쓰기 준비 활동에서 창의적인 아이디어를 발현할 수 있도록 충분한 시간을 제공하고 인터넷 검색 등을 통해 필요한 자료를 조사할 수 있도록 한다. • 자신의 아이디어를 설득력 있게 표현하는 방법에 관해 생각해보도록 한다. • 단순한 문장보다는 다양한 문장의 형식을 활용해보도록 권장한다.

3. 평가

 1단계 활동으로 이루어지는 쓰기 준비 활동은 명명한 바대로 후속 쓰기 과업을 위해 학생들을 준비시키는 것이다. 따라서 학생들의 활동 과정을 관찰하여 기록하는 것에 초점을 맞춘다. 점수를 부여하되 활동 참여의 충실도 및 과제 완성도의 측면에서 간단히 점수를 부여한다. 즉, 과정 평가에서 부여되는 점수는 학생들의 활동 내용 및 태도에 대한 피드백을 수치로 나타낸 것으로 볼 수 있다. 가상 사업 아이템을 구상하고 어떻게 소개할 것인지 브레인스토밍하는 단계에서 학생들의 창의성을 정성적으로 평가할 수 있다. 또한, 활동지의 질문에 한 문장으로 답하는 과정에서 학생들의 문장 오류 등에 대한 피드백을 제공한다. 최종 결과물인 사업 계획서 내용, 어휘 및 문장 활용 능력 등의 측면에서 평가 점수를 부여하고 결과에 따라 개별 피드백을 제공한다.

[과정]

평가 과제	활동지에 주어진 질문을 바탕으로 사업 계획서의 개요를 작성한다.			
평가 의도	주어진 질문에 따른 자신의 아이디어를 문장 단위로 표현하는 의사소통 능력을 평가하고자 함			
수행평가 과제	평가 요소	평가 방법		
		평가 유형	평가 주체	평가 방식
개요 쓰기	자신의 아이디어를 정확한 문장으로 표현하기	서술	교사평가	개별 수행

[과정 활동지 예시: 개요 쓰기]

Let me introduce my business plan!

- 아이디어 공모전에 출품할 사업 계획서를 씁니다.
- 먼저 다음 질문에 영어 문장으로 답하세요.

1. What is your business idea?

   예시) My business idea is to sell ~.

   →_____

2. What made you come up with your idea?

   예시) I came up with this idea because ~.

   →_____

3. Who will be your target customers?

   예시) I want to sell this item to ~. / My target customers are ~.

   →_____

4. How will you promote your business?

   예시) I will promote my business by ~.

   →_____

5. How much will it cost to start your business?

   예시) I expect that it will cost ~ won to start ~.

   →_____

6. Why do you think so? (the reason for you answer in #5)

   →_____

7. What will you do with the money you make?

   →_____

□ 채점 기준표

채점 요소	채점 기준		
	척도	척도별 수행 특성	
의사소통 능력	2	질문에 대한 자신의 의견을 적절하게 표현하여 개요를 모두 완성하였다.	
	1	질문에 대한 자신의 의견을 다소 미흡하게 표현하였다.	
평가 유의 사항	• 각 문장의 문법적 오류 및 내용적 측면에서의 개선 사항은 피드백을 주는 차원에서만 평가를 진행하고 개요 작성의 충실도와 참여도 차원에서 점수를 부여한다. • 활동 과정을 면밀하게 관찰하고 의사소통 능력 및 태도, 창의성 등을 정성적으로 평가한다.		

[결과]

평가 과제	사업 계획 아이디어를 설명하는 글을 쓴다.			
평가 의도	정확하고 다양한 표현을 활용하여 자신의 아이디어를 설득력 있는 한 문단의 글로 표현할 수 있는지를 평가하고자 함			
수행평가 과제	평가 요소	평가 방법		
		평가 유형	평가 주체	평가 방식
사업 계획서 쓰기	자신의 아이디어를 정확한 표현을 활용하여 한 문단으로 표현하기	논술	교사평가	개별 수행

[결과 활동지 예시: 사업 계획서 쓰기]

Based on the questions you answered, write your business plan!

• 7가지 질문에 대한 자신의 답을 모두 포함할 것

• 10문장 내외로 쓸 것

Business Name: _____

_____

_____

_____

_____

_____

_____

_____

_____

_____

_____

□ 채점 기준표

채점 요소	채점 기준	
	척도	척도별 수행 특성
과제의 완성도	2	사업 계획서의 작성에 있어 제시된 조건을 모두 충족함
	1	사업 계획서의 작성에 있어 제시된 조건의 일부를 충족하지 못함
내용의 적절성	7	주어진 질문에 대한 답을 7개 모두 포함하여 사업 계획서의 내용을 충실하고 적절하게 전개함
	6	주어진 질문에 대한 답을 6개 포함하여 사업 계획서의 내용을 적절하게 전개함
	5	주어진 질문에 대한 답을 5개 포함하여 사업 계획서의 내용을 대략적으로 전개함
	4	주어진 질문에 대한 답을 4개 포함하여 사업 계획서의 내용을 대략적으로 전개함
	3	주어진 질문에 대한 답을 3개 포함하여 사업 계획서의 내용을 부분적으로 전개함
	2	주어진 질문에 대한 답을 2개 포함하여 사업 계획서의 내용을 미흡하게 전개함
	1	주어진 질문에 대한 답을 1개 포함하여 사업 계획서의 내용을 매우 미흡하게 전개함
언어 사용의 다양성 및 정확성	4	다양한 어휘와 문장을 활용하여 전달하고자 하는 내용을 정확하게 전달함
	3	다양한 어휘와 문장을 활용하였으나 어법상 약간의 오류가 있음
	2	제한된 어휘와 문장을 활용하였으며 어법에 다소 오류가 있으나 의미는 전달됨
	1	어휘와 어법의 사용에 많은 오류가 있어 의미 전달이 어려움

4. 기록

과목별 세부능력 및 특기사항 기록(예시)
사업 계획서 쓰기 활동에서 자신의 진로와 관련된 '○○ 사업 계획서'를 제안하여 창의성을 발휘함. 가상 사업 계획 공모전의 심사 기준을 참고하여 계획서에 포함될 내용을 생각해 내는 과정에서 적극적으로 의견을 개진함. 사업 계획서의 개요를 쓰기 위해 대상 고객, 홍보 방법, 예산 등에 대해 한 문장으로 정확하게 자신의 계획을 설명하였으며 이를 바탕으로 창의적인 사업 계획서를 작성하였음. 어휘력이 풍부하고 복잡한 문장을 정확히 활용하여 우수한 작문 실력을 보여줌

학생부 기재 유의 사항	• 위 내용을 바탕으로 각 학생의 활동 내용에 따라서 차별화하여 구체적으로 기록한다. • 창의성 측면을 관찰하여 기록하되 가능하다면 학생의 진로와 관련지어 설명한다.

과정

Let me introduce my business plan!

- 아이디어 공모전에 출품할 사업 계획서를 씁니다.
- 먼저 다음 질문에 영어 문장으로 답하세요.

1. What is your business idea?

   예시) My business idea is to sell ~

   → My business idea is to sell ◊Delivery Real-Time Service .

2. What made you come up with your idea?

   예시) I came up with this idea because~

   → I came up up with this idea because It's hard just to wait for a package .
   and sometimes It's confusing because there
   are errors in the information

3. Who will be your target customers?

   예시) I want to sell this item to~ / My target customers are~

   → My main customer base is people who use courier services .

4. How will you promote your business?

   예시) I will promote my business by~

   → YouTube ads, Internet banner ads   ←문장으로 쓰기 .

5. How much will it cost to start your business?

   예시) I expect that it will cost ~won to start~

   → I expect that it will cost 100000000 won to start .

6. Why do you think so? (the reason for you answer in #5)

   → Because it is a gps-based service. also server utilization costs .

7. What will you do with the money you make?

   → Used to build larger service areas   ←문장으로 쓰기 .

> ## 결과

Based on the questions you answered, Write your business plan!

* 7가지 질문의 내용을 모두 포함할 것
* 10문장내외로 쓸 것

Business Name: <u>Real-Time Delivery Service</u>

— 내용
— 어법

> 처음에 소개문구가 들어가면 좋겠듯.

I came up with this idea because it's hard ~~to~~ just to wait for a package and sometimes it's confusing because there are errors in the information ~~about~~ related to waybill inquiry. So I ~~say~~ suggest this idea, Real Time Delivery Service. Targeting people who use courier services, ~~It~~ marks the location of courier, the place where the package is processed and informs the waiting time. I will promote my business by YouTube ads, Internet banner ads. I expect that it will cost 1000000000 won to start. Because it is a GPS-based service also server utilization costs. ~~I will need to~~ I will use money to build larger service ideas. → 맺는문구가 있으면 더 좋겠죠 김김

교사 피드백

[내용 측면] 사업 아이디어인 Real-Time Delivery Service는 시의성 있는 제안이며 중심적인 아이디어를 바탕으로 과정 평가 활동지에 주어진 질문에 적절한 답을 하였다. 결과 평가 활동의 사업 계획서 쓰기에서는 전반적으로 필요한 내용을 유기적으로 전개했으나 글의 처음 아이디어 소개 부분과 마지막 글을 맺는 문장이 없어 다소 아쉬운 부분이 있다. 따라서 글의 완결성 측면에 초점을 맞추어 지도하였다.

[언어 형식 측면] 과정 평가와 결과 평가 모두 전반적으로 관련 주제에 맞는 다양한 어휘를 활용하고자 하였으며 관계사 절, 접속사 절, 분사구문 등 비교적 복잡한 문장을 활용하고자 노력하였다. 다만 과정 평가의 일부 답변이 문장이 아닌 형식으로 되어 있어 완전한 문장의 형식을 갖추어 쓰도록 지도하였다. 이를 반영하여 결과 평가에서 완전한 문장으로 문단을 구성하였고, 사소한 어법 오류가 보여 어법에 맞게 직접 수정해보도록 지도하였다.

점수 및 채점 근거	**[과정]** 위 학생의 [과정] 활동의 평가 점수는 총 2점 만점에 해당한다. [과정] 평가의 채점 기준표에 근거했을 때 질문에 대한 자신의 의견을 적절하게 표현하여 개요를 모두 완성했다. **[결과]** 학생의 [결과] 활동의 평가 점수는 총 13점 중 12점을 부여할 수 있을 것이다. [결과]의 채점 기준표에 따라 아래와 같이 구체적인 근거를 제시할 수 있다. **과제의 완성도:** 답안을 10문장 내외로 쓰라는 조건을 충족시켰으므로 2점에 해당한다. **내용의 적절성:** 개요에 포함된 7가지 질문을 포함하여 내용을 전개하였으므로 7점을 부여한다. **언어 사용의 정확성:** 다양한 어휘와 문장의 형태를 활용했으나 전치사구, 문장의 완결성 등 사소한 오류가 있어 3점을 부여한다.
과목별 세부능력 및 특기사항 기재 예시	자신의 관심 분야 관련 사업 계획서 쓰기 활동에서 마케팅 분야에 관한 관심을 바탕으로 'Real-Time Delivery Service'라는 자신의 사업 계획서를 제안하였음. 시의성 있고 실현 가능한 계획을 바탕으로 사업의 대상 고객, 홍보 방법, 사업에 들어갈 비용, 이윤의 활용 등에 관한 개요를 구체적으로 작성함. 개요에 대한 교사의 피드백을 적극 반영하여 짜임새 있는 사업 계획서를 작성함. 주제와 관련된 적절하고 다양한 어휘를 활용하고자 노력하였으며, 복잡한 형태의 문장을 어법에 맞게 구사하는 작문 실력을 보여줌

□ 학생 답안 2

과정

Let me introduce my business plan!

- 아이디어 공모전에 출품할 사업 계획서를 씁니다.
- 먼저 다음 질문에 영어 문장으로 답하세요.

1. What is your business idea?

   예시) My business idea is to sell ~

   → My business idea is to sell an application that visualizes and shows the contents of a book.

2. What made you come up with your idea?

   예시) I came up with this idea because~

   → I came up with this idea because it can be helpful if the contents of the book are difficult to understand or if you want to know a simple plot.

3. Who will be your target customers?

   예시) I want to sell this item to~ / My target customers are~

   → My target customers are anyone who wants to read a book.

4. How will you promote your business?

   예시) I will promote my business by~

   → I will promote my business (by) put an ad on YouTube.
   어법

5. How much will it cost to start your business?

   예시) I expect that it will cost ~won to start~

   → I expect that it will cost 10,000,000 won to start business

6. Why do you think so? (the reason for you answer in #5)

   → Because it takes a lot of business-based costs to produce videos and make applications.

7. What will you do with the money you make?

   → I'm going to buy a car and a house   →근거 토대로 생각해 볼 때 적절한가?

Based on the questions you answered, Write your business plan!

- 7가지 질문의 내용을 모두 포함할 것
- 10문장 내외로 쓸 것

Business Name: _Book Video_

— 내용
— 어법

My business idea is to sell an application that visualizes and shows the contents of a book. I came up with this idea because it can be helpful if the contents of the book are difficult to understand or if you want to know a simple plot. My target customers are anyone who wants to read a book, I will promote my business by putting on ad on YouTube. I expect that it will cost 10,000,000 won to start business. Because it takes a lot of business-based costs to produce videos and make applications. (I will invest my money to expand my business if I make some profits.) This business will make it easier and more fun to understand the contents of the book. In particular, it is expected to be easily accessible to young people because it will be manufactured by applications. And I will make it possible to meet the restructured book based on the video.

기대효과로 마무리한것 좋음!

교사 피드백	[내용 측면] 책 내용의 이해를 돕거나 이야기의 줄거리를 시각화해서 보여주는 Book Video App 사업 계획서는 친숙하고 실용적인 아이디어로 보이며 주제에 맞게 질문에 알맞은 답을 하며 개요를 작성하였다. 다만, 과정 평가의 7번 항목 즉, 수익을 어떻게 활용할지에 대한 질문에 대한 답과 관련하여, 단순히 본인의 개인적 목적에 활용하기 위한 물건을 산다는 내용은 사업 계획에 적합하지 않은 것으로 보여 다시 생각해 보도록 지도하였다. 교사의 피드백을 반영하여 결과 평가의 사업 계획서에는 투자를 통해 사업을 확장한다는 내용으로 바꾸어 목적에 더 적합하게 만들었다. 사업 계획서 설명문의 전개가 자연스럽고 작성한 개요에 살을 붙여 내용을 풍성하게 만든 점이 인상 깊었다. 특히 사업을 통한 기대 효과로 마무리 한 점이 훌륭하였다. [언어 형식 측면] 과정 평가의 과업이 개요를 쓰는 것인 만큼 과업의 성격에 맞게 간략한 내용을 핵심적인 문장에 담았고, 사업 계획서에서는 더욱 다양하고 복잡한 문장과 표현을 활용하여 쓴 점이 돋보였다. 개요에서 보였던 오류에 관해 교사가 피드백을 제공하였고 이는 사업 계획서의 결과물에 적절히 반영되어 있음을 알 수 있다.

점수 및 채점 근거	**[과정]** 위 학생의 [과정] 활동의 평가 점수는 총 2점 만점에 해당한다. [과정] 평가의 채점 기준표에 근거했을 때 질문에 대한 자신의 의견을 적절하게 표현하여 개요를 모두 완성했다. **[결과]** 학생의 [결과] 활동의 평가 점수는 총 13점 만점을 부여할 수 있을 것이다. [결과]의 채점 기준표에 따라 아래와 같이 구체적인 근거를 제시할 수 있다. **과제의 완성도:** 답안을 10문장 내외로 쓰라는 조건을 충족시켰으므로 2점에 해당한다. **내용의 적절성:** 개요에 포함된 7가지 질문을 포함하여 내용을 전개하였으므로 7점을 부여한다. **언어 사용의 정확성:** 다양한 어휘와 문장의 형태를 활용했으며 전체적으로 어휘 및 어법의 활용이 정확하여 4점을 부여한다.
과목별 세부능력 및 특기사항 기재 예시	자신의 관심 분야 관련 사업 계획서 쓰기 활동에서 미디어 분야에 관한 관심을 바탕으로 Book Video App이라는 자신의 사업 계획을 제안하였음. 친숙하고 실용적인 아이디어를 바탕으로 사업의 대상 고객, 홍보 방법, 사업에 들어갈 비용, 이윤의 활용 등의 구상을 위한 브레인스토밍 과정에 적극 참여하였고 핵심 내용을 중심으로 개요를 작성하였음. 개요에 관한 피드백을 참고하여 자신의 글을 수정 및 개선하였으며, 이를 바탕으로 도입, 전개, 결론이 분명한 사업 계획서를 완성함. 다양한 어휘 및 복잡한 문장 구조의 활용이 돋보이며, 적절한 연결사를 통해 글의 내용을 자연스럽게 전개하는 등 우수한 작문 실력을 보여줌

평가 예시 3 요약문 쓰기

요약문 쓰기 활동은 고등학교 3학년 학생들을 대상으로 진행된 과정 중심 평가 활동이다. 어떠한 글을 읽고 이해하기 위해서는 글의 핵심을 파악하는 능력이 중요하다. 다양한 글의 논리 전개 방식을 학습하면 글의 핵심을 정확하고 효율적으로 파악할 수 있다. 따라서 글의 논리 구조에 따라 도식화하고 이를 바탕으로 요약문을 작성하는 훈련이 필요한 것이다. 평가 예시 3에서 소개하고자 하는 과정 평가 활동에서는 수능 영어 독해 학습 자료를 활용하여 내용을 도식화하고 한 문장의 요약문을 작성하도록 하는 것이다. 결과 평가에서는 학생들이 자신의 진로와 관련된 뉴스 기사 등 실생활 영어 읽기 자료를 스스로 찾아보고 해당 자료의 내용을 직접 도식화한 후 요약문을 쓰도록 하며 이를 채점 기준에 따라 평가한다. 여기에서 과정 평가의 한 문장으로 주제문 쓰기는 서술형으로, 결과 평가의 실생활 영어 자료 요약은 논술형으로 제시한다.

교육과정	수업	평가	기록
[12영독03-02] 비교적 다양한 주제에 관한 글을 읽고 주제 및 요지를 파악할 수 있다. [12영독03-03] 비교적 다양한 주제에 관한 글을 읽고 내용의 논리적 관계를 파악할 수 있다. [12영독04-02] 일반적 주제에 관하여 듣거나 읽고 간단하게 요약할 수 있다.	[1단계] 글을 읽고 핵심 내용 파악한다. 주어진 도식의 빈칸을 글의 논리적 흐름에 맞게 채우고 완성한다. 도식을 바탕으로 한 문장 요약문을 쓴다. [2단계] 실생활 읽기 자료를 읽고 논리적 흐름을 보여주는 도식을 만든다. 도식을 바탕으로 한 문단의 요약문을 만든다.	[과정] 서술형: 학습한 내용을 도식화하고 주제를 한 문장으로 나타낼 수 있다. [결과] 논술형: 실생활 영어 읽기 자료를 도식화하고 한 문단으로 요약할 수 있다.	글의 도식화 및 요약문 쓰기 활동을 통해 학생들이 글의 논리 구조를 얼마나 잘 파악하고 있는지 관찰하여 기록한다. 특히 실생활 영어 읽기 자료가 학생의 진로와 연관되어 있는 만큼 학생의 관심 분야를 잘 보여 줄 수 있도록 한다.

1. 교육과정

요약문 쓰기의 교육과정 성취기준은 읽기 및 쓰기 영역에서 그 근거를 찾을 수 있다. 먼저 읽기 자료에서 글의 핵심 주제와 요지를 파악하는 능력이 필요하므로 [12영독03-02]를, 다양한 글의 논리 구조를 파악할 수 있어야 하므로 [12영독03-03]을 근거로 설정하였다. 읽기 성취기준이 달성되면 이를 바탕으로 주어진 글의 논리 구조에 따라 도식화하고 요약문을 작성하는 것이며, 이는 [12영독04-02]의 쓰기 성취기준을 학습 및 평가의 목적으로 한다.

학교급 및 학년	고등학교 3학년	영역	읽기/쓰기
성취기준 및 평가기준	[12영독03-02] 비교적 다양한 주제에 관한 글을 읽고 주제 및 요지를 파악할 수 있다.	상	비교적 다양한 주제에 관한 길고 복잡한 글을 읽고 사실 정보와 맥락 정보를 바탕으로 주제 및 요지를 정확하게 파악할 수 있다.
		중	비교적 다양한 주제에 관한 글을 읽고 사실 정보를 바탕으로 주제 및 요지를 대체로 파악할 수 있다.
		하	비교적 다양한 주제에 관한 짧고 단순한 글을 읽고 단순한 사실 정보를 바탕으로 주제 및 요지를 부분적으로 파악할 수 있다.
	[12영독03-03] 비교적 다양한 주제에 관한 글을 읽고 내용의 논리적 관계를 파악할 수 있다.	상	비교적 다양한 주제에 관한 길고 복잡한 글을 읽고 내용의 논리적 관계를 정확하게 파악할 수 있다.
		중	비교적 다양한 주제에 관한 글을 읽고 내용의 논리적 관계를 대체로 파악할 수 있다.
		하	비교적 다양한 주제에 관한 짧고 단순한 글을 읽고 내용의 논리적 관계를 부분적으로 파악할 수 있다.
성취기준 및 평가기준	[12영독04-02] 일반적 주제에 관하여 듣거나 읽고 간단하게 요약할 수 있다.	상	일반적인 주제에 관한 길고 복잡한 글을 듣거나 읽고 다양하고 적절한 어휘와 언어 형식을 활용하여 글의 전반적인 내용을 정확하게 요약할 수 있다.
		중	일반적인 주제에 관한 글을 듣거나 읽고 적절한 어휘와 언어 형식을 활용하여 글의 전반적인 내용을 대략적으로 요약할 수 있다.
		하	일반적인 주제에 관한 짧고 단순한 글을 듣거나 읽고 주어진 어휘와 예시문을 참고하여 글의 전반적인 내용을 부분적으로 요약할 수 있다.
평가요소	글의 논리적 구조를 파악하여 요약문 쓰기		

2. 수업

　　요약문 쓰기 수업에 대해 두 가지 단계로 소개하고자 한다. 먼저 수업 시간 영어 독해 학습의 보충 자료인 2022학년도 EBS 수능특강 영어영역 영어독해연습 7강의 5~6번 문제에 해당하는 두 단락짜리 장문을 활용하였다. 학생들은 본문을 읽고 글의 논리적 구조를 생각하면서 주제를 파악한 후 주어진 도식의 빈칸을 채운다. 이를 바탕으로 한 문장의 주제문을 완성하는 것이 첫 번째 단계에 해당한다. 두 번째 단계에서는 학생들이 각자 자신들의 진로와 관계된 영어 읽기 자료를 준비하고 전 시간에 학습했던 내용을 상기하며 직접 글을 도식화하고 한 문단의 요약문으로 나타낸다. 구체적인 수업 내용은 다음의 표에서 살펴보겠다.

학습 목표	• 글의 논리 구조를 파악하여 흐름을 도식화할 수 있다. • 글의 핵심을 잘 보여주는 요약문을 쓸 수 있다.	
수업 의도	• 글의 논리적 흐름을 잘 보여주는 연결사의 쓰임을 학습하고 이를 활용할 수 있는 능력을 기른다. • 논리 구조에 맞게 글의 흐름을 정리하고 핵심을 정확하게 요약하는 능력을 기른다. • 진로와 관련된 실생활 영어 읽기 자료를 활용하여 관심을 구체화하고 더불어 실전 의사소통 능력을 기른다.	
차시	교수 · 학습 활동	평가 계획
1단계	[읽기 활동] • 글의 논리적 흐름을 보여주는 연결사의 쓰임을 학습한다. • '감정적 카타르시스의 중요성에 대한 통념'을 소재로 한 글을 읽고 핵심을 파악한다. [도식의 빈칸 채우기 & 주제문 쓰기] • 글의 논리적 흐름을 파악하여 도식의 빈칸을 채우고 핵심 내용을 한 문장으로 쓴다.	[과정] 아래 항목에 주안점을 두고 정성, 정량 평가한다. 1) 글의 핵심을 파악하는 능력 2) 논리적 구조의 이해도 3) 주제문의 완결성 • 평가 결과를 바탕으로 피드백 제공 • 활동 내용을 학교생활기록부에 기록
2단계	[도식 만들기 & 요약문 쓰기 활동] • 학생들은 진로와 관련된 실생활 영어 읽기 자료를 개별적으로 준비한다. • 실생활 영어 읽기 자료를 바탕으로 직접 도식을 만들어 본다. • 원문의 논리적 흐름에 맞게 한 단락의 요약문을 작성한다.	[결과] 아래 항목에 주안점을 두고 정성, 정량 평가한다. 1) 글의 논리적 흐름을 정확하게 도식화하는 능력 2) 연결사를 포함하여 논리 구조의 표지가 되는 다양한 기능에 대한 활용 능력 3) 요약문의 완결성 4) 어휘 및 문장 활용의 다양성 및 정확성 • 평가 결과를 바탕으로 피드백 제공 • 과제 수행 내용을 학교생활기록부에 기록

수업 중 유의 사항	• 통념과 사실, 문제와 해결, 원인과 결과 등 글의 다양한 논리 구조에 관해 설명한다. • 사례를 통해 연결사의 쓰임을 학습하게 한다. • 논리 구조에 맞는 연결사를 적극적으로 활용하여 작문하게 한다.

3. 평가

본 활동의 평가에서 1단계의 과정 평가는 글의 논리 구조를 파악하는 학습에 중심을 두었기 때문에 도식의 빈칸 채우기, 주제문 완성하기 활동을 통해 산출된 학생들의 결과물은 학습 목적 달성 확인을 위한 점검의 대상이 된다. 따라서 학생의 학습 충실도와 이해도의 측면에서 피드백을 제공한다. 2단계의 결과 평가에서는 실생활 영어 독해 자료를 읽고 직접 작성한 도식과 요약문을 채점 기준표에 따라 평가한다. 또한, 학습과 평가의 전체 과정을 관찰하여 학생의 발전 과정을 생활기록부에 기록한다.

[과정]

평가 과제	1. 주어진 글의 논리 구조에 맞게 도식의 빈칸을 채운다. 2. 주어진 글의 주제를 한 문장으로 쓴다.			
평가 의도	글의 논리적인 흐름을 바탕으로 핵심 내용을 파악하는 능력을 평가하고자 함.			
수행평가 과제	평가 요소	평가 방법		
		평가 유형	평가 주체	평가 방식
도식의 빈 칸 채우기	• 글의 논리 구조를 파악하여 도식의 빈칸 채우기	서술	교사평가	개별 수행
주제문 완성	• 핵심 내용을 한 줄 문장으로 나타내기	서술	교사평가	개별 수행

[과정 활동지 예시: 도식의 빈칸 채우기 & 주제문 쓰기]

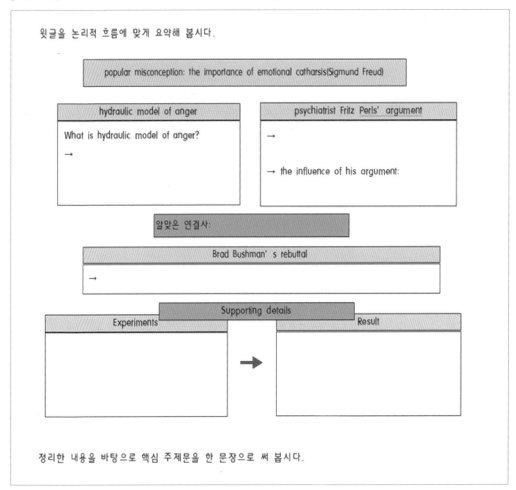

윗글을 논리적 흐름에 맞게 요약해 봅시다.

popular misconception: the importance of emotional catharsis(Sigmund Freud)

hydraulic model of anger
What is hydraulic model of anger? →

psychiatrist Fritz Perls' argument
→ → the influence of his argument:

알맞은 연결사:

Brad Bushman' s rebuttal
→

Supporting details

Experiments		Result
	→	

정리한 내용을 바탕으로 핵심 주제문을 한 문장으로 써 봅시다.

□ 채점 기준표

채점 요소	채점 기준	
	척도	척도별 수행 특성
논리 구조 및 핵심 파악	2	논리 구조를 정확히 파악하여 도식 및 주제문을 모두 완성하였다.
	1	도식 및 주제문을 다소 미흡하게 표현하였다.
평가 유의 사항	• 각 문장의 문법적 오류 및 내용적 측면에서의 개선 사항은 피드백을 주는 차원에서만 평가를 진행하고 도식 및 주제문 작성의 충실도와 참여도 차원에서 점수를 부여한다. • 활동 과정을 면밀하게 관찰하고 의사소통 능력 및 태도, 창의성 등을 정성적으로 평가한다.	

[결과]

평가 과제	글의 논리적 흐름을 도식화하고 이를 바탕으로 요약문을 작성한다.			
평가 의도	글의 논리적인 흐름을 바탕으로 핵심 내용을 파악하는 능력을 평가하고자 함			
수행평가 과제	평가 요소	평가 방법		
		평가 유형	평가 주체	평가 방식
요약문 쓰기	글의 논리적 흐름을 파악하여 요약문을 작성한다.	논술	교사평가	개별 수행

[결과 활동지 예시: 도식 만들기 & 요약문 쓰기]

3. 각자 찾은 영자 신문 기사를 요약해 봅시다.

기사 출처:

• 글의 논리 전개 방식이 잘 드러나도록 요약하기

Title:

기사의 논리 전개 방식: 사용된 논리 전개 방식에 동그라미 하세요.
→ 원인과 결과, 문제와 해결, 통념과 사실, 열거, 역접, 인용 기타: (   )

[요약] : 논리 전개 방식이 드러나는 요약도 그리기

[위 요약도를 바탕으로 알맞은 연결사를 활용하여 요약하시오.]

□ 채점 기준표

채점 요소	채점 기준		
	척도	척도별 수행 특성
과제의 완성도	3	제시된 요건을 모두 충족하여 과제를 완성함
	2	제시된 요건을 일부 충족하여 과제를 완성함
	1	제시된 요건을 모두 충족하지 못함
내용의 적절성	3	원문의 핵심 내용을 논리적 흐름에 따라 정확하게 요약함
	2	원문의 핵심 내용을 논리적 흐름에 따라 대략적으로 요약함
	1	원문의 핵심 내용의 요약이 논리적 흐름과 정확성에서 다소 미흡함
언어 사용의 다양성 및 정확성	3	다양한 어휘와 문장을 활용하여 전달하고자 하는 내용을 정확하게 전달함
	2	제한된 어휘와 문장을 활용하였으며 어법에 오류가 있으나 의미는 전달됨
	1	어휘와 어법의 사용에 많은 오류가 있어 의미 전달이 어려움

4. 기록

과목별 세부능력 및 특기사항 기록(예시)
다양한 글의 논리 구조를 학습하고 이를 적용하여 주어진 글의 흐름을 시각화하고 글의 핵심이 정확히 드러나는 주제문을 씀. 평소 ○○ 분야에 관한 관심을 구체화하기 위해 □□라는 제목의 영자 신문을 찾아 읽고 글의 논리적 흐름에 따라 도식을 만들었음. 이를 바탕으로 신문 기사의 내용을 한눈에 이해할 수 있는 요약문을 작성하였음. 논리적 흐름을 보여주는 연결사를 적절히 활용하였으며, 원문을 핵심어를 중심으로 요약하여 표현하는 능력이 뛰어남

학생부 기재 유의 사항	• 위 내용을 바탕으로 각 학생의 활동 내용에 따라서 차별화하여 구체적으로 기록한다. • 영어 작문 능력을 진로와 관련하여 기록하도록 한다.

■ 학생 답안 예시

□ 학생 답안 1

과정

1. 윗글을 논리적 흐름에 맞게 요약해 봅시다.

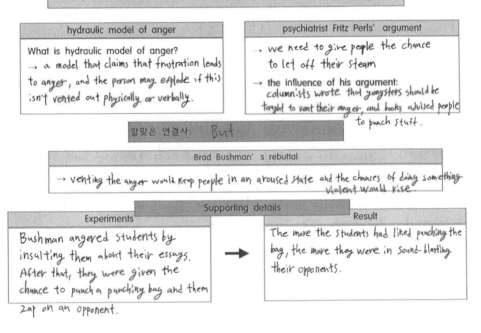

popular misconception: the importance of emotional catharsis(Sigmund Freud)

hydraulic model of anger

What is hydraulic model of anger?
→ a model that claims that frustration leads to anger, and the person may explode if this isn't vented out physically or verbally.

psychiatrist Fritz Perls' argument

→ we need to give people the chance to let off their steam

→ the influence of his argument: columnists wrote that youngsters should be taught to vent their anger, and books advised people to punch stuff.

알맞은 연결사: But

Brad Bushman's rebuttal

→ venting the anger would keep people in an aroused state and the chances of doing something violent would rise.

Supporting details

Experiments

Bushman angered students by insulting them about their essays. After that, they were given the chance to punch a punching bag and them zap on an opponent.

Result

The more the students had liked punching the bag, the more they were in sound-blasting their opponents.

2. 정리한 내용을 바탕으로 핵심 주제문을 한 문장으로 써봅시다.

→ People thought that physically or verbally releasing their anger would help dealing with it, but it turns out that the opposite may be true.

3. 각자 찾은 영자 신문 기사를 요약해 봅시다.
   기사 출처: The New York Times
- 글의 논리 전개 방식이 잘 드러나도록 요약하기

Title: Cyprus: Why one of the World's Most Intractable Conflict Continues.

기사의 논리 전개 방식: 사용된 논리 전개 방식에 동그라미 하세요
→ 원인과 결과, 문제와 해결, (통념과 사실), 열거, 역접, 인용 기타: ( )

[요약] : 논리 전개 방식이 드러나는 요약도 그리기

About the Cyprus Conflict
↓
Latest UN talks to resolve the issue

- who lives in Cyprus? →
- How Did the Conflict Start →
- How might it End? →
- what Happened in the Last Major Round of Talks? →
- What Has Changed? →

[위 요약도를 바탕으로 알맞은 연결사를 활용하여 요약하시오]

Cyprus is a nation that is partitioned into two sides : the Greek and the Turkish side. In order to resolve this issue, leaders from both sides are trying to have conversations. Cyprus is a nation of 80% Orthodox Christians and 20% Sunni Muslims. The two sides fought each other for years, trying to gain power on the island. Dispite all of this, people on the island are slowly trying to seek peace. For example, in 2003, both sides agreed to open the border and Cyprus joined the EU. However, the talks seem like they aren't that going well and the conflict still lives on.

286

교사 피드백	**과정 평가:** 주어진 글의 논리적인 흐름과 내용을 정확하게 포착하여 도식의 빈칸을 채웠으며, 더 주목할 만한 사항은 본문에 있는 내용을 그대로 옮기기보다는 적절하게 자신의 말로 바꾸어 도식을 완성했다는 점이다. 또한, 본문의 논리 구조가 'Myth & Truth'임을 고려하여 본문의 강조점이 어디에 있는지 정확하게 파악하였고 이를 바탕으로 핵심적인 내용이 잘 드러나는 주제문을 썼다. **결과 평가:** 분단된 사이프러스 공화국의 종교 분쟁을 해결하기 위한 UN의 중재와 양국 리더들의 회담 등 평화를 위한 노력이 있었으나 여전히 갈등이 끊이질 않는다는 내용이 한 문단의 요약문 안에 비교적 논리적으로 정리가 잘 되어 있다. 글을 도식화한 요약도의 경우 요약도만 봤을 때는 내용을 구체적으로 알 수는 없지만, 원문이 어떠한 흐름으로 전개되는지 큰 틀을 제공해준다는 점에서 잘 작성되었다.
점수 및 채점 근거	**[과정]** 위 학생의 [과정] 활동의 평가 점수는 총 2점 만점에 해당한다. [과정] 평가의 채점 기준표에 근거했을 때 논리 구조를 정확히 파악하여 도식과 주제문을 완성했다. **[결과]** 학생의 [결과] 활동의 평가 점수는 총 9점 만점을 부여할 수 있을 것이다. [결과]의 채점 기준표에 따라 아래와 같이 구체적인 근거를 제시할 수 있다. **과제의 완성도:** 기사의 논리 전개 방식을 표시하고 전개 방식에 따른 요약도를 바탕으로 논리적인 요약문을 완성하였으며 적절한 연결사를 적극 활용하였으므로 3점을 부여한다. **내용의 적절성:** 원문 핵심 내용의 논리적 흐름이 전반적으로 정확하게 나타나고 있어 3점을 부여한다. **언어 사용의 정확성:** 다양한 어휘와 문장의 형태를 활용했으며, 전체적으로 어휘 및 어법의 활용이 정확하여 3점을 부여한다.
과목별 세부능력 및 특기사항 기재 예시	'감정적 카타르시스'에 관한 글을 읽고 '통념과 사실'이라는 글의 논리적 흐름을 정확히 파악하였음. 핵심적인 내용을 시각화한 도식의 빈칸에 원문의 문장을 그대로 옮긴 것이 아니라 자신의 말로 바꾸어 압축적으로 표현한 점이 칭찬할만함. 국제 관계와 외교에 관한 관심을 바탕으로 '사이프러스 공화국의 분쟁'을 다룬 영자 신문을 찾아 읽고 글의 전체적 개요를 보여주는 요약도를 만듦. 분단된 사이프러스 공화국의 종교 분쟁을 해결하기 위한 UN의 중재와 양국 리더들의 회담 등 평화를 위한 노력이 있었으나 여전히 갈등이 끊이지 않는다는 내용을 일목요연하게 요약함

과정

1. 윗글을 논리적 흐름에 맞게 요약해 봅시다.

popular misconception: the importance of emotional catharsis(Sigmund Freud)

hydraulic model of anger	psychiatrist Fritz Perls' argument
What is hydraulic model of anger? →If someone is angry, he needs to vent his anger, or he may explode	→ a person should find an outlet to let off steam → the influence of his argument: penetrated popular culture for many years

알맞은 연결사: But

Brad Bushman's rebuttal
→aggressive kinds of venting only makes matters worse

Supporting details	
Experiments	Result
angered students by showing negative comments → gave them a chance to whale on a punching bag and then to zap an opponent with a loud offensive noise	when people express their anger physically, it keeps their anger alive and allows them to rehearse being angry.

2. 정리한 내용을 바탕으로 핵심 주제문을 한 문장으로 써봅시다.

→ Venting is important but aggressive kinds can result counter effects.

↑ 빠진것은?

← 윗글의 Myth & Truth의 논리구조를 고려하여 주제내용을 다시 생각해 볼것

결과

3. 각자 찾은 영자 신문 기사를 요약해 봅시다.

기사 출처: UN News

- 글의 논리 전개 방식이 잘 드러나도록 요약하기

Title: Climate change link to displacement of most vulnerable is clear: UNHCR

기사의 논리 전개 방식: 사용된 논리 전개 방식에 동그라미 하세요

→ 원인과 결과, 문제와 해결, 통념과 사실, (열거), 역접, (인용) 기타: (   )

[요약] : 논리 전개 방식이 드러나는 요약도 그리기

UNHCR published data : climate change worsen poverty etc
- Afghanistan : one of the most disaster-prone countries in the world
  ↳ nearly all of its provinces have been hit by a least
     one disaster in past 20 years.
   · ranked least peaceful globally.
   · lack enough food
- Mozambique : multiple cyclones.
   · increasing violence and turmoils.
- Bangladesh : refugees due to violence are exposed to increasingly
               frequent and intense cyclones and flooding
Solution : invest now in preparedness to mitigate future protection
           needs and prevent further climate caused displacement.

[위 요약도를 바탕으로 알맞은 연결사를 활용하여 요약하시오]

UNHCR published data showing how disasters linked to climate change
likely worsen poverty, hunger and access to natural resources, stoking
instability and violence. Since 2010, weather emergencies have forced
around 21.5 million people a year to move. on average
The article gives the case of three countries.
First, Afghanistan is the most disaster prone and least peaceful.
Resulting a total of 5.3 million refugees.
Next, Mozambique suffered from multiple cyclones and violence, displacing
hundreds of thousands of people
Lastly, refugees from Bangladesh are prone to intense climate disasters
The solution is to invest for prevention.

교사 피드백	**[과정 평가]** 본문 내용의 핵심을 정확히 포착하였으며 흐름에 따라 요약도의 빈칸을 잘 채웠다. 전체 글의 흐름의 반전을 이끄는 연결사를 정확하게 찾았다. 다만 본문에 있는 문장을 거의 변형하지 않고 옮겨 썼다는 점이 아쉬웠다. 이에 착안하여 앞으로 요약문을 작성할 때는 축약적으로 쓰되 자신의 말로 바꾸어 써 볼 것을 지도하였다. 또한, 학생의 주제문은 감정적 카타르시스의 분출이 중요하다는 기존의 통념을 반박하고 그러한 분출이 상황을 더 악화시킬 수 있다는 본문의 주제를 다소 벗어난 내용이다. 이는 짐작하건대 이 글의 구조가 'Myth & Truth'의 논리 전개 방식임을 잘 인식하지 못하였기 때문인 것으로 추론된다. 따라서 학생이 본문을 다시 읽고 논리 구조를 정확히 파악하여 주제문을 수정하도록 지도하였다.

[결과 평가] 기후 변화로 인한 자연재해가 빈곤 국가에 가장 큰 타격을 미치고 있다는 내용을 한 문단의 요약문으로 파악할 수 있도록 잘 정리하였으며, 전체 글의 전개 방식이 인용과 열거임을 정확히 포착하였다. 다만 요약문의 마지막 문장인 해결책 부분이 요약도에 비해 지나치게 짧아 정보가 충분히 제공되지 않은 점이 아쉬웠다. 요약도는 요약문 작성의 개요 역할을 하는 것이므로 흐름을 잡는 정도로 사용하고 요약문은 압축적이되 필요한 정보를 담고 있어야 함을 지도하였다. |
| 점수 및 채점 근거 | **[과정]**
위 학생의 [과정] 활동의 평가 점수는 총 2점 중 1점에 해당한다. [과정] 평가의 채점 기준표에 근거했을 때 전반적으로 논리의 흐름에 맞게 도식의 빈칸을 채웠으나 주제문을 봤을 때 본문의 논리 구조에 관한 이해가 다소 부족하다.

[결과]
학생의 [결과] 활동의 평가 점수는 총 9점 만점을 부여할 수 있을 것이다. [결과]의 채점 기준표에 따라 구체적인 근거를 아래와 같이 제시할 수 있다.
과제의 완성도: 기사의 논리 전개 방식을 표시하고 전개 방식에 따른 요약도를 바탕으로 논리적인 요약문을 완성하였으며 적절한 연결사를 적극 활용하였으므로 3점을 부여한다.
내용의 적절성: 원문 핵심 내용의 논리적 흐름이 전반적으로 정확하게 나타나고 있어 3점을 부여한다.
언어 사용의 정확성: 다양한 어휘와 문장의 형태를 활용하였으며, 전체적으로 어휘 및 어법의 활용이 정확하여 3점을 부여한다. |
| 과목별 세부능력 및 특기사항 기재 예시 | '감정적 카타르시스'에 관한 글을 읽고 논리의 흐름에 따라 내용을 도식화하는 연습을 함. 글의 전개 방식에 대해 반복 학습하고 이를 바탕으로 오류를 수정하였음. 국제 문제와 환경에 관한 관심을 바탕으로 '기후 변화에 따른 자연재해가 빈곤 국가에 미치는 영향'을 보여주는 영자 신문 기사를 찾아 읽음. 글의 전개 방식에 따라 기사의 개요를 작성하고 내용을 한눈에 알 수 있도록 일목요연하게 요약하였음 |

평가예시 4 **논설문 쓰기**

논설문 쓰기는 앞서 예로 든 요약문 쓰기 수업의 연장으로 진행된다. 학생들은 요약문 쓰기 활동을 하면서 글의 논리 전개 방식에 관해 학습했다. 따라서 요약문 쓰기 활동은 학생들이 특정 이슈에 관해 자신의 논리를 표현하는 논설문 쓰기 연습으로 확장해 볼 수 있다. 사실상 논설문 쓰기는 논술형 평가의 가장 전형적인 형식이므로 영어 학습자에게 꼭 필요한 작문 활동이다. 이 활동을 위해 학생들은 먼저 영어 논설문의 논지 전개 방식에 관해 학습하고, 요약문 쓰기에 활용했던 실생활 영어 읽기 자료에서 자신이 논하고 싶은 이슈를 정한다. 학생의 결과물은 정성, 정량 평가된다.

교육과정	수업	평가	기록
[12영독03-03] 비교적 다양한 주제에 관한 글을 읽고 내용의 논리적 관계를 파악할 수 있다. [12영독04-03] 일반적 주제에 관해 자신의 의견이나 감정을 쓸 수 있다.	[1단계] 서론, 본론, 결론의 특징이 각각 어떠한 내용으로 구성되는지 사례를 통해 학습한다. [2단계] 논설문의 구조에 대한 학습 내용을 바탕으로 논리적인 글쓰기를 한다.	[결과] 논술형: 관심 이슈에 관한 자신의 의견을 논리적으로 표현할 수 있다.	논리적인 사고방식과 이를 표현하는 작문 능력을 결과물을 통해 관찰하고 진로와 연관 지어 기록한다.

1. 교육과정

　논설문 쓰기는 다음과 같은 성취기준 및 평가기준에 근거한다. 글의 논리적 관계를 정확하게 파악하고 어떠한 주제에 관해 자신의 의견을 논리적으로 쓸 수 있는 능력을 달성하고자 하는 것이므로 읽기 영역에서 [12영독03-03], 쓰기 영역에서 [12영독04-03]의 성취기준의 달성을 목표로 한다.

학교급 및 학년	고등학교 3학년	영역	읽기/쓰기
성취기준 및 평가기준	[12영독03-03] 비교적 다양한 주제에 관한 글을 읽고 내용의 논리적 관계를 파악할 수 있다.	상	비교적 다양한 주제에 관한 길고 복잡한 글을 읽고 내용의 논리적 관계를 정확하게 파악할 수 있다.
		중	비교적 다양한 주제에 관한 글을 읽고 내용의 논리적 관계를 대체로 파악할 수 있다.
		하	비교적 다양한 주제에 관한 짧고 단순한 글을 읽고 내용의 논리적 관계를 부분적으로 파악할 수 있다.
	[12영독04-03] 일반적 주제에 관해 자신의 의견이나 감정을 쓸 수 있다.	상	일반적 주제에 관해 자신의 의견이나 감정을 다양하고 적절한 어휘와 언어 형식으로 활용하여 정확하게 쓸 수 있다.
		중	일반적 주제에 관해 자신의 의견이나 감정을 적절한 어휘와 언어 형식으로 활용하여 대략적으로 쓸 수 있다.
		하	일반적 주제에 관해 자신의 의견이나 감정을 주어진 어휘와 예시문을 활용하여 부분적으로 쓸 수 있다.
평가요소	특정 주제에 관한 자신의 의견을 논리적으로 쓰기		

2. 수업

논설문 쓰기를 위한 사전 작업으로 논설문의 논지 전개 방식에 대한 수업을 진행한다. 학생들은 논설문의 형식을 잘 보여주는 예시 작문을 통해 서론, 본론, 결론의 특징과 어떠한 내용이 포함되어야 하는지 학습한다. 또한, 논설문을 쓸 때 유용하게 활용할 수 있는 표현, 논리의 흐름을 명확히 드러내는 연결사의 쓰임 등에 관한 내용을 학습하며 논설문 쓰기를 준비한다.

학습 목표	• 논설문의 형식을 파악할 수 있다.	
수업 의도	• 논설문의 서론, 본론, 결론의 특징을 학습하고 이를 적용할 수 있는 능력을 기른다. • 글의 논리적 흐름을 잘 보여주는 연결사의 쓰임을 학습하고 이를 활용할 수 있는 능력을 기른다.	
차시	교수학습 활동	평가 계획
1단계	[읽기 활동] • 논설문의 구조에 대해 학습한다. 　서론: 도입문, 논제 진술 　본론: 주제문(주장) & 세부 사항(근거) 　결론: 논제 재진술, 요약, 맺음말 • 논설문에 자주 쓰는 표현을 학습한다. • 글의 논리적 흐름을 보여주는 연결사의 쓰임을 학습한다.	[과정] 학습 참여 과정, 학습 태도를 관찰하여 기록한다.
2단계	[논설문 쓰기] • 요약문 쓰기를 위해 찾아 읽었던 실생활 영어 자료에서 논하고 싶은 주제를 선정한다. • 논설문의 논지 전개 방식을 적용하여 작문 활동을 진행한다.	[결과] 아래 항목에 주안점을 두고 정성, 정량 평가한다. 1) 글의 논지 전개의 명확성 2) 연결사를 포함하여 논리 구조의 표지가 되는 다양한 기능어에 대한 활용 능력 3) 논설문의 완결성 4) 어휘 및 문장 활용의 다양성 및 정확성 • 평가 결과를 바탕으로 피드백 제공 • 과제 수행 내용을 학교생활기록부에 기록
수업 중 유의 사항	• 통념과 사실, 문제와 해결, 원인과 결과 등 글의 다양한 논리 구조에 관해 설명한다. • 사례를 통해 연결사의 쓰임을 학습하게 한다. • 논리 구조에 맞는 연결사를 적극적으로 활용하여 작문하게 한다.	

3. 평가

논술형의 전형으로서 논설문 쓰기 활동의 평가는 주로 학생들의 작문 결과를 중심으로 이루어진다. 수업 시간에 배운 논지 전개 방식을 적용하여 자신의 의견을 논리적으로 표현할 수 있는 능력을 평가한다. 채점 기준은 자신의 주장이 잘 드러나되 논설문의 구성 요소인 서론, 본론, 결론이 잘 갖추어져 있는지를 중심으로 설정한다. 학생들의 논리적인 의사소통 능력을 평가하는 것과 더불어 학생의 진로 분야에 관한 관심의 깊이 측면에서 관찰하고 기록한다.

[결과]

평가 과제	특정 주제에 관한 자신의 의견을 논리적인 글로 표현할 수 있다.			
평가 의도	논설문의 논지 전개 방식을 정확하게 적용하여 논리적으로 의견을 표현할 수 있는 능력을 평가하고자 함			
수행평가 과제	평가 요소	평가 방법		
		평가 유형	평가 주체	평가 방식
논설문 쓰기	글의 논지 전개 방식에 맞게 논설문을 작성한다.	논술	교사평가	개별 수행

[결과 활동지 예시: 논설문 쓰기]

Essay Writing
• 신문 기사에서 논제를 선정할 것
• 자신의 주장이 잘 드러나게 쓸 것
• 논리 전개 방식이 잘 드러나도록 알맞은 연결사를 사용할 것
• Introduction – body(thesis sentence & supporting details) – conclusion의 요소를 모두 갖출 것
• supporting details는 두 개 이상 쓸 것
• 800단어 내외로 쓸 것

Title:	
Introduction	

Body	[Thesis sentence] [Supporting details]
Conclusion	

□ 채점 기준표

채점 요소	채점 기준	
	척도	척도별 수행 특성
과제의 완성도	5	글의 서론 본론 결론의 각 요소가 논리적으로 잘 구성됨
	4	글의 서론 본론 결론 중 한 가지 요소가 누락 되었거나 논리성이 부족함
	3	글의 서론 본론 결론 중 두 가지 요소가 누락 되었거나 논리성이 부족함
	2	글의 서론 본론 결론이 갖춰지지 않았으며 논리적 구성이 미흡함
내용의 적절성	5	논제에 관한 주장에 일관성이 있으며 근거를 충분히 제시함
	3	논제에 관한 주장에 일관성이 있으나 근거를 부분적으로 제시함
	1	논제에 관한 주장에 일관성이 부족하고 근거가 다소 부족함
언어 사용의 다양성 및 정확성	5	다양한 어휘와 문장을 활용하여 전달하고자 하는 내용을 정확하게 전달함
	3	제한된 어휘와 문장을 활용하였으며 어법에 오류가 있으나 의미는 전달됨
	1	어휘와 어법의 사용에 많은 오류가 있어 의미 전달이 어려움

4. 기록

과목별 세부능력 및 특기사항 기록(예시)
논설문의 구조에 관한 수업에서 예시 작문을 통해 논리적인 글의 특징에 대해 유추하여 발표함. 관심 분야의 영어 기사를 찾아 읽고 ○○에 관한 핵심 이슈를 도출하여 □□라는 의견을 제시함. 자신의 주장에 대한 근거로 △△를 언급하며 논지를 뒷받침함. 서론, 본론, 결론이 잘 갖추어졌고 통일성과 응집성 등 논리적 완결성이 **훌륭**한 글을 완성함

학생부 기재 유의 사항	• 위 내용을 바탕으로 각 학생의 활동 내용에 따라서 차별화하여 구체적으로 기록한다. • 관심 분야에 관한 학생의 이해도와 관심의 깊이 등을 보여주며 견해가 얼마나 논리적으로 정립되어 있는지 기록한다.

결과

Essay Writing
- 신문 기사에서 논제를 선정할 것
- 자신의 주장이 잘 드러나게 쓸 것
- 논리 전개 방식이 잘 드러나도록 알맞은 연결사를 사용할 것
- Introduction – body(thesis sentence & supporting details) - conclusion의 요소를 모두 갖출 것
- supporting details는 두 개 이상 쓸 것
- 800자 내외로 쓸 것

Title:	Cyprus Needs to Unify Instead of Being Separate
Introduction	Similar to Korea, the nation of Cyprus is in a divided situation. Unlike Korea, the nation is split in two due to ethnic and religious reasons. Despite all of this, a unified Cyprus would be <u>a better outcome</u> for this island, instead of staying separated.
Body	**[Thesis sentence]** The island of Cyprus would recieve <u>more benifits</u> from unifying instead of maintaining a separated nation. ← 어떤 측면에서 더 이익인지 조금만 더 의견을 구체화 **[Supporting details]** Firstly, even though these people are ethically different, they've co-existed for hundreds of years. People of Cyprus are <u>wanting</u> peace and the governments are the ones who are still making this even more complex. The opinions and demands of the residents should be respected. Secondly, Cyprus can see economic development. Researches estimate that fields such as the professional services sector and the Tourism sector would rise, and overall it would lead to a stronger power of the Mediteranen Sea. Lastly, Cyprus can become a symbol of peace. The act of unifying could help Greek and Turkish tensions loosen, and the two sides co-existing can become a symbol of peace in this complex and divided world.
Conclusion	If the issue of the muslim population's autonomy gets resolved, Cyprus can certainly become an island of peace. By resolving these minor conflicts, the island would significantly benefit from it.

297

교사 피드백	사이프러스 공화국이 통일되어야 하는가를 논제로 자신의 주장을 나타내는 Thesis sentence가 다소 미흡해 보인다. 어떠한 측면에서 더 이득이 되는가에 관해 간략하게라도 언급할 필요가 있다. '국민이 통일을 원하기 때문에'라는 첫 번째 근거와 '평화의 상징이 될 수 있기 때문에'라는 세 번째 근거가 주장을 충분히 뒷받침할 만큼 구체적인지 생각해 볼 필요가 있다. 이처럼 주장과 근거가 구체성이 없고 서로 탄탄하게 연결되지 않은 점에 착안하여 논지를 좀 더 구체화하고 충분한 사례를 들어 보충하도록 지도하였다.
점수 및 채점 근거	**[결과]** 학생의 [결과] 활동의 평가 점수는 총 15점 중 12점을 부여할 수 있을 것이다. [결과]의 채점 기준표에 따라 구체적인 근거를 아래와 같이 제시할 수 있다. **과제의 완성도:** 서론, 본론, 결론 중 서론의 주장과 본론 내용의 논리적 연관성이 다소 부족한 것으로 보여 4점을 부여한다. **내용의 적절성:** 세 가지 근거 중 첫 번째와 세 번째 근거는 주장을 뒷받침하기에는 다소 구체성이 떨어지는 것으로 보여 3점을 부여한다. **언어 사용의 정확성:** 다양한 어휘와 문장의 형태를 활용했으며, 전체적으로 어휘 및 어법의 활용이 정확하여 5점을 부여한다.
과목별 세부능력 및 특기사항 기재 예시	관심 분야의 영자 신문 기사를 찾아 읽고 논설문을 쓰는 활동에서 사이프러스 공화국의 통일에 관한 기사를 읽고 자신의 생각을 에세이 형식의 논설문으로 작성함. 사이프러스 공화국이 통일되어야 하는 이유에 관해 국민의 염원, 경제적 효과, 평화의 상징의 세 가지 측면을 근거로 주장을 전개하였으며 통일될 경우 전문 서비스 분야, 관광 부문 등의 측면에서 지중해 지역의 경제적 힘을 기를 수 있다는 전문가의 의견을 인용하여 자신의 의견을 뒷받침함. 국제 문제에 관해 다양한 정보를 찾아보고 생각을 정리해보는 과정에서 시야를 넓히고 지식을 확장하고자 노력함

□ 학생 답안 2

결과

Essay Writing

- 신문 기사에서 논제를 선정할 것
- 자신의 주장이 잘 드러나게 쓸 것
- 논리 전개 방식이 잘 드러나도록 알맞은 연결사를 사용할 것
- Introduction - body(thesis sentence & supporting details) - conclusion의 요소를 모두 갖출 것
- supporting details는 두 개 이상 쓸 것
- 800자 내외로 쓸 것

▽ 주제
therefore.

	Title: Moral Actions To Help Climate Refugees.
Introduction	Reading the UN article, it made me think that the problem of climate change is a very serious issue. Climate change is causing so many climate refugees. Climate refugees are people who are forced to relocate their place of residence due to environmental pollution or climate change.
Body	[Thesis sentence] What can we do to reduce these climate refugees? Two main actors can be determined. One is the international community and the other is individuals. In my essay, I will like to write about how each actor can contribute to reducing climate refugees. [Supporting details] First, the great influence of the international community must be fully utilized. Climate change is not a problem for which only one country is responsible. In particular, the reality is that developing countries are suffering from environmental problems polluted by developed countries. In the international community, measures such as enacting environmental resolutions(e.g. Paris Agreement) to impose greater penalties on developed countries that lead environmental pollution should be taken. Individual efforts are important as well. No matter how hard the international community tries, it is of no use if the perceptions of individuals do not change. Individuals should practice everyday lifestyle habits such as recycling, eating a vegetarian diet, and using less air conditioning etc. Together, these good influences can bring about a great change. To encourage individual participation, campaigning or promotion by celebrities can be helpful.
Conclusion	It will not be easy for people living in Korea to empathize with the suffering of the climate refugees. However, as global citizens, we must always think about our contribution to the world and always strive to spread a good impact.

교사 피드백	기후 변화가 초래한 난민 문제에 관하여 국제적, 개인적 차원의 두 가지 측면에서 해결 방안을 논리적으로 제시하였다. Introduction 부분에서 해당 이슈에 관한 문제의식과 기후 난민의 정의에 대해 언급하며 독자의 주의를 환기한 점에서 Introduction의 역할에 대해 잘 이해하고 있음을 알 수 있다. Thesis statement에서 기후 변화를 줄이기 위한 두 주체에 대해 압축적으로 언급하며 앞으로 전개될 논지의 방향을 정확히 잡아준 점, 각 주체의 역할 및 행동 방향에 관한 구체적인 사례를 통해 충분히 근거를 들었던 점, 그리고 전체 내용을 한 번 더 포괄하여 결론을 맺은 점 등 통일성과 응집성이 갖추어져 있는 우수한 작문이다.
점수 및 채점 근거	**[결과]** 학생의 [결과] 활동의 평가 점수는 총 15점 만점을 부여할 수 있을 것이다. [결과]의 채점 기준표에 따라 구체적인 근거를 아래와 같이 제시할 수 있다. **과제의 완성도:** 서론, 본론, 결론이 매우 잘 갖추어져 있으며 각각의 논리적 연관성이 탄탄하여 5점을 부여한다. **내용의 적절성:** 각각의 주장에 관해 구체적인 사례를 들어 충분히 근거를 들었으므로 5점을 부여한다. **언어 사용의 정확성:** 다양한 어휘와 문장의 형태를 활용했으며, 전체적으로 어휘 및 어법의 활용이 정확하여 5점을 부여한다.
과목별 세부능력 및 특기사항 기재 예시	관심 분야의 영자 신문 기사를 찾아 읽고 논설문을 쓰는 활동에서 기후 난민에 관한 기사를 읽고 자신의 생각을 에세이 형식의 논설문으로 작성함.기후 난민 문제를 해결하기 위한 국제적, 개인적 노력이 필요하다는 주장을 매우 논리적으로 펼침. 이슈에 관한 문제의식, 기후 난민의 정의를 간략히 언급하며 독자의 관심을 끌어들이고 기후 변화를 줄이기 위한 국제적, 개인적 노력에 관해 구체적인 사례를 들며 자신의 주장을 뒷받침하는 등 상당히 통일성과 일관성이 있는 글을 완성하였음. 논설문의 구조에 관한 이해가 완벽하고 이를 잘 적용한 점이 매우 인상 깊음. 국제적 이슈에 관한 다양한 사례를 찾아보고 문제에 관한 해결책을 나름대로 생각해 보는 과정을 통해 관심 분야의 지식을 확장, 심화시키고자 노력함

참고문헌

- 김정현. (2021, 3월 14일). 서울대, 국제 바칼로레아 정책연구 착수… 논술형 수능 불 지피나. 뉴시스. https://newsis.com/view/?id=NISX20210312_0001369097 에서 2021년 5월 30일에 검색했음.

- 김진완, 황종배, Judy Yin, 이윤희, 신미경, 조성옥, 조현정. (2018). *Middle School English 2*. 서울: 비상출판사.

- 민찬규, 김윤규, 정현성, 이상기, 박세란, 염지선, 강민희, Alan, N. B. (2018). *Middle School English 2*. 서울: 지학사.

- 민찬규, 정현성, 이상기, 김윤규, 곽노진, 원장호, 우어진, Klinkner, R. (2018). *High School English*. 서울: 지학사.

- 민찬규, 정현성, 이상기, 김윤규, 나우철, 안효선, 우어진, Klinkner, R. (2019). *High School English I*. 서울: 지학사.

- 민찬규, 정현성, 이상기, 김윤규, 나우철, 안효선, 원장호, Klinkner, R. (2019). *High School English II*. 서울: 지학사.

- 박도순, 홍후조. (2006). *교육과정과 교육평가*. 경기: 문음사.

- 백순근. (2000). *수행평가의 원리*. 서울: 교육과학사.

- 성태제. (2019). *교육평가의 기초*. 서울: 학지사.

- 성태제. (2020). *현대교육평가 (5판)*. 서울: 학지사.

- 이상기, 이영주, 황은경, 이정원, 배주경, 김정옥, 이송은, 이동주. (2017). *영어 평가 문항 개발의 실제*. 서울: 한국문화사.

- 이재영, 안병규, 오준일, 배태일, 김순천, 신수진, 박리원. (2020). *Middle School English 3*. 서울: 천재교육.

- 이종철. (2019). *예비교사를 위한 교육평가의 탐색*. 서울: 정민사.

- 주미진. (2014). 영어 말하기 평가의 채점자 신뢰성과 편향성 조사: 구술 인터뷰, 컴퓨터 구술시험, 버슨트의 비교를 통하여. *영어교육*, 69(2). 247-270.

- 최인철, 박태자, 서원화, 홍우정, 강유나, 송혜리, 김지윤, 이정하, Pak, J. (2018). *Middle School English 1*. 서울: 금성출판사.

- 한국교육과정평가원. (2017). *과정을 중시하는 수행평가 어떻게 할까요?* (연구자료 ORM2017-19-2). 충북: 한국교육과정평가원.

- Alderson, J. C. (2000). *Assessing reading*. Cambridge: Cambridge University Press.

- Alderson, J. C., Clapham C., & Wall D. (1995). *Language test construction and evaluation*. Cambridge: Cambridge University Press.

- Anderson, L. W., Krathwohl, D. R., Airasian, P. W., Cruikshank, K. A., Mayer, R. E., Pintrich, P. R., Rath, J., & Wittrock, M. C. (2001). *A taxonomy for learning, teaching, and assessing: A revision of Bloom's taxonomy of educational objectives*. New York: Longman.

- Bardovi-Harlig, K., & Hartford, B. (1993). Refining the DCTs; Comparing open questionnaires and dialogue completion tests. In L. F. Bouton & Y. Kachru (Eds.), *Pragmatics and language learning* (monograph series, vol. 4, pp. 143–165). Urbana-Champaign, IL: Division of English as an International Language.

- Bloom, B. S. (1956). *Taxonomy of educational objectives: The classification of educational goals*. New York: David MC Kay Company, Inc.

- Blum-Kulka, S. (1982). Learning how to say what you mean in a second language: A study of speech act performance of learners of Hebrew as a second language. *Applied Linguistics, 3*, 29–59.

- Brown, J. D. (2002). *Do cloze tests work? Or, is it just an illusion?* Second Language Studies, *21*, 79–125.

- Brown, H. D. (2007). *Principles of language learning and teaching*. New York: Pearson Education.

- Brown, H. D. (2010). *Language assessment: Principles and classroom practices* (2nd ed.). New York: Pearson Education.

- Brown, H. D., & Abeywickrama, P. (2018). *Language assessment: Principles and classroom practice* (3rd ed.). New York: Pearson Education.

- Haladyna, T. M., & Rodriguez, M. C. (2013). *Developing and validating test items*. New York: Taylor & Francis.

- Henk, W. A., & Selders, M. L. (1984). A test of synonymic scoring of cloze passages. *Reading Teacher, 38*(3), 282–287.

- Hughes, A. (2003). *Testing for language teachers* (2nd ed.). Cambridge: Cambridge University Press.

- Jacobs, H. L., Zinkgraf, S. A., Wormuth, D. R., Hartfiel, V. F., & Hughey, J. B. (1981). *Testing ESL composition: A practical approach*. Rowley, MA: Newbury House.

- Oller, J. W. Jr. (1979). *Language tests at school: A pragmatic approach*. London: Longman.

- Recorvits, H. (2003). *My name is Yoon*. New York: Macmillan Publishing Group.

- Taylor, W. L. (1953). "Cloze procedure": A new tool for measuring readability. *Journalism Quarterly, 30*(4), 415–433.

- Trivizas, E. (2008). *The three little wolves and the big bad pig*. New Yorkshire: Margaret K. McElderry Books.

- White, E. M. (1994). *Teaching and assessing writing: Recent advances in understanding, evaluating and improving student performance* (2nd ed.). San Francisco: Jossey-Bass.

저자소개

이상기
서울대학교 영어교육과를 졸업하고 동 대학원에서 석사 공부를 하였으며, 이후 미국 하와이대학교에서 박사학위를 취득하였습니다. 2009년부터 한국교원대학교 영어교육과에서 교수로 일해 오면서 학교 현장에 대해 많은 관심과 고민을 가지게 되었습니다. 2009, 2015 개정 교육과정 중학교와 고등학교 교과서를 집필하였으며, EBS 인터넷 수능, 수능완성, 수능특강 등의 주요 교재 집필을 10년 넘게 이어오고 있습니다. 지금은 2022 개정 교육과정 중학교 교과서의 집필을 준비 중입니다.

민채령
한국교원대학교 영어교육과에서 학사, 석사, 박사 공부를 하였습니다. 충청북도국제교육원과 충북대학교사범대학부설고등학교 등을 거쳐 현재 한국교원대학교부설미호중학교에서 영어를 가르치고 있습니다. 올바른 평가 문항 제작과 피드백을 통해 학생들의 성장과 변화에 도움이 되기를 희망합니다.

박현민
연세대학교에서 영문학과 불문학을 공부하였습니다. 경기도 금곡중학교에서 시작하여 지금은 동학중학교에서 학생들을 가르치고 있습니다. 한국교원대학교 박사 과정에서 공부하며 영어교육 전문가로 거듭나기 위해 노력하고 있습니다. 평가가 학생들에게 자신감과 용기를 줄 수 있으면 좋겠다는 마음으로 집필에 참여하였습니다.

한신실
공주대학교 영어교육과를 졸업하였습니다. 이후 한국교원대학교에서 석사 학위를 취득하였고 지금은 박사 과정에서 공부를 이어가고 있습니다. 대전 둔원고등학교에서 교직 생활을 시작하여 현재는 대덕고등학교에서 영어를 가르치고 있습니다. 영어 교사로서 학생들에게 실질적인 도움을 주기 위해 효과적인 교수학습 및 평가 방법을 현장에 적용하고자 노력하고 있습니다.

황현빈
한국교원대학교 영어교육과를 졸업하고 세종특별자치시 새롬중학교에서 교직 생활을 시작하였습니다. 한국교원대학교 교육대학원에서 석사를 마쳤고, 현재는 미시간주립대학교 제2언어연구 프로그램에서 박사 공부를 이어가고 있습니다. 역동적인 교실 환경에서 어떻게 하면 보다 더 쉽고 재미있게 영어를 가르칠 수 있을까 고민하고 있습니다.

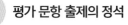

평가 문항 출제의 정석

세상에 하나뿐인
영어 서답형 평가 출제 비법

초판 1쇄 발행 2021년 12월 31일

지은이 이상기·민채령·박현민·한신실·황현빈

펴낸이 김명중
콘텐츠기획센터장 류재호 | **북&렉처프로젝트팀장** 유규오
북매니저 박성근 | **북팀** 박혜숙·여운성·장효순·최재진 | **마케팅** 김효정·최은영
책임진행 (주)글사랑 | **편집** 신성원 | **표지디자인** 가인 | **제작** (주)우진코니티

펴낸곳 한국교육방송공사(EBS)
출판신고 2001년 1월 8일 제2017-000193호
주소 경기도 고양시 일산동구 한류월드로 281
대표전화 1588-1580
홈페이지 www.ebs.co.kr
전자우편 ebs_book@ebs.co.kr

ISBN 978-89-547-6292-2
      978-89-547-6045-4 (세트)